享珞珈之灵秀
育书香之稚子

稚子

珞珈灵秀　书香稚子

——武汉大学幼儿园文化建设理念与实践

邓惠颖　主编

WUHAN UNIVERSITY PRESS
武汉大学出版社

图书在版编目(CIP)数据

珞珈灵秀　书香稚子:武汉大学幼儿园文化建设理念与实践/邓惠颖主编.—武汉:武汉大学出版社,2023.11

ISBN 978-7-307-24105-3

Ⅰ.珞…　Ⅱ.邓…　Ⅲ.武汉大学—幼儿园—校园文化—建设　Ⅳ.G617

中国国家版本馆 CIP 数据核字(2023)第 211325 号

责任编辑:郭　静　　责任校对:汪欣怡　　版式设计:韩闻锦

出版发行:**武汉大学出版社**　(430072　武昌　珞珈山)

(电子邮箱:cbs22@ whu.edu.cn　网址:www.wdp.com.cn)

印刷:武汉邮科印务有限公司

开本:720×1000　1/16　印张:17　字数:276 千字　插页:2

版次:2023 年 11 月第 1 版　2023 年 11 月第 1 次印刷

ISBN 978-7-307-24105-3　定价:69.00 元

编 委 会

序

十年磨剑终成锋　一朝破竹势如虹

接到武汉大学幼儿园邓惠颖园长为本书写序的邀请，我备感欣慰，为武汉大学幼儿园多年园所文化探索之旅结出硕果感到高兴。但同时也备感惶恐，不知道能否满足她们的期待。翻阅这本富有理论高度，同时又充满实践智慧结晶的书稿，我读出了邓园长及其团队挑灯夜战、奋笔疾书、呕心沥血的辛苦。通过这些具有深度、高度和温度的文字，我还深切地读懂了她们对幼教事业的初心、精心和匠心。正如唐代著名诗人贾岛在《剑客/述剑》中所云："十年磨一剑，霜刃未曾试。今日把示君，谁有不平事？"本书正是近十年武汉大学幼儿园在园所文化探索过程中的心路历程的真实写照。十年磨剑终成锋，一朝破竹势如虹。当本书付梓之时，我相信武汉大学幼儿园管理团队也应该是同样的心情，这是何等的豪迈，又是何等的欣慰！

一、初心：育书香稚子

对于武汉大学幼儿园园所文化的发展历程，我比较了解，也算半个"局内人"，曾经与武汉大学幼儿园管理团队一起为此绞尽脑汁、冥思苦想，更有幸见证和陪伴武汉大学幼儿园园所文化由稚嫩逐渐走向成熟。

大约十年之前，武汉市尤其是武昌区幼儿园文化管理意识觉醒，在全市率先进行园所文化的试点。武汉大学幼儿园坐落在武昌区，在这种改革潮流的推动下，也萌生了提炼独具个性的办园理念的需求。当初邓园长来找我，说要我帮助她们提炼办园理念时，我感到非常诧异。在我眼里，头顶武汉大学光环的武汉大学幼儿园，其实就是属于“老天爷赏饭”的宠儿。“珞珈苍苍，东湖汤汤。山川壮美，泱泱兮养天地之气；澄岚秀润，昂昂兮结青云之志。”武汉大学悠久的办学历史、富有个性的高校文化、得天独厚的自然资源和令人瞩目的学术地位，都是武汉大学幼儿园办学取之不竭、享之不尽的宝藏，更是武汉大学幼儿园与其他幼儿园相较无可比拟的优势。她们还愁找不到园所文化？

通过与邓园长深度沟通，我才了解她们面临的文化建设的瓶颈。一是武汉大学合并后四所幼儿园也进行了整合。各园管理从各自为政向深度融合发展，急需共同的文化价值观的引领，从而促成武汉大学幼儿园四所分园凝心聚力形成共生共长的合力，彰显武汉大学幼儿园整体的品牌形象。二是武汉大学虽然有成熟且富有特色的高校文化，但其凝重深厚博学的特质并不适合幼儿园学段的教育特点，因此不能简单移植作为幼儿园的文化。如何将高校的文化与幼儿园的文化有机结合，就亟待对武汉大学幼儿园的文化进行研究并结合园情进行合理定位。

当时，由于全国对幼儿园园所文化的探索尚刚刚起步，能够提炼出独具特色的办园理念就非常了不起了，因此我们研究的重心也就聚焦在办园理念的提炼上。由于武汉大学幼儿园属于高校办园，以前与我们市教科院并没有太多的业务联系，因此，我对幼儿园发展的具体情况也并不是特别了解。加之，武汉大学的名气摆在那，也让我深感压力山大。如何找到武汉大学幼儿园的“神”和“魂”呢？这无疑是一个高难度的课题。为此，我要求先开展广泛的调研，不调查研究就没有发言权。

一是调研作为“母体”的武汉大学的文化和内涵。不久，应我的要求，邓园长给我找了许多武汉大学学校文化的相关资料和文献，我记得其中有一本厚厚的书专讲武汉大学的历史和文化。从文献资料中，我了解到：武汉大学始终秉持着“求新知而尚真理，笃实辉光，日新月异，正向中国特色、世界一流大学勇毅前行”的目标，始终传承着“自强、弘毅、求是、拓新”的珞珈精神，坚持立德树人，培根铸魂，启智增慧。尤其是“自强、弘毅、求是、拓新”的珞珈精神，已经成为武汉大学的珞珈文化基因，铭刻在每一位武汉大学教职工和莘莘学子的心中，这其中自然也包括四所幼儿园的师生和家长。

二是与武汉大学幼儿园管理团队进行深度调研。在集体调研和个别访谈过程中，我发现武汉大学幼儿园管理团队中园长们个个是精英，她们都对自己分管的幼儿园有情怀、有思想、有规划、有追求，但都是站在自己分园的立场上思考问题，而没有站在总园的高度，从更高的站位和视野来考虑文化的建设。如何让这些精英们达成共识，难度不小。原来，武汉大学幼儿园2001年重组之后，虽然建立了以总园办公室为龙头的“一园四址”的组织结构，但旧的“系统”并没有打破，仍然是在各分园园长负责下实施幼儿园的全面管理。换而言之，在组织机构设立上，总园虽然已经建立了以人、财、物为基本模块的组织结构，但是在实践操作层面上尚未形成四所幼儿园共同遵循的制度、流程等操作系统，尤其是在教师的专业成长、人才培养、课程系统、办园特色、服务支撑等方面，还比较松散，没有形成合力。在多次研讨之后，我发现精英们的初心还是非常一致的，强调武汉大学幼儿园必须立足“学校所需、教工所盼、幼儿所期、未来所向”，要传承珞珈基因，服务大学，促进幼儿身心健康成长。

经过缜密思考和反复磨合，最终我提出了几个办园理念的建议方案供邓园长及其管理团队选择。我很高兴，她们都能高度认同“享珞珈之灵秀，育书香之稚子”这个办园理念，并由此形成了武汉大学幼儿园园所文化的核心和品牌辨识度。从此，武汉大学的四所幼儿园不仅共同拥有一座山即珞珈山，共同拥有一片湖即东湖，还共同拥有了一个灵魂即“享珞珈之灵秀，育书香之稚子”，最终形成了共同拥有一个幼教品牌即武汉大学幼儿园。

二、精心：传承珞珈基因

办园理念提炼的任务完成之后，我与武汉大学幼儿园偶尔还会保持一定的联系，也就成为了幼儿园发展之路的默默陪伴者。随着国家学前教育三年行动计划的推进，虽然大家都说幼教的春天来到了，但由于受限于是高校创办的幼儿园，武汉大学幼儿园的发展并没有享受到全部的国家利好政策，导致在幼儿园发展过程中存在一定的困难，如幼儿园办园经费紧张，办园条件逐渐陈旧，师资队伍也不稳定。但是可敬的是，在外界有限的支持下，武汉大学幼儿园管理团队无论遇到什么困难，都没有停下前进的脚步，而是竭尽所能地推动幼儿园文化建设。她们始终紧紧围绕“享珞珈之灵秀，育书香之稚子”的办园理念，“以培育幼儿、服务大学、奉献社会”为使命，向下扎根，向上生长，努力传承珞珈的文化基因，坚持创办高质量的幼儿园集团发展的教育体系。在总园的引领下，各分园积极跟进办园理念的落地。伴随着实践的深入，武汉大学幼儿园园所文化的内容不断丰富，整合不断深入，成果不断涌现，园所文化日渐形成完整的体系。如以“育人有痕”的环境文化理念为指导，创设基于儿童视角的“趣、雅、美”物质环境和丰富、积极、自然、有爱的精神环境，让每一位幼儿都能充满灵性地快乐健康成长，让每一位教职员工都能有归属感、安全感和幸福感；以“以人为本”的组织文化理念为指导，实施“以人为核心”的管理机制，注重激发教职工的主体意识，增强教职工的自我管理能力，尊重教职工的个性特点，理解教职工的需求，用尊重、关爱和赏识激发教职工内驱力；以“各美其美、美美与共”的课程文化理念为指导，四所分园在课程建设方面持续改革和创新，呈现出不同的课程文化和园所特色，体现出武汉大学幼儿园办园理念极强的包容性。目前，武汉大学幼儿园四所分园园本课程各具特色，百花齐放，如一分园以“顺天性、养习性、展个性”为课程理念，建构“适性发展、美润童心”的园本课程体系；二分园以“生态、和谐、启智”为课程理念，建构了生态园本课程体系；三分园以“浸润珞珈、四健合一”为课程理念，建构“四健”课程体系；四分园以“珍视生活、追随游戏、成就儿童”为课程理念，建构“健身健心、悦享童年”的园本课程体系，四所分园从各自所拥有的武汉大学独特的教育资源出发，基于对幼儿园办园理念的个性化和深度解读，由此建构了多元共生的具有珞珈特色的课程文化。

三、匠心：铸梦未来

当前，武汉大学幼儿园正在向着“办一所与双一流高校相匹配的幼儿园”的目标迈进。从总园到分园，全体教职员工都坚守初心，秉持精心，追求匠心，努力为孩子提供返璞归真充满灵性的高质量的学前教育。近年来，珞珈主题活动、童梦专题活动已经成了武汉大学幼儿园的品牌，深受广大孩子和家长的喜爱。妈妈日、樱花日、玩水日、帐篷日等特色活动，给每一个孩子都留下了有趣的、有益的童年记忆。

我希望未来十年武汉大学幼儿园能继续坚守“享珞珈之灵秀，育书香之稚子”的办园理念，勇于追求探索最本然、最本真的教育文化，努力培养优秀的本性和有质量的生命，进一步挖掘和发挥高校研究资源的优势，大胆创新，铸梦未来，为武汉大学培养更多“聚是童梦园里的星、散是珞珈山上的光”的“珞珈”儿童。

道阻且长，行而不辍，期待下一个十年“亮剑”的精彩。我愿意陪伴武汉大学幼儿园再攀高峰，再创辉煌！祝福大家！

武汉市教育科学研究院　陈红梅

目　　录

第一章

幼儿园文化的溯源

第一节 何为文化

一、文化是什么？

（一）文化的起源

文化是人类社会发展的必然结果，随着人类社会和文化的发展，人们创造了越来越多的文化产物。这些文化产物逐渐发展成“独具特色的语言文字，浩如烟海的文化典籍，嘉惠世界的科技工艺，精彩纷呈的文学艺术，充满智慧的哲学宗教，完备深刻的道德伦理”①。从发展历程上来说，文化的起源是人类社会发展的一个漫长过程，是在人类的漫长历史过程中逐渐形成的，是人类智慧和生活方式各个方面的积累和传承，同时也受到环境、自然、历史、文化、宗教等多方面的影响和塑造。如今，文化已成为我们生活的一部分，无论是语言、习俗、艺术、历史，抑或是宗教信仰、科学技术、哲学思想，都属于文化的范畴。文化源于人类对自然和生存条件的探索和适应，同时也与人类进化、交流、学习、创造和传承的需要有关。

1. 人类对自然和生存条件的探索和适应催生了文化

“人类从‘茹毛饮血，茫然于人道’的‘直立之兽’演化而来，逐渐形成与‘天道’既联系又区别的‘人道’，这就是文化创造的过程。文化是人与自然、主体与客体在实践中对立统一的存在。”②在人类初步崛起的时代，人们最关心的是保证自己的生存。为了应对自然环境的影响和生存条件的限制，人类就

① 张岱年、方克立：《中国文化概论》，北京师范大学出版社 2004 年版，第 7 页。
② 张岱年、方克立：《中国文化概论》，北京师范大学出版社 2004 年版，第 3 页。

开始慢慢摸索各种方法来应对。人类通过对自然和生存条件的不断探索和适应，逐渐形成了一系列独特的文化现象。例如，早期人类掌握了用火的技术以达到烹饪食物、抵御寒冷等目的，这就是人类对自然的探索和适应所带来的文化成果之一。同时，人类还创造了一系列工具、器具、武器等，通过对自然的使用和掌控，构建了与自然的互动关系，这些也是文化的重要方面。比如在仰韶文化半坡村遗址中，历史留下的痕迹诉说了当时原始先民们农作、狩猎、制陶、彩绘、音乐和舞蹈等丰富的生活内容。随着历史的演进与文化的传承，不仅陶器更加精美，还出现了冶铜、酿酒、制玉、雕刻象牙等新技术。这些物质文化发展成果体现了人类智慧的积累和文明的进步。

2. 文化的起源与人类进化、交流、学习、创造和传承的需要有关

自从人类进化以来，人们就始终处于不断变化的环境中，同时也在不断进步和演化。在这个进程中，人们逐渐学会了交流、学习和创造，同时也开始了文化的传承。文化是“世代相传的东西，即任何从过去延传至今或相传至今的东西……它是人类行为、思想和想象的产物，并且被代代相传。”①人类社会的形成与发展促进了人类文化的进一步发展，人类的语言、信仰、行为规范等都是在社会交往中逐渐形成的。尤其是人类语言的发展，成为了人类文化的重要组成部分。在交流和交往中，人类逐渐形成了各种表达和交流方式，在语言中是表现最为明显和重要的。通过交流，人们能够把彼此的经验知识传递下去，以便更好地应对变化的环境。通过学习，人们能够从先人的智慧中汲取力量，逐渐积累出更为丰富的思想和文化。通过创造，人们能够在已有的基础上创造出更为丰富的文化艺术，并将这些文化艺术经过传承不断发展和改进。

3. 文化的起源与人类的意识和思考有关

人类作为一种高级智能生物，有能力进行抽象思考、逻辑推理、创造性思维等高质量的认知活动。这些认知特点使人类能够更好地理解自然、掌握生存技能，同时也促进了人类文化的逐渐形成。人类通过思考和创造，不断

---

① ［美］爱德华·希尔斯：《论传统》，傅铿、吕乐译，上海人民出版社2009年版，第12页。

发明创造，形成了各种文化产物，如工具、语言等，这些都是人类智慧和创造力的结晶。随着人们意识的深入和思考的加深，人们对文化也有了更深刻的认识。逐渐有了道德、宗教、哲学、科学等概念和领域，文化也以更丰富的形式呈现出来。这些思想和观念，不仅受益于交流、学习和创造，也成为了发展人类文化的重要来源。文化也源于人类的社会交往过程。人类社会愈发繁衍壮大，社会形态不断变化，不同文化相互融合，交织着人类历史进程。人们在交往和交流中逐渐形成共同的习惯、信仰和价值观念，形成一种文化共同体。总的来说，文化起源于人类对自然和生存条件的探索和适应，同时也与人类进化、交流、学习、创造和传承的需要有关。而文化的存在和发展，不仅仅对人类社会发展和进步有非常重要的影响，也为我们的生活注入了更多的色彩和意义。

（二）文化的管理学意蕴

“管理就是设计并保持一种良好环境，使人在群体里高效率地完成既定目标的过程”。① 从管理学的角度来看，文化是一个组织内部重要的概念，它代表了这个组织所拥有的价值观、行为准则、共同规范和底层信念等。换言之，文化是一种共同的认知框架，而这个认知框架可以让组织内部的成员在各种情况下做出更为明确的决策和行动。管理学中的文化涵盖了组织的人际关系、品牌形象、组织理念等多个方面，它可以帮助建立健康的工作氛围，形塑组织形象，提升成员凝聚力和企业形象，是管理学不可或缺的研究方向。

1. 组织内部的认知框架有赖于依靠文化达成

文化代表了组织成员所持有的价值观、行为准则、共同规范和底层信念等，也就是组织中人们所遵守的一种规则和套路。这些规则和套路可能是隐形的，却深深地影响着组织内部成员的思维方式、行为兴趣和目标选择。从这个角度来说，理解组织文化是了解组织内涵的重要部分。对于组织的管理者来说，文化同样极为重要。每个组织都有其自身的文化，它是由组织的所有成员共同塑造和发展的。组织成员对于组织文化的认识和理解程度，影响

---

① ［美］哈得罗·孔茨：《管理学》，张晓君等译，经济科学出版社 1998 年版，第 2 页。

着成员的态度、行为和团队协作等方面的表现。因此，组织管理者需要充分了解组织的文化，以便建立和维持有效的组织文化，提高组织的凝聚力和归属感。

2. 文化是塑造组织氛围和形象的关键

作为组织的价值观的代表，文化对组织的形象和氛围产生了重要的影响。组织文化直接关系到成员的归属感和忠诚度，进而影响组织的形象。若把组织文化塑造成成员具有团队精神，专业、信任、共同进步的工作氛围，就会激发成员的工作热情，从而吸引更多有才华、有潜力的成员加入。但如果组织文化长期不变，透明度不高，成员流动率高，就会增加负面评价。组织文化还可以提升工作效率，促进成员间的积极合作，从而形成一个高效的工作环境。同时，文化也可以体现组织的形象。组织文化属于组织的内在因素和价值体系，与品牌形象和经营理念密切相关。一个有活力、创新、强壮的组织文化能够更好地塑造有益的组织形象，提高成员的凝聚力和团队效能。组织的文化可以传递给外界对这个组织的认知和印象。这种影响可以体现在组织品牌、广告等各个方面。

3. 文化可以在管理过程中发挥重要的作用

由于组织文化在组织内部的内化和传递过程中的渗透作用，文化可以在企业管理过程中发挥重要作用。必须注意的是，管理不只是一门学科，还应是一种文化，有它自己的价值观、信仰、工具和语言。在管理过程中，文化相当于企业管理的灵魂，它可以帮助做出更合适的决策和行动。比如，在管理过程中，组织文化可以帮助管理者与成员建立联系、促进企业内部和外部的沟通。同时，组织文化还可以为决策提供参考和启示，协调组织内部各方面的利益，保持组织健康稳定发展。具体来说，组织的目标和价值观通常反映着组织文化的核心价值观和理念。如果组织和成员的价值观、行为和目标不匹配，就有可能出现矛盾和冲突，从而影响组织的绩效和发展。因此，组织管理者需要建立有益的组织文化和价值观，以协调和促进成员之间的合作和团队效能，增强组织的竞争力。

综上所述，从管理学的角度理解文化，可以发现文化在组织管理中扮演着非常重要的角色。组织文化可以塑造出健康的工作氛围，形塑组织形象，提升成员凝聚力和企业形象。在管理过程中，文化也可以发挥重要的作用，它可以帮助决策者做出更为合适的决策和行动。

（三）文化的价值

文化价值是指在同一个文化类型的内部，要素之间以及要素与结构之间互相发生的关系与作用，以及文化作为整体在满足人类生存方面的独特作用中以及人类社会发展历程中所体现的价值、作用和效能。从主体来说，文化的价值包含如下几个方面。

1. 文化对社会的价值

（1）凝聚社会共识和形塑社会认同。社会心理学家发现，人类在社会生活有两种认同的需要。其一是通过寻找“我”与“我群”的差异而获得“自我认同”，它使个体获得一种与众不同的独特性和唯一性；其二是通过寻找“我群”与“他群”的差异而获得“社会认同”。它使个体获得一种与众相同的一致性和同一性。为了同时满足这两种需要，个体总是在寻找二者之间的平衡。社会认同是个体获得文化群体的“我们感”的途径和过程。① 文化通过传递知识、思想、价值观等，可以在一个社会范围内形成一致的、广泛认可的、被普遍接受的共同意识，从而凝聚社会共识和形塑社会认同。当社会成员以共同的文化作为连接点和参照系时，他们会更容易地建立起共同的目标和信任关系，并且更愿意为了共同的文化价值而不断付出。具体来说，这些认同来自于制度、价值观、语言、文化媒介等多个方面。就制度方面而言，文化是社会制度的重要依据，不同文化背景下的社会制度、法律、政治结构等都不尽相同。因此，文化影响着社会成员对于社会制度的认同感和认同程度。就价值观方面而言，文化背后的价值观和信仰一直是社会认同的主要内容，值得重视。不同文化之间存在着诸如道德观、宗教信仰、家庭观念、教育理念等差异，这些价值观也影响着社会成员对于价值的追求和认同。就语言方面而言，语言是文化的重要体现，不同地域、民族、种族等的人们语言存在差异。因此，

① 参见陈世联：《文化认同、文化和谐与社会和谐》，载《西南民族大学学报（人文社科版）》2006 年第 3 期。

语言也是社会认同的重要载体，语言成为一个族群的标志和认同。就文化媒介方面而言，文化艺术和文化产业作为信息传播的重要媒介，影响着社会成员对于文化的认识和认同。这些文化媒介在一定程度上塑造着社会成员对于文化的态度和观感。因此，文化对社会认同存在着深远的影响，人们在这种文化背景下，形成了一种心理归属感和社会认同感。

(2)推动经济社会进步和发展。近年来，越来越多的理论研究注意到，文化在推动经济社会发展方面扮演着重要作用。事实上，经济社会的高效率运行依赖于强有力的价值观和规范系统。一个交换经济的成功运行依赖于相互信任以及公开的或隐含的规范的使用，即使对机构和制度而言，其运行也是以共同的行为模式、相互信任以及对对方道德标准的信心为基础的。①

一个国家的发展，不仅要重视审慎行为的优良品德，还要重视那些补充性价值观的作用。文化中不仅有传承的古典文化，还有现代的科技、制度、知识等方方面面，这些文化元素在社会的传播和应用过程中，能够在一定程度上推动社会的进步和发展。具体说来，文化在推动经济社会进步与发展时主要依靠以下机制实现。一是激发创新。文化是社会创新的灵魂，创新是人类文明进展的源动力。多样化、容纳性强的文化环境有助于创新的激发和形成。因此，文化的发展可以激发个人、机构发挥潜力，促进科学技术的进步和发展，推动经济社会不断前进。二是培育人才。文化的传承和发展需要大量人才的支撑和参与。人才的培育既体现了文化的创造和传承，同时也是社会发展进程中不可或缺的支撑。通过文化教育和人才培养，不断提高人的文化素养和创造能力，为经济社会的发展提供人才保障和后继力量。三是促进城市发展。城市是文化和经济相互交织的产物。当地的文化特色和文化公共场所的建设可以有效地增加城市的吸引力、竞争力和地域知名度，同时也可以提高城市居民的文化品位和生活质量。四是拓展市场需求。文化的多元性和个性化是市场需求多样化的基础。文化产品的创新和创造不仅可以满足不同人群的审美需求，而且可以开拓市场，促进产业升级和转型。

(3)强化文化自信和民族精神。文化是一个民族的精神支柱，是民族精神形成、传承和发扬的源泉，对民族精神有着深远的影响和作用。文化内涵丰

① 参见高波、张志鹏：《文化与经济发展》，载《江海学刊》2004 年第 1 期。

富多彩，它不仅包含了历史、思想、艺术、风俗等各个方面，同时也包括了民族共同的道德观念、价值观念以及个人特征等。文化可以弘扬民族自信和自豪感。文化以其丰富的内涵和独特的特点，催生了一种民族文化自信和自豪感。民族文化的存在可以激发人们的民族归属感，增强民族凝聚力，使人们对自己民族的传统、历史和文化有了更深入的了解和认识。同时，随着国家文化的传播和发扬，民族文化也因此得到了进一步的传承和发展，从而使这种文化自信和自豪感得到了更加广泛和持久的传递和加强。同时，文化可以深化国家共同体成员对民族文化的认知和思考。民族文化是一个民族的精神支柱，它包含了民族历史、民族风俗、民族信仰以及民风民俗等各个方面。通过对民族文化的认知和思考，人们可以更加深刻地理解民族的传统文化、道德观念和价值观念，从而促使人们觉醒到自己民族文化的重要性和底蕴。民族文化的传承和发展需要人们不断尝试和创新，从而激发出人们对文化的热情和创意。同时，在交流和创新过程中，民族文化也可以得到传承和发展，进一步提升了民族的创意能力和创造力。

2. 文化对国家的价值

文化作为一个国家的历史、现实和未来的重要组成部分，对国家有着深远的影响和作用。文化可以加强国家的凝聚力，塑造一个国家的国家形象，推动社会进步和发展，增强文化自信心等。

(1)加强国家的凝聚力和认同感。文化是国家的精神支柱，文化通过对国家的传承和传播，产生了独特的民族和国家认同感和归属感。国家文化的发展和传承可以为国家积累历史和优秀文化素质的资本，同时，也能够切实加强国家的凝聚力，形成一个符合民众生活和精神需求的大家庭，从而改善和提升国家形象。一是在增强身份认同方面。文化是国家的独特标识和象征，每个人的文化认同都加深了对国家的身份认同感。当一个国家的公民对该国家文化感到自豪时，将会增强他们的国家认同，并促进国家凝聚力的提升。二是在塑造共同价值观方面。文化认同有助于塑造并强化国民的共同价值观。公民们对于国家的共同价值观和文化遗产感到认同，将会使他们找到亲近感和归属感。三是在增进文化交流方面。文化交流是一种促进国家凝聚力的重要方式。文化交流有助于国民了解各自文化的差异和优缺点，从而增进相互理解和尊重，促进国家与国家之间的互动，达到凝聚国家的效果。四是在传承文化遗产方面。文化遗产在传承中发挥着巨大的作用，是国家和人民共同的价值财富。保护和传承国家文化遗产，将有助于增强人民对于国家的文化认同，促进国家的凝聚力。

(2)增强文化自信心。文化自信心对一个国家和国民自身的优势和应对能力至关重要。而这种自信心的塑造和展现，往往是从民族文化或国家文化中寻找答案的。例如，中国文化源远流长，以中华优秀传统文化创新为核心发展现代文化，有效推动了整个国家文化的进步、发展和繁荣，大大增强了国家的文化自信心。

党的十八大以来，习近平总书记以宽阔的历史视野、博大的政治胸怀、强烈的使命担当，多次从不同角度、不同层面深刻阐述了文化自信的基本内涵、重要意义。文化对民族自信的作用机制在于以下几点。一是在文化自觉性方面。文化自觉性是每个国家自信的基础，也是文化自信的重要依托。只有深入自身文化的传承和发展，才能让人民群众感到自己是文化丰富、自信自豪的民族。二是在文化传承和弘扬方面。文化的传承和弘扬是国家发展历史、文化积淀和传统优势的重要体现，也能够让人民群众更好地认识和了解自身文化的丰富性和多样性，增强民族自豪感与文化自信心。三是在文化多元性方面。每个国家都有自己独特的文化传统，但文化多元性也同样重要。在多元文化的基础上，通过文化交流、文化融合等途径，让人民群众因为自身文化的多元性而自信自豪，从而增强国家的自信心。可以说，通过发展和弘扬自身文化、增强文化自信心、传承文化传统、推广多元文化等办法，可以提高人民群众的文化自觉性和民族自豪感，促进国家自信心的提升。

(3)塑造国家形象。文化对一个国家的形象产生了重要的影响和作用。文化意味着一个国家所传承的精神和文化传统，反映了一个国家的历史和文化背景、学术水平、社会价值观诸多领域。因此，国家要成功地塑造国家形象，就需要通过有效的文化传播和营销等方式，深入挖掘体现国家形象的文化包装元素，并将其传播出去，提高国家的文化软实力。最终，国家的形象将直接作用于国家对于海外资源、经济、实力的获取和发展，增强国家的国际地位和国际商业价值。

综上所述，文化对国家的作用几近无穷，它不仅可以增强国家的凝聚力和认同感，推动社会进步和发展，增强文化自信心，而且还可以塑造国家的形象，提高国家的影响力和市场价值。因此，推动文化传承和创新，保持文化自信心，寻找并营造文化至关重要。

3. 文化对个体的价值

文化是一个国家或地区的传统、历史、信仰、风俗、习惯等在某一时期产生并经过长期传承的精神财富的总和。文化不仅反映了一个国家的历史、风俗和习惯，还具有深刻的思想和道德内涵，因此对个人的价值具有深远的影响。

(1)文化是个人价值观形成的重要影响因素。凡价值观都隶属于某种文化，价值观的提炼、形成与坚守都离不开一定的文化，文化是价值观的重要来源。文化涵盖了各种信仰、观念、思想、伦理、文化传统和某些生活习惯，反映了一个国家的历史、人民的性格、国情和理念。文化可以在某些程度上影响到个人的价值观、信仰等方面。通过文化的传承和教育，个人能够形成较为完整的、符合真、善、美的价值体系。这样能够引领人们做出正确的选择，建立积极的价值观，为个人的发展和幸福生活提供指导。不过，从另外一个方面来说，个人的价值观也可以对所处文化产生影响。个体在与文化互动和对话的过程中，也会表达自己的价值观和思考，对文化提出质疑、创新和改变。个人的不断思考和行动对文化的演变和发展起到积极的促进作用。个人的价值观和文化之间形成了一种相互作用和调整的关系。个体在文化中接受和认同一部分价值观，同时也会基于自身的理解和经验对其进行选择和调整，从而形成独特的个人价值观。中华优秀传统文化是孕育社会主义核心价值观的沃土，在中国革命、建设、改革的伟大实践过程中孕育的革命文化和社会主义先进文化是滋养社会主义核心价值观的甘霖，西方优秀文化是优化社会主义核心价值观的肥料。

(2)文化是个人智力和心态发展的重要因素。文化不仅涵盖了某些信仰、观念、思想、伦理、文化传统和某些生活习惯方式等内容，也包括了各种艺术形式及其传统和创新。例如绘画、音乐、文学、舞蹈、手工制作等，这些都需要个人不断学习和总结，从而不断发展自己的智力和心态。通过接触各种文化艺术，个人能够感受到不同文化中的美和智慧，更好地对待生命和生活，为更加丰富、充实自己的素质和人生经历提供支持。在心态方面，文化同样发挥着重要作用。文化中的人生观和价值观对个体的心态产生深远影响。不同文化背景下，个体对于自身目标、生活意义以及成功与失败的定义可能存在差异。文化中的价值观念会通过教育、家庭、社会等途径，影响个体对于生活和自我价值的认知和评价。文化中的社会期望和社交规则进一步塑造了个体的情感样式和情绪调节策略，影响了个体的心态和情绪体验。个体的心态与其所处的文化背景密切相关，文化中的价值观念、情感规范和认知方式都对个体的心理状态产生着深刻的影响。

(3)文化是个人与社会交流的重要桥梁。文化是交流的桥梁，不同国家、地区、民族所创造的文化形式各不相同，但在相互交流时，却能够创造出共性的情感体验、分析思考的角度等，这样也为个人与不同背景和文化的人交流提供了良好的基础。文化中的价值观念、道德标准和行为规范为个体在社会中的交往和行动提供了指导和约束。个人参与社会活动时，往往会根据所处文化中的规范和准则来调整自己的行为和表现。在参与传统仪式和活动时，与其文化背景产生联系，并从中获得认同感和价值观的确认。这些交流中，不仅有老师、同事、朋友等这些紧密的联系，还有不同文化背景的人带给个人不同的思考方式和思想创新。这样，个人在交往过程中没有沟通壁垒，而且融入更多文化的乐趣，达到心灵与身体的平衡。

二、园所文化是什么？

(一)园所文化是幼儿园核心竞争力的主要来源

园所文化，即幼儿园园所文化，是指在社会文化的大背景取向下，在办园理念的引领下，幼儿园领导、教师、职工及幼儿通过长期教育实践而形成的共同认可、共同追求的精神风貌及教育风格、文化传承方向所构成的导向文化，是本园所特有的，并为多数成员共同遵循的价值标准、基本信念和行为规范。它包含了教育教学目标、师资队伍建设、家园合作及中外文化融合等多个方面，能够有效地推动幼儿园的发展，实现幼儿教育的良性循环。

1. 园所文化塑造幼儿园特色和品牌

幼儿园的文化是幼儿园特色和品牌的体现，不同的幼儿园在育人理念、办学模式、师资力量等方面有着自己独特的标识和文化内涵，形成了一种品牌效应。研究显示，家长关注幼儿园的文化是因为他们希望确保幼儿园的教育价值观和自己的价值观相符。家长希望幼儿在成长过程中接受积极的教育，培养正确的价值观和态度，因此他们倾向于选择与自己价值观相符合的幼儿园。同时他们希望幼儿园能提供积极、丰富的学习氛围，以及先进的教育资源和设施，以便在文化和教育资源、设施的叠加影响下，幼儿可以在学习中得到良好的支持和启发。因此，优秀的幼儿园文化能够吸引更多的幼儿和家长关注。优秀的园所文化还可以为幼儿园的品牌价值和地位提升打下坚实的基础。品牌是一个组织或机构通过标识、口碑、服务质量等方面在消费者心中建立的形象和认知，而文化是一个组织或机构的核心价值观、行为准则以及共同信念的集合。幼儿园的品牌形象通常会反映其在幼教领域的独特价值观和理念。例如，品牌可能注重教育的个性化，强调创造力和自主学习；或者品牌可能注重全面发展，强调团队合作和社交技能等。这些核心价值观和理念源于幼儿园的文化，并通过品牌形象得以传达和展示。

2. 园所文化助力幼儿园内部管理和运营

幼儿园的文化对于内部管理和运营的有效性具有关键性作用。其中的机理在于，幼儿园的文化和内部管理目标之间通常存在一定的一致性。文化可以反映幼儿园的核心价值观和教育理念，而内部管理则是为了实现这些教育目标而进行的行动。当幼儿园的文化与管理者和教师共同认可的教育目标保持一致时，内部管理往往能更好地实现这些目标。因此幼儿园文化能够明确及时地传达幼儿园的整体发展愿景和价值观念，切实明确教育目标，制定规范化行为准则，统一成员行为，从而提高幼儿园的管理及教育水平，使园所得到良性运营。幼儿园内部管理与幼儿园的文化是相互关联的，彼此之间通过相互作用和影响，共同塑造幼儿园的发展方向、价值观和教育目标。一个积极健康的文化和良好的内部管理机制是实现幼儿园教育目标的重要保障。

3. 园所文化提升家长和社会信赖度

家长和社会的信任和认可对于幼儿园的发展至关重要。一般来说，家长会选择信任幼儿园，因为幼儿园是为孩子提供学习和成长环境的专业机构。许多幼儿园都有经过教育主管部门认可的合法证书，有合格的教师和严格的管理措施。此外，幼儿园通常会与家长保持沟通，定期向家长报告孩子的学习和生活情况，以增加家长对幼儿园的信任感。然而，每个家长的观点和经历都可能不同，因此并不是所有家长都会完全信任幼儿园。有时候，家长可能会有一些担忧或疑虑，需要与幼儿园进行积极的沟通和合作，以建立更深入的信任关系。通过幼儿园文化的营造，可以让家长、社会对园所的工作和服务产生认同感，促进家长与园所的沟通互动，达到很好的家园合作的效果，提升幼儿园的社会价值和知名度。同时幼儿园的文化决定了其在教育中的追求和态度，进而影响家长、学生及员工对幼儿园的评价和口碑传播。具有积极、关怀、专业的文化和教育理念的幼儿园更容易建立起良好的品牌声誉，并获得家长和社会的信任。

4. 园所文化提高幼儿园成员满意度

成员的满意度是作为教育机构的幼儿园发展的关键。大多数幼儿园老师通常是出于对教育事业的热爱和责任感而选择从事这个职业。幼儿园老师经常与年幼的孩子相处，他们可以亲眼见证孩子们的成长和进步，这可能会为他们带来满足感和成就感。然而，幼儿园老师也可能面临职业上的挑战和压力。幼儿园老师需要负责照顾和教育一群年幼的孩子，包括满足他们的基本生活需求、开展适龄游戏和活动、帮助他们建立社交技能等。这需要老师不仅具备专业的教育知识和技能，还需要耐心和爱心。幼儿园老师通常需要面对较大的工作负担，包括制定教学计划、准备教材和活动、评估学生的学习进展、与家长进行沟通等。每天与一群活泼好动的幼儿相处，并且需要保持高度的关注和关心，这对老师来说是一项艰巨的任务。幼儿园老师需要与家长密切合作，了解孩子在家庭中的情况和需求，并与家长交流关于孩子成长和学习的信息。这对老师来说需要耐心和沟通技巧，有时可能会面临家长的挑战。幼儿园老师的工作压力可以说是较大的，因为他们需要同时应对教育、照顾、沟通和管理等多方面的任务。这些因素可能会影响他们的满意度。因此，幼儿园管理者应该关注职工的福利和工作环境，提供支持和培训，以促进教师的职业满意度和工作效果。良好的园所文化使成员能够感受到园所利益与个人利益共进退的满足感，使成员有更高的归属感，从而，在工作中能够投入更大的精力和热情，更有创造性和积极性地发挥自己的才能，同时更容易得到成员忠诚和敬业的回应。

（二）幼儿园办园质量依靠园所文化

幼儿园注重园所文化的运用，可以提升幼儿园的发展质量，提升学生的学业成绩与发展，为幼儿园的品牌形象打下良好的基础。

1. 幼儿园园所文化决定幼儿园的发展方向

幼儿园的园所文化可以决定幼儿园的整体发展方向、教育方案的制定和具体的教育管理和教育方法的设定。例如，以综合发展为主的园所文化的幼儿园，可以更多地注重孩子的个性化发展、兴趣发散、素质的培养等，增强幼儿的全面发展。这样就能更好地符合了幼儿的发展需要，从而对幼儿园的发展质量起到了重要的推动作用。

2. 幼儿园园所文化是制定教育目标的前提条件

教育目标是决定幼儿园教育方向和实施教育目标的行动指南，而幼儿园的园所文化决定了幼儿园的教育目标。通过制定明确的教育目标，幼儿园可以更有针对性地实现幼儿教育和提高教育质量。一个明确且适合幼儿的教育目标，也可以帮助幼儿园实现一体化教育和有利于幼儿发展。

3. 教育实施体现幼儿园园所文化

园所文化对于幼儿园而言，往往是放在最优先位置的，因为它可以影响到整个幼儿园的办学方向和教育氛围。幼儿园要从教育实施方面体现园所文化的领导力，通过寓教于乐，多元化学习方式，通过对学生兴趣等方面的引导和体验式的探索，从而更好地实现教育教学质量的提升。

（三）园所文化通过办学理念影响幼儿成长

幼儿园是幼儿安全健康成长的重要场所和环境，幼儿园的办学理念是对幼儿教育方式、教育理念及课程设置等方面的传承和发展，对幼儿的成长和发展具有重要的影响和意义。

1. 办学理念指导幼儿的发展方向

幼儿园的办学理念是根据幼儿特点、发展规律等制定的，它能够对幼儿发展的方向和重点起到指导作用。例如，以科学教育法为基础的办学理念，强调幼儿自主探索和观察，注重培养幼儿的科学意识和创造力。这样能够更好地引导幼儿积极有效地参与到教育中来，从而帮助幼儿成长和发展。

2. 办学理念指导幼儿的行为规范

幼儿园的办学理念也会引导幼儿遵守行为规范及道德标准。例如，注重德育的办学理念，将教育幼儿公平、有责任心、尊重、服从、团结合作作为行为标准，并通过形式多样的活动让幼儿讲道德故事、体验互助协作等。这样能够培养幼儿的良好行为习惯及社交能力，提高幼儿园管理的效率及教育质量。

3. 办学理念决定教育和课程设置

幼儿园的办学理念也会决定教育和课程的设置，从而影响幼儿的发展。例如，如果幼儿园的办学理念以综合性为主导，课程中融入了美术、舞蹈等多科课程，这样能够更好地培养幼儿的审美能力，并提升幼儿多方面的能力。

（四）园所文化是构建和谐家园关系的重要途径

和谐的家园关系是幼儿成长的重要基础性支撑。无论是园方还是家长，都必须树立幼儿成长共同体的理念，在彼此信任、尊重的基础上共同完成幼儿教育工作。只有这样，才可以为幼儿打造良好的成长环境，促进幼儿在不同环境中的发展连贯性和稳定性，帮助幼儿更好地适应和过渡，更好地支持幼儿的发展。但是，由于园方和家长之间的角色认识、思维习惯、成长目标等多个维度存在一定差异，因此需要借助园所文化作为两者之间的沟通桥梁。

1. 教育目标的共同追求

家长和幼儿园都致力于幼儿的全面发展和教育目标的实现。通过建立紧密的合作关系，家长和幼儿园可以共同制定适合幼儿的学习目标，并在家庭和幼儿园的环境中给予幼儿协调一致的支持和指导。

2. 家庭与学校的补充作用

幼儿园和家长各自在幼儿的教育中具有独特的角色和职责。家庭是孩子最早的教育者，而幼儿园则提供专业的教育环境和资源。家长和幼儿园可以互相补充，共同为幼儿提供全面的学习和成长机会。

3. 社会情感发展的支持

幼儿需要在温暖、支持和安全的环境中成长，这是家庭和幼儿园共同承担的责任。通过积极参与幼儿园的活动和与家长的密切合作，幼儿可以建立起良好的社交关系、积极参与学习，并培养出健康的情感和社会技能。

因此，幼儿园和家长之间的关系对于幼儿的全面发展和幸福成长至关重要。通过积极的合作和沟通，家长和幼儿园可以共同努力，为幼儿提供最好的教育和发展机会。

(五)园所文化对家园关系构建有深远影响

幼儿园是幼儿成长的重要场所，而家庭是幼儿最初的成长环境。幼儿园办学理念是幼儿园根据幼儿特点、发展规律等制定的，它可以影响到幼儿园和家庭之间的关系，对于家庭与幼儿园的合作和沟通有着重要的影响。

1. 办学理念统一性对家园关系的协调作用

幼儿园的办学理念是根据幼儿特点、发展规律等制定的，如果幼儿园能够将自己的办学理念明确告诉家长，并且家长们能够理解和认同这一理念，则幼儿园和家庭之间的关系会更加融洽和协调，园方和家长也更容易在孩子教育方面达成一致。

2. 办学理念的传达对家长的教育观念有影响

幼儿园的办学理念是幼儿园教育目标和教育方法的总和，如果幼儿园能够将自己的办学理念传达给家长，并使家长理解并认同，那么这些家长在孩子教育方面的观念也会受到影响。家长们能够理解并认同幼儿园的办学理念，也更能够与幼儿园一同为孩子创造一个更加良好的生活与学习环境。

3. 办学理念影响幼儿家庭教育的实践行动

幼儿园对家庭教育有着辅助作用，双方的关系是相互促进和相互支持的。如果幼儿园的办学理念强调爱与尊重、关注和引导、个性化教育等教育理念，并将其传达给家长，则家长们在对孩子进行家庭教育时也会更加注重这些点，从而更好地配合幼儿园的教学工作。

4. 办学理念影响家长和幼儿对幼儿园的认同感

幼儿园的办学理念在幼儿和家长中的认同度可以对家园关系起到良好的推动作用。如果家长和幼儿在幼儿园的办学理念方面存在着认同度，则家长们会更加信任和支持幼儿园的工作，而幼儿也会感受到家长的支持和鼓励，从而对幼儿园的认同感更高，而通过家长的反馈，园方也可以及时地调整自己的办学方案。

三、园所文化的应然状态

德国幼儿教育家福禄倍尔认为："幼儿园不同于家庭，也不同于学校，而是幼儿游戏的乐园"。杜威曾说：给孩子一个什么样的教育，就意味着给孩子一个什么样的生活。联合国教科文组织呼唤"每个儿童均有权享受足以促进其生理、心理、精神、道德和社会发展的生活水平。"要求缔约国应"最充分地发展儿童的个性、才智和身心能力"。这些都离不开园所文化的引领和规范。

（一）园所文化应当厚植家国情怀

幼儿园是儿童接受教育的重要阶段，也是塑造孩子人格和价值观的关键时期。在这个时期，孩子们对外界的认知和理解较为简单，他们的价值观和思维方式也正在形成之中，在培养孩子的基本道德和人文素养方面，爱国主义和家庭信仰是其中非常重要的两个因素，这对孩子们的未来成长和发展有着至关重要的影响。幼儿教育的本质就是培养国家和家庭未来的发展之才，因此，幼儿园办学应该注重培养和传承家国情怀，让孩子们成为有担当、有责任和有爱心的未来公民。同时，幼儿园作为孩子们人生中第一次接触社会性环境的场所，如何让孩子们更好地认识并适应社会习惯、价值观和文化传统，这是很重要的教育课题。家国情怀作为中国传统文化的重要组成部分，在幼儿园的教育中扮演着不可或缺的角色，这对于培养孩子们的道德感、爱国情怀、家庭观念和社会责任感都有着重要的引导作用。因此，家国情怀是幼儿园教育的基本内涵，在幼儿教育中，以家国情怀为根本，注重培养孩子的爱国主义情感和家庭信仰，才能更好地引导孩子们走向社会，并成为一名有使命感、责任感的公民。

1. 幼儿园办学理念的根本应当建立在家国情怀的基础上

正如现在许多学者和教育专家所强调的，教育的本质是培养国家和家庭的未来，因此，幼儿园应该注重培养孩子的爱国主义情感和家庭信仰，让孩子成为有责任感、有担当、有社会责任感和家庭责任感的未来公民。

2. 注重培养孩子的爱国主义情感

作为我国未来的一代，孩子们必须有一种强烈的爱国情感，这种情感可以在幼儿园这个舞台上树立和培养。在幼儿园中，教师可以通过课堂教学，以及爱国主义教育活动等多种形式，让孩子们了解祖国的和谐发展，让他们感知祖国辉煌的历史文化。让孩子们从小学会尊重国旗，爱国家、爱人民，从而为未来建设祖国贡献力量。

3. 家庭信仰的培养极为重要

家庭信仰是指一种令人感到亲切、自然、温馨的信仰感受。在幼儿园中，应该加强孩子和家庭的沟通，让孩子们学会理解和尊重父母的信仰，通过对家庭信仰的传承，让孩子们更加深入地感知亲情、了解和尊重不同文化背景等。这种家庭信仰的传承，能够在一定程度上促进孩子们的情感发展，使他们拥有更多正直的情感特点。

国家认同与内部自律仍是家庭的永恒使命。家国一体必然导致家庭(族)对国家有强烈的认同感，进而自觉维护社会秩序。近现代以来，由于将传统家族文化视为封闭性、宗法性、落后性、反动性的象征，家族文化中的国家认同观念和内部自律精神被人们忽视，导致如今国家在一些人和家庭的观念中变得虚无，社会充满戾气。因此，要在幼儿园阶段大力弘扬国家认同观念，使家庭成员在对国家的认同中产生强烈的爱国主义情感，增进爱国情操，把对家庭的眷恋、对家庭成员的关爱、对家族历史的追忆延化为疆土之爱、人民之爱、文化之爱，从而增强国家和社会的凝聚力。①

(二)园所文化应当尊重幼儿成长规律

孩子有一百种语言，一百只手，一百个念头，一百种思考问题的方式，还有一百种聆听的方式、惊讶和爱慕的方式。一百种欢乐，去歌唱，去理解，一百个世界，去探究，去发明，一百个世界，去梦想。所以幼儿园的办学理念应当尊重幼儿成长规律。具体来说，这要求尊重幼儿成长的本质规律，确保幼儿在成长过程中得到合理的教育及发展。以尊重幼儿成长规律为出发点，幼儿园应该充分认识到幼儿的身体和神经系统尚处在发育阶段，大脑发育潜力巨大，孩子们的思维能力、情感和行为的发展与成年人存在差异，因此，在幼儿教育和幼儿园的办学理念中，应该以尊重幼儿成长规律为核心思想，合理规划教育内容，灵活使用教育方式，为幼儿提供有益的成长环境。在幼儿园办学理念中，尊重幼儿成长规律意味着需要建立科学的幼儿教育体系，对幼儿的发展特点进行各个方面的研究，贯彻科学教育理念，促进幼儿科学、全面、健康地发育成长。这是幼儿园办学中的一项基本要求，也是现代教育理念的体现。

1. 根据幼儿成长规律制定合适的教育目标

幼儿成长规律是幼儿教育的基础。针对幼儿不同阶段的生理、心理和认

① 参见刘紫春、汪红亮：《家国情怀的传承与重构》，载《江西社会科学》2015年第7期。

知发展特点，幼儿园应该在制定教育目标时，结合幼儿的生理和心理特点，量身定制教育计划。如应该使用符合幼儿认知和学习习惯的教育游戏、良好的教育环境、创造性和趣味性的课程等，使幼儿能够在快乐学习中感受到成就感，增强自信心。

2. 遵循幼儿的生理、心理特点和认知能力，设计教育方案

针对幼儿成长规律，幼儿园应该设计符合幼儿认知规律和学习能力的教育方案。教育方案应该克服幼儿的认知能力还处于发展初期、记忆相对匮乏和注意力欠缺等种种因素，结合幼儿的行为特性，选择适当的教育方式和方法。同时，教育方案也应该注重培养幼儿的好奇心和探索能力，鼓励幼儿探索和发现自己的世界。

3. 为孩子提供有益的成长环境

著名瑞士心理学家皮亚杰认为，幼儿的心理是在内因与外因相互作用中不断产生量和质的变化的。这为我们揭示了幼儿园环境建设的重要意义。① 可以说，幼儿的健康发展离不开一个健康的外在环境。因此尊重幼儿成长规律需要在幼儿园营造一种良好的成长环境，营造安全、和谐的学习环境，让幼儿在融洽的氛围中成长。同时，幼儿园应该针对幼儿的需求开展扎实、具体的教育活动。

(三)园所文化应当紧扣幼儿身心健康

幼儿园是孩子们最初接受教育的场所，同时也是其成长发展的关键时期。因此，幼儿园办学理念应当以幼儿身心健康为中心，尽可能地为幼儿提供良好的身心发展环境，促进幼儿全面发展和学习能力的提升。幼儿的身心健康是其全面发展的基础，幼儿的身心健康与依据儿童生理、心理和认知发展规律的教育活动密切相关。幼儿在这个阶段身体和神经系统尚处在发育阶段，处于快速发育的阶段，因此，需要将幼儿的身心健康作为教育的首要任务来关注和重视，为幼儿提供有益的身心发展环境，增强幼儿的身心适应力和学

① 参加胡思润：《幼儿园环境特征与儿童发展的关系初探》，载《新建筑》1996年第1期。

习能力，从而为幼儿的健康成长打下坚实的基础。在实际的教育过程中，幼儿园应该注重以下几个方面，以实现以幼儿身心健康为中心的办学理念。

1. 营造良好的学习环境

幼儿园应该提供一个干净卫生、安全无毒、人性化的学习环境，既满足孩子们的学习需求，又符合健康的环保理念。一个有吸引力和激发性的学习环境能够激发幼儿的学习兴趣和积极性。色彩鲜艳、丰富多样的教具、玩具和艺术材料，以及充满趣味和挑战的学习活动，能够吸引幼儿的注意力和参与度。适宜的教具和教育资源可以提供丰富的学习机会，支持幼儿的认知、语言、社交、情感和身体发展。定期的日程安排、清晰的活动指导、友好的师生交流等都能够使幼儿建立纪律和自律的意识。安全、洁净、舒适的学习环境可以保障幼儿健康成长，并减少事故和疾病的发生。合作学习、小组活动和互动游戏等可以培养幼儿的社交能力、情感认知和情绪调控能力。整体而言，良好的学习环境可以激发幼儿的学习兴趣和积极性，促进幼儿的全面发展，培养良好的行为和习惯，提供安全和健康的学习环境，并促进幼儿的社交和情感发展。

2. 合理安排教育活动

幼儿园在开展各项教育活动时应制定符合孩子们身心特征和认知特点的教育方案，避免活动强制性和过于紧张，充分考虑孩子的认知和接受能力，为其创造轻松、愉快、积极的学习氛围。具体来说，教育活动要契合幼儿的发展特点，符合幼儿的认知发展水平、兴趣和特点。活动内容和形式应该适合幼儿的年龄段，能够激发幼儿的好奇心和学习兴趣。教学活动应与教育目标和课程设置相一致。活动的目标应明确、具体，并与幼儿园的教育理念和教学目标相契合，确保活动能够促进幼儿在各个领域的综合发展。教学活动应多样化，并覆盖幼儿的不同发展领域，包括认知、语言、艺术、社会情感、身体运动等。活动形式可以包括讲故事、游戏、探究、艺术创作等，让幼儿能够全方位地参与和体验。根据幼儿的个体差异性和需求进行个性化安排。教师应关注每个幼儿的兴趣、能力和学习进展，根据幼儿的差异性进行相应的教学调整和辅导。通过实际操作和真实情境的体验，激发幼儿的学习动机，并将学习与实际生活联系起来。

3. 加强教育管理

教育管理对幼儿园的发展具有重要意义，是幼儿园教育管理的核心内容，对幼儿园的教育教学质量和发展起到至关重要的作用。它能够起到保障教学质量的作用。通过建立科学合理的教学管理制度和规范，明确教学目标和要求，推动教师规范教学行为，提高教学效果，从而提升幼儿园的整体教学质量。它可以促进教学创新和改进。通过关注教师队伍建设、教学资源的充分利用和教学方法的更新，鼓励教师进行教学创新，引入新的教育理念和方法，提升教学质量和教学效果。也可以提升教师的专业素养。通过教师培训、指导和评估等方式，帮助教师不断提升自身的专业能力和教育教学水平，提高教师的教育素质和教育教学的专业水平。

4. 积极关注幼儿心理健康

从一般性的情况来看，幼儿园孩子的心理健康水平因人而异，但总体来说，幼儿园孩子的心理健康水平是非常重要的，对他们的全面发展和幸福感具有重要影响。幼儿正处于心理发展的关键阶段，他们的认知、语言、情感、社交等方面的能力正在迅速发展。他们逐渐形成自我意识，并开始表现出情绪体验和社交互动的需求。他们对世界充满好奇，乐于探索和学习新事物。然而，有时候他们也可能表现出焦虑、恐惧或挑战性行为，这是正常的心理反应。幼儿园孩子渴望与他人建立关系，并通过社交互动来满足他们的情感和认知需求。他们开始学习与他人分享、合作和解决问题，建立友谊关系以及适应集体生活。在幼儿园阶段，孩子们逐渐形成自我认知，开始意识到自己是独特的个体，并逐渐形成自尊心。积极的自我认同和自尊感有助于他们建立良好的心理健康基础。幼儿园孩子正在学习管理和表达情绪，他们需要学会认识和处理自己的情绪，并学习基本的情绪调节和冲突解决技巧。教师和家长的支持和引导对于帮助他们塑造良好的情绪管理能力至关重要。因此，针对不同情况下孩子的情感状态，需要建立心理健康防范体系，根据幼儿的心理特点采取适合的教育方法，认真观察孩子发展变化，及时应对并给予帮助和支持。

(四)园所文化应当能够推动教师、幼儿和家长三方发展

幼儿园是幼儿接受教育的第一站，也是幼儿个人、社会、家庭各方面发展的重要阶段。因此，幼儿园办学理念应当以教师、幼儿和家长三方发展为核心，不仅注重幼儿的综合素质发展，而且还要考虑教师、家长的发展。

1. 教师发展

教师是幼儿园教育的核心。幼儿园教师作为幼儿园教育教学活动的组织者和实施者，是提升和保障幼儿园教育质量的关键因素，提升幼儿园教师队伍的整体素质和促进幼儿园教师的专业发展是提升学前教育质量的突破口。我国学前教育事业发展底子薄、任务重，政府在进一步扩大学前教育数量供给的同时，提出要关注和支持幼儿园教师的专业发展，不断提升幼儿园教师的专业素质和专业能力。① 因此，幼儿园办学应当注重培养一支高素质、专业化的师资队伍，塑造具有优质教育实践经验、专业知识和教务管理能力的教师。

此外，应满足教师职业发展需求，提供充足的教职培训和学术研究的机会，促进教师个人的专业成长。具体来说，在幼儿园文化建设中，应当提供各种培训和学习机会，包括参加教育研讨会、培训课程、工作坊等，以帮助教师不断提高教学技能、教育理念和教育教学方法。鼓励教师之间的互动和合作，促进经验和资源的共享，让教师能够相互学习和借鉴，提升教学水平。鼓励教师进行反思和创新，让教师能够审视自己的教学实践，不断反思和改进。鼓励教师探索创新教育理念、教育技术和教学方法，推动幼儿园教育的不断发展。同时还应建立有效的教师评价和激励机制，根据教师的表现和贡献，给予适当的激励，包括薪酬、晋升和荣誉等方面的认可和奖励。

2. 幼儿发展

幼儿的个性和兴趣爱好是学前教育的可贵资源，幼儿园办学理念应充分考虑幼儿的特点和需求，关注他们的个体差异，制定不同的教育计划和实施方案，让幼儿发展到最佳状态，培养他们独立思考和自我发展的能力，特别

---

① 赖天利：《幼儿园教师专业发展现状及其提升策略》，载《学前教育研究》2019 年第 1 期。

要重视以下内容。幼儿园应提供一个安全、温暖和积极的学习环境，让小朋友感到舒适和自信。创设有吸引力的学习场所、丰富多样的教具和玩具，激发小朋友的好奇心和学习兴趣。根据每个小朋友的个体差异，提供个性化的教学和关爱。教师要了解每个小朋友的兴趣、需求和发展水平，针对其特点制定相应的教学计划和活动，促进其全面发展。鼓励小朋友之间的合作和团队精神。开展团队活动和合作项目，鼓励小朋友分享、合作和互助，培养他们的社交能力和团队合作意识。鼓励小朋友保持好奇心和求知欲，为其提供自主学习的机会，让他们自由探索和实践，从中获得积极的学习经验，培养解决问题的能力和创新思维。给予小朋友积极的评价和鼓励，树立他们的自信心和积极的态度。关注和表扬小朋友的努力和进步，激发他们的学习动力和自信心。

3. 家长发展

家长对孩子的成长起着至关重要的作用。“家长是基本的教师，孩子的成长是家长和教师共同的责任。家长将孩子送到幼儿园，不是其教育责任的移交，而是家长有幸在教育孩子方面增加了专业的合作者。”①家长是孩子最亲密的人，给予孩子爱、关心和支持，帮助孩子建立良好的情感基础。这种积极的情感关系对孩子的情感发展和情绪管理能力具有深远影响，对孩子的安全感和幸福感起着至关重要的作用。家庭传承的价值观和道德准则对孩子的人格发展和行为模式产生深远影响。家长通过言传身教、示范行为和与孩子的沟通，传递正面的价值观和道德观念。他们是孩子最早的教师，为孩子提供学习的机会和资源，鼓励孩子探索和思考。家长的支持和参与对孩子的学业成就和认知能力的发展具有重要影响。可以说，家长在孩子的成长中扮演着不可替代的角色，他们的爱、关心和教育方式对孩子的情感、价值观、学习和社交能力产生深远影响。因此，幼儿园与家庭之间存在着天然的联系，在幼儿的成长和发展过程中，家长与幼儿园都扮演着非常重要的角色。幼儿园应该通过有效的沟通和互动机制，加强与家长之间的合作关系，促进家长共同成长。

---

① 虞永平：《幼儿园课程中家长参与和家长发展》，载《学前教育研究》2006 年第 6 期。

第二节 文化何来

一、文化的溯源

(一)中华文化的特征

中华文化是指中国传统文化，它源远流长，是中国历史、地域、民族、语言、宗教、思想、文学、戏曲、美术等多个方面的综合体现。中华文化的特点既有自己独特的文化传统和历史背景，也受到自然环境、政治制度、宗教信仰等多种因素的影响。

1. 内容博大精深

中华文化的一个显著特点就是博大精深。中华文化有着五千多年的历史，经历了繁荣、兴衰、沧桑等各个阶段。这种悠久的历史传统赋予了中华文化深厚的底蕴和独特的魅力。中华文化涵盖了广阔的地域和多个民族的文化特色。中国拥有56个民族，每个民族都有自己独特的语言、风俗、传统和文化习惯，这种多元性构成了中华文化丰富多样的特点。历史上，中国历朝历代在文学、艺术、科技等方面的创造和贡献都是相当巨大的。中华文化从古至今，厚重而深奥，包括儒家思想、道家思想、佛家思想、中国古典文学、中国古代艺术、中国民间文化、中国传统音乐，以及中医药学等，都为人类文明发展作出了卓越的贡献。总的来说，中华文化以其悠久的历史传统、多元的文化特色、有深度和广度的价值观、丰富的非物质文化遗产以及对平衡和谐的追求等而独具优势和魅力，这些优势为个人与社会的发展提供了丰富的资源和价值指引。同时，中华文化也为世界文化的多样性和相互交流做出了重要贡献。

2. 本质崇尚和谐

中华文化注重整体性，强调和谐。中华文化的整体性表现在其宏观观念多是全体生命体、全面发展，同时又善于从细微处体现整体。中华文化崇尚和谐的价值导向，本质上是人们纵观世界的观念素养。中华文化提倡内在美和外在美的互相统一，反映了一种秉持全面与和谐的心态。事实上，也正是因为上述特征，中华文化有时候被表达为一种温和的文化。它特别强调和谐、平衡和中庸之道，注重人际关系的和谐、社会秩序的稳定和道德伦理的守恒。中华文化重视中庸之道，追求的是平衡和谐的状态，在行为和思考上寻求妥协、共识和一致，避免极端和偏激的行为或思想，同时特别强调社会稳定和和谐的重要性。尊重传统价值观、家庭关系、社会秩序等是中华文化的基本原则之一。这种注重和谐与稳定的价值观使中华文化在社会秩序的维护和人际关系的处理上表现出温和的特点。当然，这并不意味着中华文化没有冲突、竞争或激烈的一面。文化是多维度的，中华文化中也存在着浪漫激情、崇高抱负和坚定立场的元素。中华文化温和的一面更多地体现在尊重和谐、平衡的价值观和行为方式上，而并非意味着绝对的柔弱或缺乏力量。

3. 受儒家思想影响深刻

儒家思想是中国文化独有的思想体系，一直是中华文化的重要组成部分。儒家思想重视道德和礼仪，倡导“仁爱之心”和“义利之间相平衡”的思想，提倡文治主张，推崇家庭的和谐、君臣上下之协调和社会的公正。其中，仁是儒家思想的核心价值观，强调对他人的关怀和善良，以及对社会和谐的追求。礼是一种行为准则和规范，用来维系人与人之间的和谐关系和社会秩序。礼在儒家思想中不仅指仪式和礼节，还涵盖了对他人的尊重、感恩、谦虚、正直等方面的含义。义是指对于道德的正义和诚实的追求。儒家思想强调个体要有责任感和奉献精神，旨在维护社会正义和公平。智指的是明辨是非、理解事物本质、追求真理的智慧。儒家强调个体要有扎实的学问修养和思维能力，通过对智慧的追求来提升个人和社会。信指的是诚实守信的品质。儒家思想认为信是人际关系和社会秩序的基础，要求个体诚实、守信、遵守承诺。

这些核心概念构成了儒家思想的伦理体系，强调人与人之间的关系、社会和谐、道德修养和个人责任。儒家思想通过这些价值观和行为准则，致力于建设一个有序、和谐、仁爱和智慧的社会。儒家思想对中华文化的影响非常大。它强调人与人之间的关系，包括君臣、父子、兄弟、朋友等，以及个人与社会的关系。儒家思想的核心概念包括仁、义、礼、智等，这些价值观在中华文化中深深扎根，对道德伦理的形成和社会秩序的维护产生了深远影响。儒家思想强调个体的道德修养、学习和追求卓越，为中国教育理念和实践提供了基础，并且对中国文化中的学术研究和知识传承起到了重要的推动作用。儒家思想主张有序的社会结构和稳定的政治秩序，注重君臣关系、家庭纪律、社会和谐等。对中国传统社会的组织原则和政治制度产生了深远影响，塑造了中国社会的价值体系和行政体制。儒家思想对中国文学、艺术和文化传统产生了重要影响。儒家经典如《论语》《大学》《中庸》等被视为中国文化的宝贵遗产，其中的思想和哲理融入了中国传统文人的创作和艺术表达。总的来说，儒家思想对中华文化的影响是不可忽视的，它塑造了中国社会的价值观、道德伦理、教育观念和政治制度。儒家思想的核心概念和理念贯穿在中华文化的方方面面，并为中华文化的发展和传承提供了重要的思想基础和道德指南。

4. 强调整体性思维

中华文化的思维方式具有整体性，思维特点表现在人们对世界的总体观念和整体性认识上，强调事物的相互依存、相互影响以及整体的重要性。比如中华文化中的五行思想认为，世界上的事物都是相互依存和相互制约的。阴阳思想认为，宇宙万物都由阴阳两种相对而又相互依存的力量构成。这种特点同样影响了国家体制的建构。中华文化强调的是一种“整体国家”观念，即国家的发展、人民的福祉、文化、经济、政治和道德都是一个整体，相互关联、相互依赖。这种整体思维方式体现了中华文化的一种宏观思维，带有一种全面而整体的观点，这在思考问题和解决问题时具有重要的价值。需要指出的是，虽然中华文化强调整体思维，但这并不意味着中华文化不注重个体和个体差异。中华文化也承认个体的独特性和多样性，但在处理问题和思考事情时，整体思维在中国文化中具有重要地位。

5. 敬畏自然

中华文化一直以来都强调敬畏自然，这一传统理念深植于中国文化的方方面面。敬畏自然，意味着尊重、保护和和谐地与自然界共生，为人类在自然环境中安居乐业提供更可持续、平衡和协调的方式。这种敬畏自然的理念，体现了中华文化的生态观和智慧，以及中华民族对生生不息、物竞天择的自然规律的认识和尊重。中国古代哲学思想中，儒、道、佛三家哲学都含有敬畏自然的理念。儒家强调人与自然的和谐共生，认为人应学习尊重自然、尊重生命的道理。道家思想注重自然之道，强调"天人合一，道法自然"，遵循和谐自然的理念。佛家的敬畏自然则表现为人与自然共生的观念，体现了回归自然之本的生活方式。

(二)中华文化的构成

中华文化是指中国传统文化，它源远流长，历经漫长的历史沿革。在漫长的历史长河中，中华文化逐渐丰富多彩，其构成也是十分复杂多样的。本文将从以下几个角度探讨中华文化的构成，包括哲学思想、历史文化、文学艺术、音乐舞蹈、戏曲艺术、美术艺术等方面。

1. 哲学文化

中华文化的哲学思想体系是中华文化的核心之一，最主要的流派有儒家思想、道家思想和佛家思想。儒家思想是中国文化中的主导哲学思想体系，产生于春秋战国时期，强调孝、仁、义等品德，提倡传统的礼仪制度，并且高度重视教育，在中国社会产生了深远的影响。儒家思想认为人的性本善，但人的性必须要受到适当的修养和教育才能充分发挥，个人的道德修养和家庭的良好秩序是社会稳定发展的基础。儒家思想对中国传统文化、伦理道德、政治生活、文化礼制等各个方面有着重大影响。佛家思想从印度传入中国，提出了破除生死轮回、涅槃静心等思想，形成了独特的佛教文化。佛教的核心思想就是智慧与慈悲。佛家思想主张破除人的贪欲、嗔恨、愚痴等烦恼，达到涅槃境界，追求人生的最高境界。佛教在中国的传播历程中，产生了一大批理论学家和实践者，形成了中国佛教文化。道家思想强调大道至简、万物皆可变化。它主张顺应自然规律，追求内心的空灵和自由自在。道家讲究无为而治，反对人为干预自然的发展和演变，主张自然美、真我自由和无欲无求等。道家思想影响了中国文化的哲学、文学、音乐等方面，形成了独特的道家文化。

2. 历史文化

历史文化是中华文化的重要组成部分，是中华文化中的精髓，反映了中华民族的历史沿革、文化传统、社会政治制度、科技发展等方面的精华。古代中国的文化形成主要有两条线索，包括黄河文化和长江文化。其中黄河文明起源于公元前 5000 年，长江文明起源于公元前 5000 年至公元前 3000 年，两者相互激发，相互贡献，形成了祭祀文化、百家争鸣、科学技术和历史记忆等文化遗产。这些历史文化遗产以及文化传统，凝聚着古代的哲学思想、思维方式、道德观念、文化艺术等，为中国现代文化的发展提供了源源不断的文化养料。

3. 家国文化

家国文化以家庭和国家为中心，体现在家庭道德、爱国主义等方面，表达了中华民族的核心价值和文化智慧。家国文化意味着关注个体和社会之间的良性互动，强调个人的道德约束和社会责任，是中国传统文化的基石之一。在中华文化中，家庭是最基本、最重要的组织形式。儒家文化强调家庭文化的重要性，认为家庭应该是社会道德的基本单元，家人之间应该有亲情和爱意，同时还需要履行各自的义务和责任。慈母、严父、孝子、顺女是家庭文化的代表，这种家庭文化在中华文化中有很长时间的传承和延续。爱国主义是中华民族的核心价值之一，在中华文化中，爱国主义文化体现在对祖国的热爱和忠诚上。如《史记·太公兴复议》中记载“国之兴也，借于备外也；国之亡也，因于疏内也”，这些造就了中华民族无数个爱国英雄和令人动容的爱国精神。德治文化是中华文化中非常重要的一部分，具有非常深刻的根基和影响。中华文化强调德治文化的重要性，认为国家应该通过德治来维护社会秩序、平衡发展，树立起和谐稳固的社会形态。中国古代的明君、贤相、贤达，都是德治文化的理想人物。在现代社会中，中国政府也倡导德治文化，提倡社会诚信和中华文化的传统精神。

(三)中华文化的独特性

中华文化是中国历史发展和文明进程的产物，凝聚了几千年中华民族的文化智慧、价值观念和精神追求，展现了中国自古以来的文化特色和风骨，也深度影响了周边国家和世界其他文化。

1. 中华文化作为中国特有的文化存在，在其内在特点方面表现得非常明显

中华文化强调人的价值，讲求人性、仁爱和正义；它也注重个人修养、礼仪、文明和纪律，追求和谐共处、和平等。中华文化的哲学思想，如儒家思想、道家思想、佛教思想等，强调的是“天人合一”的观念，即人与自然、人与社会等方面的和谐统一，从而形成了独特而优美的思想体系。

2. 中华文化所处的特殊历史背景也决定了其外部传播的独特性

自古以来，中华文化的主要传播方式包括文化的输出和输入。在其输出方面，中国古代通过丝绸之路、海上丝绸之路等贸易和文化往来，将其优秀的文化价值体系输出到世界各地。这些文化遗产，如文学、传统艺术、科技等对人类文明的发展都有非常明显的影响。而在其输入方面，中华文化在其发展历程中吸收了外来文化，如佛教、回教、基督教等，进一步加深了文化的内涵丰富性和韧性。

3. 中华文化的产生和发展还与社会历史环境有关

春秋战国时期是中华文化成长的黄金时代，这个时期涌现出许多伟大的思想家、政治家、文学家等著名人物，他们在巨大的变革和挑战中形成了独特的价值观和文化传统。中国历朝历代推崇儒家思想，广泛引入了佛家、道家等其他思想流派，在不断的交流、融合中形成了中国思想文化的优秀传统。在中国的长期历史中，征战民族之间的战乱、文化交融、统一战争等，在一定意义上推动了中华文化的形成和演变。在封建中国，君主权力的集中、文人的复辟、民族统一和社会发展等，都为中华文化的繁荣奠定了基础。综上所述，中国作为世界文明的长河中的一股清流，其文化的特殊性、内在特征、

外部传播方式以及社会历史背景等因素共同推动了中华文化在世界各国的影响和传播。虽然中华文化与其他文化有着不同的历史根源和文化价值观，但是，通过与世界各国文化的交流互鉴，中华文化将有更加广阔的发展前景，并为人类社会的改进和美好的共赢做出更大的贡献。

二、园所文化从哪里来

通常来说，一个幼儿园文化来源有历史人文方面的，比如园所及园所周围的历史、人文如代表性建筑、代表性人物。也有地域环境方面的，比如园所及园所周围的地域环境，如河、山、石、植物等，如石文化、水文化、树文化、柑橘文化、柠檬文化等。也有园长个人的影响，比如要办一所什么样的幼儿园？核心价值观是什么？园长信什么？也有来自幼儿园自身的历史沉淀，比如园所是老园，或是老园的基础上又开了新园，需要对过去积淀的办园思想，进行总结和提升，引领发展。

（一）园所文化来自于历史沉淀

从一般意义上来说，文化总是与历史沉淀有密切关系，它们相互依存、相互影响，共同构成了一个国家或地区的文化背景和特征。历史积淀是指在漫长的历史过程中，经过一系列的事件、经验、制度和传承所积累下来的文化资源和沉淀，包含了国家、民族和社会的发展史、政治制度、社会结构、传统习俗、知识体系、文学艺术作品等，它们代表了一个社会的过去和独特的历史经验。文化则是一个社会的精神财富和价值观念的集合，包括语言、宗教、哲学、思想体系、艺术、道德观念、行为准则、社会习俗等。历史积淀为文化提供了深厚的基础和渊源，文化又是历史积淀的重要载体和表达方式。历史经验、事件和传承不仅塑造了文化的形成和发展，也会影响到人们对历史的理解和对文化的诠释。同时，文化也影响着历史的演进和发展。人们对历史事件的解读、评价和记忆受到文化的影响，文化中的价值观和信仰会影响对历史事件的解释和评判。

幼儿园文化的形成过程中，蕴含了历史积淀的因素。幼儿园文化不是一蹴而就的产物，而是在长期的历史过程中，不断吸收、融合和创新。这些历史因素和积淀，在幼儿园文化中体现出来，为幼儿园文化的形成和发展提供了基础和支持。

1. 园所创始人的理念对幼儿园的发展有重要影响

幼儿园的创始人是幼儿园发展历程中非常重要的角色。他们的教育理念、创新思维和奉献精神为幼儿园的建立和发展奠定了基础，对幼儿园的文化和教育方向具有深远的影响。他们往往对儿童教育有自己独特的认识和见解，并通过创建幼儿园来践行这些理念引领幼儿园教育的发展方向。在教育实践中，创始人往往亲自参与教学工作，与幼儿互动，观察和研究幼儿的发展。他们的实践经验和教育方法会对后来的教师团队产生重要影响，并有助于形成幼儿园的教育传统和特色。总而言之，幼儿园的创始人对于幼儿园的发展和文化塑造具有重要作用。他们的教育理念、环境设计、教育实践和改革精神为幼儿园的发展奠定了基础，并对后来的教师团队和幼儿园的教育方向产生了深远影响。因此，创始人在幼儿园的发展历程中具有重要地位。①

2. 幼儿园的教学传统影响并规定着园所文化

园所文化另外一个重要的历史沉淀来自教学传统。教学传统代表了幼儿园经过多年实践和经验总结的教学方式和方法，它是经过验证的，有助于提高教育质量和保持教学的稳定性。幼儿在接受传统教学时，能够建立起一定的学习模式和习惯，更好地适应学校的教学节奏和要求。此外，幼儿园的教学传统还可以为学生的学习提供连续性，使得他们在进入更高年级时更容易进行过渡。从文化传承的角度来说，幼儿园的教学传统在一定程度上反映了幼儿园的文化和价值观念。幼儿园文化也受到教师团队的影响。教师们在日常教育实践中，通过他们的教学方法、教育态度、教育风格等，逐渐形成了自己的专业风格和教育传统。这种特色将渗透到幼儿园的整个教育环境中，对幼儿园的文化产生影响。

---

① 参见刘霖芳、柳海民：《教育变革背景下幼儿园园长领导力的现状及提升策略》，载《现代教育管理》2015 年第 2 期。

3. 幼儿园所处的社会和地域特别，也会对园所文化产生影响

幼儿园的文化也受到所处社会和地域特点的影响。不同地方和不同社会文化背景下的幼儿园，在教育目标、教学内容、教育方法等方面都可能有一定的差异。地域特色和社会文化既能够影响幼儿园的教育理念，也会在幼儿园的文化中得到体现。

可以说，幼儿园的文化是在其创办和发展过程中逐渐形成的，历史沉淀对其产生了重要影响。幼儿园的文化不仅反映了创始人和教师团队的教育理念，也受到所处社会和地域的特点的影响。这些文化特点一起构成了幼儿园的独特氛围和教育风格。

（二）园所文化来自于幼儿园教师的主观创造

“幼儿园的文化是主观创造的产物”指的是幼儿园的文化是由幼儿园教师主观创造和建构的。教师在幼儿园经营管理和教育教学过程中，运用自身的教育经验、理念、方法和技巧等，通过各种方式来主动干预和影响幼儿的成长和发展，从而创造出独特的幼儿园文化。

幼儿园教师的教学活动代表着一种文化倾向。教师根据幼儿的发展规律和成长需求，设计和实施适合幼儿的教育方案和课程设置，引导幼儿在学习、游戏和社交等过程中全面发展。比如，管理者会设定明确的教学目标，例如培养幼儿的创造力、想象力、社交能力、动手能力等，然后根据幼儿的认知能力、语言能力、社交能力、运动能力等方面的发展水平来确定适合他们的课程内容和教学方法。特别是游戏、艺术创作、音乐、运动、戏剧表演等，以满足幼儿的不同学习需求，进而逐步形成园所特有的文化。

（三）园所文化来自于园所所处的客观世界

“幼儿园的文化是客观世界的产物”是指幼儿园的文化是由客观存在和客观实践所构成的。幼儿园是一个特殊的教育场所，幼儿园文化的形成是在幼儿教育实践中逐步构建和积淀的，是和幼儿园所处社会、历史和文化背景密不可分的。

1. 幼儿园的文化是在幼儿的实际经验和实践基础上构建的

幼儿的发展是以他们的实践活动和经验为基础的，教育工作者应该将幼儿的实践活动作为建设幼儿园文化的载体和纽带，围绕幼儿的学习和成长需求开展各类教育活动，从而形成具有幼儿特色的文化。

2. 幼儿园的文化要紧密结合社会和文化环境

幼儿园处于社会文化环境中，它所涵盖的价值观、文化传统和社会背景，都会对幼儿园的文化建设和发展产生重要影响。幼儿园工作者应该深入了解幼儿所处的文化背景和社会环境，灵活运用相应的教育文化资源，有机结合实际教育活动，努力营造有益于幼儿成长、有特色的幼儿园文化。

3. 幼儿园的文化是在教师和幼儿的共同实践之中逐步形成的

教师应该以幼儿需求为出发点，从幼儿发展的实际出发，不断尝试、实验、运作，从中总结和发现有效的幼儿园文化建设方法，逐步构建和完善幼儿园文化。同时，幼儿应该是幼儿园建设文化的重要参与者之一，他们的实际意见和建议应该得到教师的重视和尊重，以有益于提高幼儿园文化的实效性和人性化。

因此幼儿园的文化是客观世界的产物，它不是任意创造和虚构的，而是基于幼儿的实践需求、文化背景等客观因素的考虑，通过幼儿园实际教育活动的积淀和改进逐步形成的。

(四)园所文化来自家校合作

幼儿园文化是家校合作的产物。幼儿园与家庭是幼儿教育的两个重要组成部分，两者间的积极合作和配合，对幼儿的全面发展和幼儿园文化的形成有着非常重要的作用。

1. 家长是幼儿园文化的参与者和支持者

他们是最早接触幼儿的人，对幼儿的学习、生活和行为有着至关重要的影响，因此家长应该与幼儿园保持良好的沟通、合作和互动，共同制定和落实幼儿的教育目标和计划，共同为幼儿的全面发展贡献力量。

2. 幼儿园是家庭教育的重要延伸

幼儿园的工作人员应该与家长保持密切联系，通过各种方式向家长介绍幼儿园的教育理念、目标、课程设置和教育活动等方面，帮助家长加强了解幼儿园的工作，增强家长的参与感和信心，从而使家庭教育和幼儿园教育相互补充，形成有效的合作模式。在家校合作中，家长和幼儿园应该携手合作，共同关注幼儿的身心健康和全面发展，积极创造和维护符合幼儿成长需求和教育特点的育人环境。只有在幼儿园和家庭之间建立起互信互助、协作共赢的良好关系，才能真正营造出适合幼儿成长的和谐社会和育人环境，从而创造出独特的幼儿园文化。

(五)园所文化来自于幼儿

幼儿可以被视为幼儿园文化建设的“受益者”和“参与者”，他们的学习、游戏和交流等实际经验和活动，都为幼儿园文化的形成和发展提供了动力和基础。

1. 幼儿是幼儿园文化的“受益者”

教师在幼儿园中创造和营造出符合幼儿成长和发展的有特色的育人环境，让幼儿在其中学习、游戏、交流、探索，从而促进幼儿的全面发展。在这个过程中，幼儿可以接受和接触到各种文化因素，逐渐熟悉并接受这些文化因素，从而形成自己坚实的文化根基。

2. 幼儿是幼儿园文化的“参与者”

在幼儿园文化的建设过程中，幼儿不仅是教师的关注对象，而且也可以成为幼儿园文化建设的积极参与者。教师应该根据幼儿的实际需求和兴趣，尊重幼儿的意见和建议，提供各种学习交流的机会，提高幼儿的参与度和主动性，引导幼儿积极参与幼儿园文化的建设过程。幼儿的参与，不仅可以促进幼儿园文化的发展，也有益于幼儿自身的成长和发展。

3. 幼儿园文化的形成和发展应该围绕幼儿的成长和需求展开

教师应该从幼儿的身心发展出发，确定幼儿园文化建设的主线和方向，尊重幼儿的个性和发展需要，在文化的实践活动中真正关注和帮助幼儿发展，并且为幼儿提供各种参与和改进的机会，使孩子们从小就能够适应不同的文化环境和社会需求。因此，幼儿是幼儿园文化形成的重要主体，他们的实际活动和需求，决定了幼儿园文化的建设方向和实践方法。教师应该以幼儿为核心，倾听幼儿的意见和建议，发挥他们的积极性和主动性，根据幼儿成长需要和文化背景，创造和完善幼儿园文化。

三、武汉大学幼儿园文化体系的建构与诠释

(一)武大幼儿园历史沿革中的文化发展

1. 武汉大学幼儿园一分园

武汉大学幼儿园一分园最早成立于 1936 年，由几位教授夫人成立了托育所，后迁往珞珈山东中区家属小院(现李达故居)，1956 年迁到现址北三区。2001 年四校合并后更名为武汉大学幼儿园一分园。从珞珈山下的小小院落，到今天的童梦乐园，历经八十余载沧桑变化。在发展和变迁中，园址、园舍、园貌日新月异，但始终不变的是为珞珈山、为祖国育人才的教育初心，始终传承着“自强、弘毅、求是、拓新”的珞珈精神，坚持立德树人，培根铸魂，启智增慧。

幼儿园紧紧围绕“享珞珈之灵秀，育书香之稚子”办园理念，“以培育幼儿、服务大学、奉献社会”为使命，以“适美”二字为园所文化核心要素，优化内部管理，逐步建立科学、规范、有效的管理机制；强化师德建设，逐步建立宽松、民主、和谐的人文环境；深化教育科研，逐步建立一支具有现代教育思想的教职工队伍；全面实施素质教育，为幼儿入小学做好全方位准备，培育“健康、尚品、善思、美行”的一代又一代珞珈稚子。

回顾历史，珞珈山百卅年华，“山水流风，明诚弘毅，其梦想与光荣，与民族存亡复兴相终始，共命运，同进退”。党的十八大以后，武汉大学综合实力蒸蒸日上，面貌焕然，“求新知而尚真理，笃实辉光，日新月异，正向中国特色、世界一流大学勇毅前行”。站在新时代的启航节点，必须立足“学校所需、教工所盼、幼儿所期、未来所向”，站在当下看未来，思考“办一所什么样的幼儿园？培养什么样的人？怎样培养人？”之教育“三问”，用实干、担当、责任书写属于珞珈山的教育篇章。

2. 武汉大学幼儿园二分园

成立于1954年，为武汉水利电力学院幼儿园；1988年接待鞠萍参观；1993年更名为武汉水利电力大学幼儿园；2000年四校合并成立新的武汉大学；2001年更名为武汉大学幼儿园二分园。六十九载的薪火相传，坚守初心，记录着武汉大学幼儿园二分园步步前行的足迹及成长。未来的二分园将在总园的带领下，在学校及各部门的关怀下，在社会的关注下，继续以培育儿童、服务大学、奉献社会为使命，传承武汉大学八字校训，践行“享珞珈之灵秀 育书香之稚子”的办园理念，不断发展壮大，为学前教育的发展接续奋斗。

3. 武汉大学幼儿园三分园

1956年武汉测量制图学院在武汉成立，同步开设附属幼儿园，这就是武汉大学幼儿园三分园的前身；1958年，因大学更名，幼儿园更名为武汉测绘学院幼儿园；1969年武汉测绘学院撤销，幼儿园教师分流到当时的华中工学院、湖北医学院、水运工程学院幼儿园工作；1972年武汉测绘学院恢复办校，幼儿园也随之恢复办园；1985年大学更名，幼儿园再次更名为武汉测绘科技大学幼儿园。2000年新的武汉大学成立，2001年幼儿园更名为武汉大学幼儿园三分园。

六十余载沐风栉雨，心中有光脚下有路，武大三分园秉承“师德为先、幼儿为本、能力为重、终身学习”的基本理念，以理性的成长，情感的丰富和深化，以“善之本在教，教之本在师”为内涵，构建幼儿园“健行致远 共生共长”的教职工发展理念。这里遥望东湖汤汤水，推窗珞珈芳菲来。春有樱花红陌上，秋有桂子月下香。

4. 武汉大学幼儿园四分园

1955 年湖北医学院为解决教职工子女入园问题，在家属区用两排平房改建为湖北医学院附属幼儿园；1993 年更名为湖北医科大学幼儿园；2001 年四校合并更名为武汉大学幼儿园。

（二）武汉大学幼儿园文化构建思路

幼儿园文化建设的核心是园所文化。园所文化是在长期实践、琢磨中不断筛选、提炼、凝结起来的一种具有独特凝聚力的道德规范、行为方式、管理理念和文化氛围。它不是一朝一夕所能形成的，需要有一个不断推进、发展、保持的过程。当我们走进故宫，明清时代的园林、建筑形态就彰显着传统的中华文化的积淀；当我们走进黄山脚下的西递、宏村，你自然就会留下深刻的徽派文化印象；当我们来到一所学校，有个性的环境创设、有活力的教师团队、有生机的学生动态，无不彰显着学校的文化积淀。幼儿园要想创建特色，树立个性，增强核心竞争力，就必须从经验管理、制度管理向文化管理转变，将教育思想、教育理念体现在管理制度之中、体现在教育实践之中，体现在教职员工的行为之中，以文化促发展，推动幼儿园不断前进。

1. 传承珞珈山的文化基因，我们倡导办一所有“书香气”的幼儿园

珞珈山下学人接踵而立，幼儿园的家长群中才人辈出。幼儿园四所分园以“书香”为主旨的各类活动由来已久。一分园的“珞樱读书汇”、二分园的“悦读节”、三分园的“读书节”、四分园的“春之悦书香季”等活动，家长、幼儿、教师全员参与，全情演绎，“让书香伴随一生”已经成为家园共识。

2. 传承珞珈山的文化基因，我们倡导办一所有“灵趣”的幼儿园

我们希望教育能够更加回归本性、返璞归真，真正地为孩子营造愿探索、易自主、有个性的氛围，让孩子在主动的探究之中培养灵活的思维、灵敏的性格，成为充满灵气与活力、灵性与智慧的鲜活生命个体。四所分园均申报了与课程相关、与幼儿发展相关的科研课题。近 10 年的课题研究中，以儿童为本位的理念越来越突出、越来越鲜明，从课程顶层建构、到环境创设、活

动策划、案例分析的点点滴滴，能看到老师们观念的革新，行动的跨越，大家都在为实现“聚是童梦园里的星、散是珞珈山上的光”的儿童培养方向而努力。

3. 传承珞珈山的文化基因，我们倡导办一所有“大美”的幼儿园

向美是人的天性，美是教育的最高境界，如果美像空气一样弥漫于孩子们的生活之中，那将是教育最舒展的姿态。我们倡导，“育美”是目标，“美育”是手段，以美养德、以美弘智、以美健体、以美怡情，我们希望通过我们的教育，让孩子对美好的事物产生强烈的内在向往，从而产生外在行为的自觉和主动，让每一个孩子努力成为有暖暖爱、有向上心、有美行、善思考的珞珈儿童。

4. 传承珞珈山的文化基因，我们倡导办一所有“思想”的幼儿园

我们通过多层次、多途径地实施教师队伍建设的模式，建立了幼儿园骨干教师发展序列。从新手教师到成熟教师、骨干教师，每一个人在其中都得到了成长和发展。过去的五年，我们培养了区级优秀青年教师 2 名，区级学科带头人 2 名，他们分别都走上了其他分园的管理岗位。教师踊跃承担教育教学研究任务，现有市级以上教育规划课题 5 个，形成了良好的科研氛围。幼儿园参与了武汉市学前教育教师发展共同体、武汉市学前教育游戏共同体的研究任务，研究成果《幼儿园教研组长管理工作指导手册》《玩美幼儿园》等均已经出版。在后续的工作中，我们要进一步赋予骨干老师推动力、成熟教师进步力、新手教师成长力，让“教师思想”聚力成为园所发展的内推力。

5. 传承珞珈文化基因，我们倡导办一所有“胸怀”的幼儿园

有胸怀，是向内的自省。我们致力于课程内容选择上的开放，教师在课程设计上拥有了更多的自主权。每学期一次的“珞珈主题活动”交流，让我们看见了教师在自主选择课程内容、自主设计课程进度、自主把控课程实施上的“真智慧”；我们致力于课程实施场所上的开放，大大的一座珞珈山，都是我们的课程“基地”。防空洞、运动场、艺术馆、图书馆……我们在珞珈山上看到了孩子们生命的“真生长”。

有胸怀，也是向外的开放。我们也致力于同行之间的开放和互动，秉承“牵手牵心、研学交流”的宗旨，多渠道、多层次地与河南、安徽、湖北地市的同行们进行交流活动，与武汉市滠口镇中心幼儿园的牵手行动已历经了15年，与应城市黄滩镇中心幼儿园的结对帮扶确保每学期1~2次，与武昌区内其他幼儿园的结对共建做到了每年都有主题、有话题、有研讨、有进步，向幼教同行展示、辐射的态势，不断加大示范辐射和引领力度，充分发挥出示范性幼儿园应有的作用，受到一致好评。我们还整合资源，构建了与社区联动的0~3岁婴幼儿早教模式，确保地区内0~3岁婴幼每年接受至少2次有质量的科学育儿指导，并积极与社区街道开展0~3岁散居儿童早期教育指导服务活动，定期向区域内开放我园的早教活动。

（三）武大幼儿园文化阐释

幼儿园园所文化建设是幼儿园保教质量提升的重要组成部分，是全面育人不可缺少的重要环节。陈鹤琴先生曾说：“儿童教育要取得较大的效益，必须优化环境。”基于此理念，幼儿园全体教职员工认真思考，结合四所位于武汉大学的区域地理位置，秉承着“享珞珈之灵秀、育书香之稚子”的办园理念，围绕“育美、生态、五健、悦享”的文化特色思量，追寻打造适宜各园所的育人环境、特色课程、保教团队、保健队伍、后勤团队、家园共育的文化建设，让孩子在丰富、积极、自然、有爱的环境中快乐成长，让每一位教职员工携手幼儿园的成长与发展，共同筑梦起航。

1. 环境文化：育人有痕

努力打造“体现理念、彰显特色、教育过程、成长轨迹、三位共育”的环境文化建设。立足以幼儿为本，将主体聚焦在幼儿身上，以幼儿的视角探索生活中所知所想；以讨论“强化文化引领”，“深化文化内涵”，“彰显文化成果”为核心展开全面保教及服务工作；以探讨“幼儿的适性发展”“课程与特色的融合渐形成”“教职工队伍专业素质的提升”为践行办园理念的抓手，结合办园理念，打造园区大小环境、室内外的环境文化，在平凡的教育过程中感受时代的发展。

2. 团队文化：匠心筑梦

全体教职员工怀揣匠心，一起面对事业发展过程中的挑战。全体教职员工怀揣对学前教育的执着与初心，在园所文化的践行设计中，必须是与的思想、行为、追求、理想保持一致性，统一思想，上下一致无比重要。园务会班子成员统一思想，筹谋园所发展方向，从而形成较规范的管理文化。

3. 行为文化：深化文化

依托"享珞珈之灵秀、育书香之稚子"的办园理念，将科学管理、保育保健、教育教学、后勤建设、队伍建设、家园共育、特色发展等全盘工作落实到实处，通过一步一进步，一研一收获，一行一群人，一路见成长，将理念作为园所发展的灵魂和标签，将办园特色作为园所名称的亮色，将文化融入园所发展的每一个角落。

第二章

幼儿园制度文化的建设实践

第一节 幼儿园制度文化建设的主要矛盾

改革开放40多年尤其是近20年以来，我国学前教育事业得到了很大发展。党的十八大以来，随着教育优先发展战略的全面贯彻实施，我国各级教育普及程度已达到或超过中高收入国家平均水平。根据2021年全国教育事业发展统计数据，我国学前三年毛入园率达到88.1%，较2021年增长了25.8个百分点。普惠性幼儿园覆盖率达到87.78%，入园难、入园贵的问题得到缓解，学前教育实现基本普及，幼有所育取得历史性成就。就学前教育总体来说是成绩和问题并存。

一、幼儿园管理中常见的问题

(一)园所内部管理方面

随着幼教事业的不断发展，幼儿园把制度建设作为一项重要工作，制定一系列规章制度、工作细则。但幼儿园管理还是不尽如人意，究其原因，主要有以下几点：

1. 制定制度不明确

制度是保障幼儿园正常运转的基础，没有制度，园所发展会失去方向、混乱无序，制度从根本上规范了人的行为。但有的园所制度制定脱离现实，导致制度的可执行、可操作性不强。

2. 制度宣传不到位

制度应该为全体教工了解、学习、熟悉，是大家日常工作的准则；而不是放在档案盒、资料袋、电脑里的冰冷文字。管理者在日常工作中应组织全体教职工学习、“以案说法”、在日、周、月、学期、学年考核中体现制度的执行情况，让全体教职工遵守制度。

3. 制度执行不落实

制度执行不落实的最大原因是领导对制度的重要性认识不足，缺乏责任感，不能严格要求，不认真指导和检查。一个园长就是一所幼儿园的灵魂，园长怎样，幼儿园教职工就会怎样，这是所谓上行下效。所以，以园长为首的管理层首先要带头执行落实制度。

一个园所长期良性运转需要制度作保障，笔者认为管理的最高境界是“无为而治”。园所在制度建设的同时要渗透文化内涵，形成制度文化。制度文化是一种内在的自觉，深入骨髓，外显于行内化于心。制度依靠强制，制度文化依靠自觉和习惯。园所制度建设必须文化引领，体现理念和精神的作用。如果把园所制度内化为教职工的自觉行为，达成共同价值取向，园所就能形成向上的风气与和谐的氛围。

（二）行业形态方面

1. 竞争激烈

幼儿园市场竞争激烈，各类幼儿园层出不穷，导致幼儿园运营管理面临巨大的市场压力。2010 年以来幼儿园扩张迅速，每个楼盘、小区都建有配套幼儿园。有数据统计，武汉市 2010 年有幼儿园 785 所，到 2020 年有 1850 所；随着人口出生率降低，到 2011 年后，幼儿园在园人数呈现稳中有降趋势，2019 年至 2020 年已降至园均 200 人以下，大约是 6 个班左右的规模①。N 片区是个非常庞大的生活区域，小区幼儿园一所挨一所，甚至两所园的操场接壤。到 2023 年招生季，其中一所园只招收到 20 余名幼儿，另一所正面临关停。2017 年地区公办幼儿园招生还非常火爆，很多家长连夜在幼儿园门口支帐篷、坐车里排队，一号难求，2023 年招生季情况很平和。由于在国家需要

① 参见晴空云鹤：《武汉人口系列 5：武汉幼儿园在校生 12 年增长 2.3 倍，上幼儿园难吗?》，载晴空云鹤微信公众号 2022-05-10。

的时候积极上马开办幼儿园，随着社会发展，短短几年时间，大城市就出现资源富余。同时经济不发达的农村偏远地区子女、城市或县镇低收入家庭子女、进城务工农民工子女获得有基本质量保障的学前教育机会不足。

2. 市场需求不确定

随着社会发展和家庭需求的变化，市场对幼儿园的需求也在不断变化，幼儿园运营管理需要及时调整运营策略以适应市场变化。

某幼儿园，国学热的时候开展传承经典课程，节庆活动也按照中国传统节气安排，火了一阵子；后来体能练习热度增高，幼儿园又放下国学转而开展体能活动；安吉游戏火了，幼儿园购置玩具设施、改造幼儿园布局，引进安吉游戏。几年下来，幼儿园被市场和家长需求牵着鼻子走，精力、财力投入不少，但幼儿园定位不明确、特色不凸显，园所文化没有传承；老师们一窝蜂地开展这样或那样的培训，反而不知道该如何开展一日活动了。

幼儿园管理者要厘清思路，坚持保教结合、坚持一日生活皆教育、坚持游戏是幼儿的基本活动这些基本原则，抓师德师风建设，抓教职工队伍专业成长，抓园所环境打造，办有品质的幼儿园。

3. 人才短缺

幼儿园运营管理人员的专业素养和管理能力对幼儿园的发展至关重要，但行业中常常存在人才短缺的问题，导致幼儿园运营管理水平较低。

随着幼儿教育需求的不断扩大，幼儿园数量不断增加，但是幼师的层次不齐对幼儿教育起着负面影响。对于在幼儿教育中资历比较深的幼师往往有着教育观点陈旧的问题，对于幼儿教育资历比较浅的幼师，各方面综合素质也需加强，针对这部分幼师，应该根据当地的情况来开设不同的课程对其进行有针对性的培训，努力提高幼师职业道德和专业素质，让幼儿在舒适、愉快的学习环境中更好地接受教育。另外近几年时常出现虐童事件，部分品德败坏、素质低下的人混入幼师队伍，说明我们在幼师入职、监管、培训方面还存在问题。我们应该保持警惕，千万不要让这样的人混入教师队伍，给孩子的身体和心理造成不可磨灭的伤害。这也更迫使我们努力提高幼师的综合素质。

目前高校学前教育专业对人才的培养与幼儿园需求之间存在信息不对等现象。园长普遍感觉新入职教师不能很快上手，不敢和家长交流沟通，信息化技术水平较低，为人自我不太顾忌别人感受，对孩子照顾不够细致、缺乏耐心，缺乏职业规划等问题。高校须更多关注现实需求，主动与用人单位加强联系，调整课程结构，更好为幼儿园输送人才。

(三)幼儿园园所发展与现实

1. 规模与资源不匹配

幼儿园园所的规模扩张速度可能快于资源的配备和管理能力的提升，导致幼儿园无法提供良好的教育资源和服务。

前期扩张过快导致学前教育资源部分区域接近饱和，竞争同质化，结构性不合理导致结构性过剩。近年来，各地大力推动学前教育普及普惠水平，幼儿园办学数量和规模迅速扩大，尤其部分区域新建幼儿园数量激增。自2013年以来，某连锁机构办园迅速扩张，5年内开办了4所分园。分园园长及中层都来自于母园，同时招聘多名新教师。在后来的办园中，园所成长发展缓慢，新园长有工作热情，但管理经验不足；中层是优秀的教师，但很难快速上手管理工作；新入职教师对一日流程、要求不够熟悉，观察幼儿、组织活动、创设环境、家园沟通工作都存在问题。这就是幼儿园扩张速度过快，配套师资跟不上的后果。

2. 教师与家长需求不一致

幼儿园教师和家长对于教育目标和教学方式的理解和需求可能存在差异，幼儿园运营管理需要平衡教师和家长的关注点和期望。

《幼儿园工作规程》中明确幼儿园的任务是：贯彻国家的教育方针，按照保育与教育相结合的原则，遵循幼儿身心发展特点和规律，实施德、智、体、美等方面全面发展的教育，促进幼儿身心和谐发展。幼儿园阶段是良好性格形成、行为习惯养成、智力发展、社会性发展的黄金期，越来越多的家长关注孩子的全面发展。但幼儿园与家长之间对教育目标、教学方式、教学内容等方面存在差异。例如幼儿园开展自主游戏，更尊重和重视孩子的自主、自发、探究、独立精神及社会交往能力；一部分家长认为游戏就是“傻玩”，孩子不能获取知识。又如，有的家长认为“公办园挺好，就是什么也不教；要学知识还得去私立园”“公立园就是玩，私立园上课”。这部分家长更看重的是眼前知识点的学习：认识多少字、会不会拼音、算术能做到几十以内等。

3. 资金压力与教育质量要求

幼儿园运营管理需要投入大量的资金来提升教育质量，但由于资金压力和经营成本的考虑，幼儿园可能无法满足家长的高质量要求。

想享有高质量学前教育，资金保障是前提。根据目前普惠收费标准，很难满足家长对高质量的要求。教职工工资、场地租金都是不小的开销；同时幼儿的操作材料、游戏材料、玩具材料都是消耗品，需不断更新更换；班级环境、幼儿园公共环境每学期也需更新更换；幼儿园各种家长开放活动、幼儿节庆活动等都是需要开支的。相对普惠的收费，较难达到高品质，所以家长对幼儿园高质量的需求与幼儿园实际情况存在矛盾。

二、幼儿园管理中的现实选择

针对这些矛盾，教育行政部门、幼儿园管理者可以考虑以下措施进行应对。

（一）科学规划，合理布局，动态掌握

政府部门构建学龄前人口预警系统，研判资源未来配置需求，考虑不同区域的供给能力，设立学前教育资源承载力警戒线。要结合人口发展趋势和实际入园需求规划，动态匹配调整学前教育资源。幼儿园管理者不仅要埋头做好内部管理，同时也要站在高位，了解“市场行情”，及时调整布局，避免决策失误和资源浪费。

T幼儿园有9个教学班，生源情况良好，在小区业主中有较好口碑，园所发展稳定。园长除做好内部管理外，还积极与教育行政部门、街道、社区居委会、辖区派出所等保持良好关系，每年小区及周边人口状况、行业布局等

情况都能及时了解；同时幼儿园招生宣传、活动宣传都得到上述部门的大力支持和帮助，幼儿园运营良好。

（二）加强学习，掌握政策，了解变化

管理者要积极参与政策解读会议和培训，与相关部门保持沟通，确保对政策要求的准确理解。同时，建立政策的监测机制，及时了解政策变化，并对园所的运营进行调整和改进。管理者始终坚持关注、学习国家大政方针、地方法规，了解学前教育风向，为做决策提供保障。管理者建立健全政策跟踪机制，建立专职人员负责政策的研究和分析工作，及时更新政策变化，制定相应的应对措施，并加强对园所管理人员的政策培训。

H幼儿园是一所有着60余载办园历程的老牌省级示范园，历任园长都非常重视国家政策法规的学习与运用，园所虽老，但理念先进、管理优质、服务优质。2022年教育部颁布《幼儿园保育教育质量评估指南》，园长马上安排各岗位人员学习、讨论、实践。园所从上到下养成不断学习求新知的风气。园所保持稳定发展，一定跟掌握政策、了解变化、调整布局有密切关系。

（三）加强沟通，主动建言，执行有效

管理者可以与教育行政部门建立有效的沟通机制，参与政策执行，提出问题和建议，共同推动政策的有效执行。同时，自身要保持高度的合规意识，倡导园所内部的规范执行机制，并加强内部监督和自查机制。

教育行政部门、妇幼、食药、疾控等部门与幼儿园工作联系紧密，他们对幼儿园工作的监管也是幼儿园良好发展的保障。园所管理者不要把各类检查评估当成头疼的事；检查评估晋级可以加强和改进幼儿园管理，促进办园质量和办园水平的发展与提高。有专业人员的不断检查、提醒、帮助，幼儿园的发展一定是良性的。

A幼儿园是一所小区配套幼儿园，办园规模8个班，开园初期只有3个班，园长来自一所优质公办园。园长抓好教职工思想建设、课程管理、家长工作、日常活动，幼儿园一年一变化，一年一检查，一年一晋级，短短三年时间已开足8个班，社会美誉度高，并跃升为一级幼儿园。园长的理念是：积极参与各类评估，与时俱进抓建设，以评促建设，以评促发展。

(四)修炼内功，推动办学，持续发展

目前幼儿园入园覆盖率都有保证，如何办成高质量的幼儿是我们需要思考的。管理者可以通过提升幼儿园的办园质量和品牌知名度，加强园所差异化、特色化办学和高质量教学、服务赢得市场和家长的认可，从而获得足够的稳定生源。同时，加强园所的市场调研和分析，及时调整运营策略，把握市场需求的变化。

(五)及时反馈，做好调研，贴心服务

园所要有敏感的市场反馈机制，通过学习和研究市场趋势，调研了解家庭需求变化，灵活调整教育服务内容和方式，为家长和学生提供更贴合需求的教育课程与活动。

例如D幼儿园坐落在一个环境古色古香的小区，他们一直重视中华传统文化的传承，幼儿园每月最后一周的周五，所有幼儿、教职工着汉服，行古礼；整天的活动也是围绕传统游戏、传统诗词歌赋、传统饮食来组织，教职工、幼儿和家长浸润在这样的氛围中形成了幼儿园一张亮丽的名片。

(六)提升地位，福利保障，自我实现

管理者或园长需要加强人才引进和培养计划，积极与高校、教育机构、行业协会等合作，招聘和培养具备专业素养和管理能力的人才。同时，搭建员工培训和成长平台，提供持续学习和提升的机会，激发员工的工作动力和创造力。

对于学前教育师资队伍的建设，有如下建议：(1)重视学前教育教师队伍建设。学前教育经费投入的问题实质是教师队伍建设的问题，要加大公办教师队伍的编制，由公共财政提供保障，才能从根本上解决教师队伍的问题。(2)提高学前教育教师的收入，解决教师职称问题。(3)多管齐下，大力提升教师队伍素质。可采取以下措施：保障和提升幼儿园教师地位和待遇，提升职业吸引力；加大培养力度，增加幼儿教师数量的有效供给；严把准入关，提高持证教师比例。当前更需要关注民办幼儿教师的生存状态，建立以教师职称为基础的统一的幼儿教师绩效薪酬制度：由教育部门制订幼儿教师的任职资格标准；完善教师职称评定制度，把民办幼儿园教师纳入现行的幼儿园

教师职称评定体系；按教师职称确定基本薪资标准；将教师标准化的工资保险等纳入办园成本；行政部门加强监管，确保在不同办园体制中工作的幼儿教师能够同工同酬。幼儿教师社会地位提升、工资待遇提高，个人自我发展有管理和规划，应该可缓解人才短缺现象。

某事业单位幼儿园，将幼儿教师职称纳入单位专业技术人员职称评定系统中，根据幼儿园实际情况与教育部门要求，制定职称评定标准和评聘细则。幼儿教师在职在岗也有职称认定，让教师们感受到尊重与专业的认定，很好地保证师资稳定、队伍稳定。幼儿园对教职工培训、教师队伍也不遗余力筹措资金，邀请专家来园为教师们做培训，做课题研究指导；寒暑假期间公费组织老师们外出学习参观、培训取得各种资格证，教职工专业水平在一次次学习中不断提高。这对于教师来说也是隐形的福利。

（七）家园沟通，充分理解，双向奔赴

幼儿园要建立有效的沟通渠道，促进教师与家长的互动和理解，充分了解家长的期望和需求，同时对教师进行教育理念和教育目标的培训，提高教师的专业素养和沟通能力。

人们日益认识到学前教育在儿童发展中的重要地位，也越来越意识到学前阶段是中小学教育乃至终身教育的基础与保障，这是可喜的现象。但是另一方面，社会上仍有许多人士（包括家长、教师等）对于学前教育的认识还存在偏差。如将学前教育仅看作一项“看孩子的工作”，是“阿姨”在带孩子，未能充分认识到学前教育的专业性，对学前教育作为“基础教育的有机组成部分”和“素质教育的基础”的重要地位缺乏应有的认识。这严重影响、制约了学前教育事业的发展，也影响了学前教育质量的提高。

在学前教育的目标、内容上，由于传统、历史和现实的原因，在社会上还较普遍地存在重智轻德，重认知教育轻社会性、人格培养的问题，如忽视幼儿良好行为、习惯、情感、态度、自主性、社交能力等的培养。即使在认知教育上也存在着不少偏颇，重孩子系统知识的学习与智力、技能技巧的训练，而忽视儿童学习的兴趣、动机、主动性和创造性的培养。①

---

① 庞丽娟、胡娟、洪秀敏：《当前我国学前教育事业发展的问题与建议》，载《学前教育研究杂志》2002 年第 1 期，第 40 页。

幼儿园需加强家园沟通，通过家长会、家长论坛、家园开放日等活动，将先进的育儿理念传递给家长，取得家园教育的一致，实现双向奔赴，家园共育。

某高校S幼儿园非常重视家园工作，成功申报家园学习共同体科研课题，课题阐述家园共育的重要意义以及具体做法。幼儿园成立家长代表大会制，下设安委会、课委会、伙委会。安委会成员每日参加幼儿来园与离园时的安全保卫工作，参与幼儿安全演练、安全教育活动；课委会成员参与幼儿园课程规划和制定，家长充分了解幼儿园园本课程建设。同时有家长义工定时来园协助老师或独立组织游戏活动；伙委会的家长参与幼儿园膳食管理，从选择供货商、索证索票到核验商品质量、烹饪制作过程，家长全程参与、全程监督。幼儿园用规范的管理、开放的姿态接受家长的参与、管理与监督；家长也全方位了解幼儿园各方面工作，对幼儿园各项工作更放心，家园沟通更畅通。医生家长参与幼儿园健康教育活动的组织；物理学家家长参与幼儿自主游戏探索，并引领教师探索优秀课程的关系，推动幼儿发展；能干的奶奶进到班级和孩子们一起包粽子、做果冻，组织幼儿食育课程；警察爸爸带孩子们演练如何摆脱拐骗分子，学习自我保护知识。幼儿园丰富的课程、丰富的活动中都有家长的参与。学期中、学期末对家长进行问卷调查，99.7%的家长对幼儿园专业度和工作十分认可，家长和幼儿园结成教育同盟，共同奔赴美好的未来。

(八)打开思路，开源节流，稳步发展

管理者要进行详细的市场分析和资源评估，合理制定园所的发展规模和资源配备，避免过度扩张和过度依赖外部资源。在资源有限的情况下，通过合理的运营管理和内部资源调动，实现高效利用和优化发展。如通过寻求政府支持、开展赞助活动、开设课后服务等方式，多方筹措资金，保障教育质量的提升。同时，注重成本控制和资源配置的合理性，提高运营效益和资源利用率，实现经济效益和教育质量的平衡。

公办幼儿园积极与上级保持联系，在资金允许的情况下，打开思路，控制成本，有效使用有限资金。

某公办Y园开展幼儿室内外自主游戏，需要很多自然材料，幼儿园在楼

道拐角处设置“材料加油站”，请家长和孩子一起收集家中闲置物品，如卫生纸内筒、保鲜膜内筒、各种纸、包装盒、冰棍小棍、包装袋子、彩笔筒、洗干净的旧鞋子、小衣服、家电保护泡沫板、纸杯等，幼儿园分类存放供孩子游戏使用。这样既养成利旧利废节约的好习惯，又满足了孩子游戏的需要，同时解决了家中的闲置物品，一举三得。

某民办K幼儿园开办延时班、周末班，为工作繁忙的家长提供服务的同时，也有一点收入；寒暑假幼儿园也开设留园班，为无假期的家长解决后顾之忧，同时也赚取教师的假期工资。

第二节　幼儿园制度文化的实践探寻

习近平总书记在党的十九大报告中指出："文化是一个国家、一个民族的灵魂。"基于幼儿园的发展需要，制度文化的建设已成为必然的选择。在实践过程中，如何基于我们的文化来重建制度，而制度又如何与文化相辅相成、相得益彰？如何用文化来提升制度，将幼儿园的发展规划、目标等物质和精神的文化内涵融入制度文化之中，是我们在实践路上的探寻。

一、增强价值认同

文化制度在价值凝练、道德指引、情感融合等方面具有不可替代的作用和意义。① 而价值认同则是在探寻文化制度建设的道路上，教职工通过关注人的整体发展以及逐渐形成价值观念的过程。幼儿园凝结85年的办园历程和几代武大幼教人的努力，提炼出适宜四所分园共同努力的办园理念：享珞珈之灵秀，育书香之稚子。校友何五元在《珞珈赋》中这样描述珞珈之美："珞珈苍苍，东湖汤汤。山川壮美，泱泱兮养天地之气；澄岚秀润，昂昂兮结青云之志。"武大的精神文化、活动文化、制度文化和环境文化都是取之不尽用之不竭的宝藏，我们共享一个理念，共有一个文化，共有一座城，武汉大学四个校区共有一座山，珞珈山下的幼儿园共有一片湖，毗邻东湖，共有一群人，因园走在一起的人，我们和而不同，我们合和共进。

（一）统一思想

如果把幼儿园制度建设看作一个坐标图，那么人文和科学则构成坐标图

① 徐扬：《国企企业文化建设对员工价值认同建设的作用路径》，《文化论坛》2023年第2期。

的纵坐标和横坐标。制度既体现科学的制定、构成、执行，同时也要体现人文的关怀和情感。武汉大学四所幼儿园因四校合并而链接在一起，从四所幼儿园的历史发展、园所文化理念、队伍建设等都是不一样的，如何构建新的制度文化来浸润全园教职工，从而形成和而不同，合和共进的人文管理思想。2012 年，教育部正式实施的《学校教职工代表大会规定》，有效推动了各级各类学校教职工代表大会的规范、法制、科学化的进程。在此之前，四所幼儿园都有着各自的《教职工代表大会制度》，如何建立新的《教职工代表大会制度》，修订新的细则已迫在眉睫，因为它是提升幼儿园民主管理水平，统一思想，依法保障教职工参与学校民主管理和监督，完善现代学校制度，促进学校依法治校的最基本的制度之一。

教育部《学校教职工代表大会规定》

第一章　总　则

第一条　为依法保障教职工参与学校民主管理和监督，完善现代学校制度，促进学校依法治校，依据教育法、教师法、工会法等法律，制定本规定。

第二条　本规定适用于中国境内公办的幼儿园和各级各类学校(以下统称学校)。

民办学校、中外合作办学机构参照本规定执行。

第三条　学校教职工代表大会(以下简称教职工代表大会)是教职工依法参与学校民主管理和监督的基本形式。

学校应当建立和完善教职工代表大会制度。

第四条　教职工代表大会应当高举中国特色社会主义伟大旗帜，以马克思列宁主义、毛泽东思想、邓小平理论和“三个代表”重要思想为指导，深入贯彻落实科学发展观，全面贯彻执行党的基本路线和教育方针，认真参与学校民主管理和监督。

第五条　教职工代表大会和教职工代表大会代表应当遵守国家法律法规，遵守学校规章制度，正确处理国家、学校、集体和教职工的利益关系。

第六条 教职工代表大会在中国共产党学校基层组织的领导下开展工作。教职工代表大会的组织原则是民主集中制。

第二章 职 权

第七条 教职工代表大会的职权是：

（一）听取学校章程草案的制定和修订情况报告，提出修改意见和建议；

（二）听取学校发展规划、教职工队伍建设、教育教学改革、校园建设以及其他重大改革和重大问题解决方案的报告，提出意见和建议；

（三）听取学校年度工作、财务工作、工会工作报告以及其他专项工作报告，提出意见和建议；

（四）讨论通过学校提出的与教职工利益直接相关的福利、校内分配实施方案以及相应的教职工聘任、考核、奖惩办法；

（五）审议学校上一届（次）教职工代表大会提案的办理情况报告；

（六）按照有关工作规定和安排评议学校领导干部；

（七）通过多种方式对学校工作提出意见和建议，监督学校章程、规章制度和决策的落实，提出整改意见和建议；

（八）讨论法律法规规章规定的以及学校与学校工会商定的其他事项。

教职工代表大会的意见和建议，以会议决议的方式做出。

第八条 学校应当建立健全沟通机制，全面听取教职工代表大会提出的意见和建议，并合理吸收采纳；不能吸收采纳的，应当做出说明。

第三章 教职工代表大会代表

第九条 凡与学校签订聘任聘用合同、具有聘任聘用关系的教职工，均可当选为教职工代表大会代表。教职工代表大会代表占全体教职工的比例，由地方省级教育等部门确定；地方省级教育等部门没有确定的，由学校自主确定。

第十条 教职工代表大会代表以学院、系（所、年级）、室（组）等为单位，由教职工直接选举产生。教职工代表大会代表可以按照选举单位组成代表团（组），并推选出团（组）长。

第十一条 教职工代表大会代表以教师为主体，教师代表不得低于代表总数的60%，并应当根据学校实际，保证一定比例的青年教师和女教师代表。民族地区的学校和民族学校，少数民族代表应当占有一定比例。教职工代表大会代表接受选举单位教职工的监督。

第十二条 教职工代表大会代表实行任期制，任期3年或5年，可以连选连任。选举、更换和撤换教职工代表大会代表的程序，由学校根据相关规定，并结合本校实际予以明确规定。

第十三条 教职工代表大会代表享有以下权利：

（一）在教职工代表大会上享有选举权、被选举权和表决权；

（二）在教职工代表大会上充分发表意见和建议；

（三）提出提案并对提案办理情况进行询问和监督；

（四）就学校工作向学校领导和学校有关机构反映教职工的意见和要求；

（五）因履行职责受到压制、阻挠或者打击报复时，向有关部门提出申诉和控告。

第十四条 教职工代表大会代表应当履行以下义务：

（一）努力学习并认真执行党的路线方针政策、国家的法律法规、党和国家关于教育改革发展的方针政策，不断提高思想政治素质和参与民主管理的能力；

（二）积极参加教职工代表大会的活动，认真宣传、贯彻教职工代表大会决议，完成教职工代表大会交给的任务；

（三）办事公正，为人正派，密切联系教职工群众，如实反映群众的意见和要求；

（四）及时向本部门教职工通报参加教职工代表大会活动和履行职责的情况，接受评议监督；

（五）自觉遵守学校的规章制度和职业道德，提高业务水平，做好本职工作。

第四章 组织规则

第十五条 有教职工80人以上的学校，应当建立教职工代表大会制度；不足80人的学校，建立由全体教职工直接参加的教职工大会制度。学校根据实际情况，可在其内部单位建立教职工代表大会制度或者教职工大会制度，在该范围内行使相应的职权。教职工大会制度的性质、领导关系、组织制度、运行规则等，与教职工代表大会制度相同。

第十六条　学校应当遵守教职工代表大会的组织规则，定期召开教职工代表大会，支持教职工代表大会的活动。

第十七条　教职工代表大会每学年至少召开一次。遇有重大事项，经学校、学校工会或1/3以上教职工代表大会代表提议，可以临时召开教职工代表大会。

第十八条　教职工代表大会每3年或5年为一届。期满应当进行换届选举。

第十九条　教职工代表大会须有2/3以上教职工代表大会代表出席。教职工代表大会根据需要可以邀请离退休教职工等非教职工代表大会代表，作为特邀或列席代表参加会议。特邀或列席代表在教职工代表大会上不具有选举权、被选举权和表决权。

第二十条　教职工代表大会的议题，应当根据学校的中心工作、教职工的普遍要求，由学校工会提交学校研究确定，并提请教职工代表大会表决通过。

第二十一条　教职工代表大会的选举和表决，须经教职工代表大会代表总数半数以上通过方为有效。

第二十二条　教职工代表大会在教职工代表大会代表中推选人员，组成主席团主持会议。主席团应当由学校各方面人员组成，其中包括学校、学校工会主要领导，教师代表应占多数。

第二十三条　教职工代表大会可根据实际情况和需要设立若干专门委员会(工作小组)，完成教职工代表大会交办的有关任务。专门委员会(工作小组)对教职工代表大会负责。

第二十四条　教职工代表大会根据实际情况和需要，可以在教职工代表大会代表中选举产生执行委员会。执行委员会中，教师代表应占多数。

教职工代表大会闭会期间，遇有急需解决的重要问题，可由执行委员会联系有关专门委员会(工作小组)与学校有关机构协商处理。其结果向下一次教职工代表大会报告。

第五章　工作机构

第二十五条　学校工会为教职工代表大会的工作机构。

第二十六条　学校工会承担以下与教职工代表大会相关的工作职责：

（一）做好教职工代表大会的筹备工作和会务工作，组织选举教职工代表大会代表，征集和整理提案，提出会议议题、方案和主席团建议人选；

（二）教职工代表大会闭会期间，组织传达贯彻教职工代表大会精神，督促检查教职工代表大会决议的落实，组织各代表团（组）及专门委员会（工作小组）的活动，主持召开教职工代表团（组）长、专门委员会（工作小组）负责人联席会议；

（三）组织教职工代表大会代表的培训，接受和处理教职工代表大会代表的建议和申诉；

（四）就学校民主管理工作向学校党组织汇报，与学校沟通；

（五）完成教职工代表大会委托的其他任务。

选举产生执行委员会的学校，其执行委员会根据教职工代表大会的授权，可承担前款有关职责。

第二十七条　学校应当为学校工会承担教职工代表大会工作机构的职责提供必要的工作条件和经费保障。

第六章　附　则

第二十八条　学校可以在其下属单位建立教职工代表大会制度，在该单位范围内实行民主管理和监督。

第二十九条　省、自治区、直辖市人民政府教育行政部门，可以与本地区有关组织联合制定本行政区域内学校教职工代表大会的相关规定。

有关学校根据本规定和所在地区的相关规定，可以制定相应的教职工代表大会或者教职工大会的实施办法。

第三十条　本规定自2012年1月1日起施行。1985年1月28日教育部、原中国教育工会印发的《高等学校教职工代表大会暂行条例》同时废止。

合并后的武汉大学幼儿园在制度文化的建设中，首要的应该以上述规定为参考依据，结合幼儿园当下的情况和未来的发展，从教职工的价值、职权、程序和保障上，形成有效的制度平衡，推动幼儿园建设的良性发展。

1. 科学与人文的统一

武汉大学幼儿园教职工代表大会制度(2022)

第一章 总 则

一、为依法保障教职工参与幼儿园民主管理和监督，完善幼儿园管理制度，促进幼儿园依法治园，依据教育法、教师法、工会法和教育部颁布的《学校教职工代表大会规定》等法律法规，结合我园实际制定本制度。

二、教职工代表大会(以下简称教代会)接受党组织的领导，以马克思列宁主义、毛泽东思想、邓小平理论和“三个代表”重要思想为指导，深入贯彻落实科学发展观，全面贯彻执行党的基本路线和教育方针，认真参与幼儿园民主管理和监督，在国家法律规定的范围内行使职权，正确处理国家、幼儿园、教职工三者利益关系，引导教职工做教书育人、管理育人、服务育人的典范，推动幼儿园教育教学改革和发展，全面实施素质教育，努力提升保教质量和办园水平。

三、教代会是幼儿园实行民主决策、民主管理和民主监督的基本组织形式，是教职工依法行使民主决策、民主管理和民主监督权力的机构。必须依法建立和健全教代会制度，保障与发挥教职工代表和工会组织在审议幼儿园重大决策、监督领导干部、维护教职工合法权益等方面的权力和作用。

四、教代会要维护园长的行政指挥权威，尊重和支持园长依法行使行政指挥的权力；园长要尊重和支持教代会依法行使民主管理的权力。

五、教代会的组织原则是民主集中制。

——节选自《教职工代表大会制度》

现代幼儿园管理是追求科学与人文的管理完美结合的，强调对人的关怀和尊重，是制度管理更具人情味和文化味。幼儿园的教职工代表大会自2020年合校之日起，随着新制度的修订完善历经三次。从总则中不难看出：它是为教职工提供民主管理决策，每个人都是主人翁。既体现科学规范的管理，又能体现民主监督维权的作用。例如：全园各岗位的任职条件资格；各岗位人员的薪酬分配绩效奖励；教职工的福利待遇等，都会通过教职工代表大会来商议投票通过。

2. 自由与秩序的统一

学校制度文化中的自由与秩序价值作为学校主体两种具有矛盾关系的基本需求，无论是过于追求秩序而导致自由的缺失，还是过于追求自由而导致秩序的混乱，都会阻碍学校的发展从而陷入困境。①

幼儿园从“天人合一”的思想，在园所文化的构建中始终将合和文化作为最高境界指引着办园理念方向目标等。因此幼儿园在制度构建之初，充分征集全体教职工的意见，通过召开全园会议和不同岗位人员的讨论会议，逐一确定各项制度的类别、主题及内容。在制度文化的践行中，我们采取开放、包容、民主的姿态，大家都在规则中行事，也在宽松和谐的氛围中一起抱团成长。

以《教职工代表大会制度》为例，它是依法维护教职工合法权益的重要保证；是加强民主政治建设的重要途径；是实行民主管理的基本形式；是加强现代幼儿园制度建设的本质要求；是推动党风廉政建设的客观需求。②

人的自由发展是幼儿园制度文化建设的终极目标，它的中心在于人本身，因此只有聚在一起的人形成了同样的追求和统一的思想，制度则不再是约束人们行为的章法，而是实现自由的社会工具。③

（二）一荣俱荣

有研究者认为，学校制度文化的形成大致需要经过四个阶段：萌发期、成长期、成熟期和发扬期，④ 而我们的制度文化建设及形成则是经过了适应期、成长期，此时正是处于成熟期，而未来期待发扬期。四所幼儿园在全新

---

① 王治高：《学校制度文化建设价值取向研究》，华中师范大学出版社 2019 年版，第 158 页。

② 陈旭光：《价值、职权、程序、保障：教代会制度施行的关键要素》，《教师发展与管理》2014 年 2 月。

③ 王治高：《学校制度文化建设价值取向研究》，华中师范大学出版社 2019 年版，第 158 页。

④ 屈强：《学校制度建设和制度文化提升的实践与思考》，《校长观点》2021 年 6 月。

的制度文化践行中，相互取长补短，共同进步，携手面对了一个又一个大事件：两所示范园的创建，四所示范园的复评，我们以“一家人”的态度，不分彼此不分你我，信息共享、资源调配、人员流动等机制，将四所幼儿园推向新高度。

1. 第一阶段：适应期

应该说制度初建之始是萌芽期，而我们的则是四园合并，在原有的制度上的相互磨合相互适应相互调整的过程中。例如：每所幼儿园都有它的奖惩制度，对于奖惩的分类、界定、金额等都不太一样，那么如何去调整，怎么样去改变，是全盘推倒重来还是基于四个奖惩规定的基础上去逐一细化解析调整呢？再比如，教师的考核制度、评聘制度、优秀青年教师和学科带头人的评选制度等都会存在差异。再比如，合校之时还有一所幼儿园不是市级示范园，那么在各项制度要求标准中，是否统一，还是可以允许有差异，这些都是很让人困惑的问题。因此，我们仍然秉承“合和共进”的原则，在适应期，标准的建立，规范的统一都是一样的，这样后面的园所也会有同样的目标和愿景朝着这个方向去努力，因此很快顺利地通过市级示范园的评估。

2. 第二阶段：成长期

经过了几年的适应期，四所幼儿园在共有的制度文化中逐渐成长起来，“准制度文化”阶段开始形成。例如，幼儿园的奖惩规定中分为奖励和惩罚两个部分，而奖励和惩罚直接和绩效挂钩，因此教职工非常关注制度的制定和执行。我们通过教职工代表大会，征询教职工意见，几轮修订审议过程中，最终确定奖惩规章制度的试行。而在此规定中，我们体现个人奖励与惩罚、班集体奖励与惩罚、级部奖励与惩罚等，权责分明的同时也有连带绑定，让职工觉得既有个人荣誉感也有集体荣誉感。

3. 第三阶段：成熟期

幼儿园制度建立经过适应、成长两个阶段，目前处于制度文化的成熟期。幼儿园充分挖掘自身文化，例如：珞珈的人文资源、课程资源、环境资源等，营造书香的味，于已有的制度中渗透文化因子，充分展示理念、行为等特色。而这一阶段也是“制度文化的结果期”，此时幼儿园的园长主观影响逐渐退居次席，而幼儿园长期沉淀下来的文化力量将牵引着园所的发展。我们在成熟期阶段，形成了一套相对完备且具有科学实践价值的制度文本，它不仅仅是文字，而是经过适应、成长和成熟已然刻在全体教职工外化于行内化于心的精神层面中了。

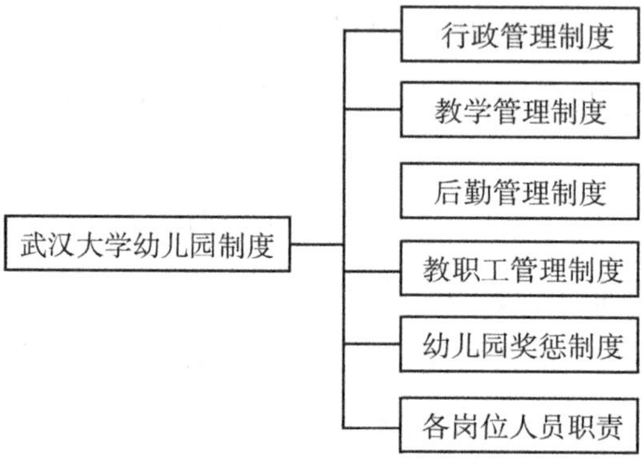

4. 第四阶段：发扬期

这一阶段也是“后制度文化”时期，在经历过成长、成熟后，需要我们四所幼儿园的员工共同培育，不断吸收新鲜文化，形成更加开放民主的制度文化体系。在这一阶段我们尤其要重视：一是团队成员之间的思想沟通。四所幼儿园之间的相学相长，例如：梯队建设制度中，每学期每个层级梯队的示范带教轮转观摩是一个很好的相互学习的机制，不同年龄不同水平来自不同分园教师的同台展示，让大家看到自己的优势和不足也让自己看到同伴身上的闪光点和值得学习的地方。二是团队成员之间的思想融合。幼儿园制度是保障各项工作顺利开展的基础，在幼儿园快速成长的过程中，各项制度就不再是条条框框了，而是从文化中生长出来的东西，更多的则是精神文化的色彩。大家有着明确的目标、统一的价值观、协同的素质要求、过硬的作风态度，赋予制度以灵魂。

二、完善管理制度

（一）以人为本

在幼儿园制度文化的构建过程中，我们从人的角度出发，“以人为本”，注重人的主体和自主，满足人的缺失性需求，彰显人文关怀。① 制度，应该给教职工更多的呵护和关爱，例如：行政管理制度中的请假条例，关于公假、病假、事假以及公派外出学习、自修学习，包班等，考虑到职工群体的特殊性，女职工居多，在依法依规的情况下，尽显人文关怀。

“有制度无文化”和“有文化无制度”都是不可取的现象，我们需要制度，同时也需要制度是为建设幼儿园文化而形成的。多年来，幼儿园从行政管理制度、保教管理制度、卫生保健管理制度、后勤管理制度、安全工作管理制度以及各岗位人员的岗位职责、考核标准等都形成了一套切实可行的制度体系。它立足园本，关注人本，在规范教育人的同时，充分尊重、理解、激励人。一套完备的制度体系不仅有利于集体的长效发展，同时也以个体为出发点和精神归宿，使人的潜能和智慧得到最大的发展。

以人为本的制度不仅仅是教职工，还应该是全体家长和孩子们。例如：制度文化中课程管理制度的实施、审议、评价等应该体现多元、自由和个性。目前，在课程改革的背景下，幼儿园的课程管理制度也随之发生着变化。我们以幼儿园课程方案为例来探讨课程制度设计与实施方面对于儿童、家长的价值意义。

幼儿园2023年课程方案（节选）

一、课程优劣势

优势：课程来自儿童生活，开始于对儿童的倾听，展开于给儿童的问题，丰富于对儿童的支持，四健合一的目标也是为其儿童的全面发展

① 潘华莉：《立足校本构建制度文化》，《教育·校长参考》2015年5月。

而制定的。课程看似没有了特色，但它一定是从儿童中来到儿童中去，追随儿童的兴趣和探究，看得见他们的行为，听得到他们的声音，想得到他们的需求，拓展活动内容和生成活动。

劣势：进一步厘清游戏与课程的关系。

二、课程实施

(一)课程实施原则

1. 幼儿活动具有预见性和灵活性。

2. 在同一时间段同时提供多种活动供幼儿自由选择，而不是切割时间来统一安排各项活动。

3. 集体时间并不是幼儿园主要学习方式，多尝试将集体、小组、个人学习相结合。

4. 主题应根据教师观察到的幼儿当前的兴趣和自发性探究来选定。

(二)课程实施途径

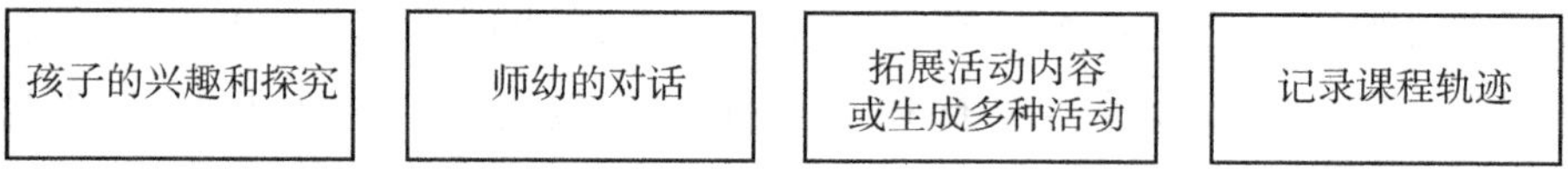

(三)课程实施方法

1. 形成期：确定课程主题；

2. 推进期：师生团讨，共同探索；

3. 分享阶段：成果展示；

4. 反思：到达下一个课程。

……

七、课程制度保障

为了进一步加强课程管理，提高幼儿园课程实施水平，引导幼儿主动学习，促进身心全面和谐发展，依据《幼儿园教育指导纲要》和《3—6岁儿童学习与发展指南》，结合我园实际情况，建立相关的课程制度，有效地科学地保障课程的落实。建立课程管理制度，有效落实课程资源的整理与运用。随着《3—6岁儿童学习与发展指南》的颁布，课程的不断改进，网络平台的运用和幼儿园园本课程的不断完善，幼儿园需重新审视新时代新型的课程资源库，将课程资源与幼儿园课程的实施真正融为一体，真正发挥课程资源的最大效益。

1. 根据幼儿园课程计划逐步建立科学规范的资源库。

2. 保教干事及骨干教师负责资源库的建立，负责收集、整理、归类，做到出借归还、定期整理、定期更新等，保证资源库的合理建设和规范使用。

3. 重视鼓励教师积极开发和利用各种独特资源，并将其有机融入课程实施中，促进资源的课程化。

4. 利用网络和文本同步呈现的方式保障资源库的循环运行，整体部署安排，便于教师按需自主调配。

5. 加强资源库的巡查、清点、更新，保障各类资源有效利用，发现问题及时解决。

6. 资源库的逐层建立。

毋庸置疑，课程制度保障着幼儿园课程改革的顺利进行，从原来的课程计划、活动预设，到现在的基于儿童的兴趣，追随儿童的发展而生成的课程。同时，亲师幼的对话也将家长主动地卷入课程实施过程，关注活动的发展，关注师幼互动，关注家长与孩子互动，从而全面立体地构建课程，形成稳定的三角形课程对话链。

黑格尔说："人性的本质是自由，但是为了自由，人必须是成熟的。"这句话对于幼儿园的制度文化、课程制度等都有着深刻的启示：儿童作为未成熟的，能力尚有欠缺的人群，是否具有自由人性本质，能否享有与成年人类似的自由呢？① 因此我们的课程管理制度中明确指出：集体与小组结合，预设与生成结合；有计划也有生成，有观察也有指导，有目标也有调整。

（二）以发展为要

园所的发展，离不开制度，制度文化的制定应该着眼于是否促进人的发

① 王治高：《学校制度文化建设价值取向研究——基于教育哲学的视角》，华中师范大学出版社 2019 年版，第 186 页。

展，好的制度文化保障着园所正确的建设方向。制度在相当一段时间内是静态的，园所的发展又是时时在变化的，制度在执行和实施过程中必须随着园所的整体状况而改变。制度是相对稳定的，但又是开放和发展的，它绝不是去束缚人的发展和园所的发展。对于在执行过程中有不合理的制度可以提出质疑，通过开展会议解决修订。例如：具有本园特色的一些制度，菜单式培训制度、教研组激励制度、师徒结对制度等，随着教师队伍的年龄结构、学历水平、时代需求的变化而变化。以幼儿园 2009 年至 2019 年十年发展中研训制度为例来进行说明。

武汉大学幼儿园研训制度(2009 年节选)

第一章　总则

第二章　组织管理

第三章　研训实施

第四章　考核评价

第五章　保障措施

附录：教研组工作条例

武汉大学幼儿园园本教研特色制度(2019 年节选)

菜单式培训制度

教研组长例会制度

思语社激励制度

轮流分享制度

教师群体协助研究制度

师徒结对制度

国际联盟合作制度

从上述研训制度的框架可以看出：十年的发展历程中，我们从制定制度到以人为本的制度的转变，从执行制度到制度是一种契约精神和规则尊重的转变。诚如美国经济学家道格拉斯·诺思所言："制度提供了人类相互影响的框架，它们建立了构成一个社会，或更确切地说一种经济秩序的合作与竞争关系。实际上，制度是个人与资本存量之间，资本存量与劳务产出及收入分配之间的过滤器。”有效的制度能够保证学校各项工作有序地运行，从而促进学校更快地发展。①

在幼儿园制度文化建设的实践探寻路上，武汉大学幼儿园多年来积累了丰富的经验，找寻到适宜于园所的制度建设的路径，形成了可借鉴可推广的制度体系，也进行了深深的思考：首先，制度促进了园所有序的发展，以制度文化带动园所质量提升，品牌创建。其次，制度明确权责规则，具有向上的积极力量和凝聚力，它能将个人的努力付出转化为集体的能量，有很好的团队体验感和荣誉感，每一位身在其中的教职工都会为自己是武大园的一员而骄傲自豪。再次，制度为园所发展倡导正确的积极的舆论导向和指引，让我们有章可循，有据可依，从而建设一支优质的职工队伍。最后，有效的制度能够促进幼儿园发展的进程，反之，无效的制度则会严重阻碍园所的发展，建立健全完整的制度体系和渗透制度文化一定是一个园所优质发展的保障。

① 王涛：《南昌市中学制度文化建设与实践探索》，硕士学位论文，南昌大学，2014 年，第 44 页。

第三节　制度文化奠定幼儿园发展基础

制度文化是指在幼儿园中建立起的一套管理和运作机制与价值观念。它对于幼儿园的发展具有重要作用，能够为幼儿园提供一个稳定和有序的发展基础。制度文化的建立需要经过以下几个方面的奠定。

幼儿园的教育目标与理念是制度文化的核心，对于幼儿园发展起到指导作用。通过明确幼儿园的教育目标和理念，可以引领全体教职工朝着共同的目标努力，并且在教育实践中积累和传承经验，形成一种属于自己园所的教育理念。

制度文化需要有一个合理的组织架构和管理体系来保障幼儿园的正常运作和发展。其中包括：明确岗位职责和权限分配、建立科学的决策机制和沟通渠道等，使得各个部门和个人能够有效协同合作，共同推进幼儿园的发展。

制度文化还需要建立一套完善的规章制度体系，对于幼儿园的组织管理、教育教学、师生行为等方面进行明确和规范。这可以为所有人员提供明确的行为准则，保障幼儿园工作的正常进行，同时也促进职业道德的养成和文明行为的培养。

制度文化的塑造需要注重营造一种积极向上的文化氛围，使得全体教职员工能够在这种氛围中发挥自己的能力和潜力，如：创建共同的价值观念、树立正确的人际关系和文化认同等，形成一种凝聚力和向心力，提升幼儿园整体的发展水平。

制度文化的奠定可以为幼儿园提供一个稳定和有序的发展基础，使得幼儿园能够更好地发挥教育功能，提升教育质量，为幼儿的全面发展提供良好的环境和条件。良好的制度文化还能够培养教职工的责任意识，增强教职工的主动性和自我管理能力，从而提高整体工作效率。

一、科学管理机制高效

教育要面向现在，又要面向未来，在瞬息万变的社会背景下，幼儿园的管理需要立足当前、展望未来，而科学的管理更能体现发展的价值和需要，关于高效开展幼儿园工作，我们的思考是这样的。

(一)幼儿园结合园所特点，明确工作目标和规范

建立、细化和完善各项制度，每一个制度做到有章可循，切实做到为人服务，因人而异，从多种层面设立，与工作实际相融合，使其具有明确的目标和规范。制度的设立应该明确组织多视角的目标和价值观，规范教职工在工作中的行为和工作方式，确保所有人都遵守同一套规则。

(二)建立完善的激励机制

德国教育家第斯多惠曾说：“教育艺术的本质不在于传授本领，而是激励、唤醒和鼓舞。”幼儿园教师工作的特殊性，需要在激励中提升自我，增强信心。其实制度文化的目的不也在于驱动吗？如何驱动？驱动中的激励如何实施？幼儿园教师对孩子的安全、教育和发展肩负重要的责任，面临着多重压力，需要在繁忙的工作中维持良好的心理状态和工作效率，提供优质的教育和关怀给幼儿。那么，幼儿园需保持教师专业成长的内在动力与外部激励保障制度之间的平衡，确保教师队伍的可持续性发展，而切实可行和人性化的激励机制是制度文化中不可或缺的内容，我们都知道，激励的目的是为了更好地调动教职工的工作积极性和成就感；更加规范自己的言行举止，在激活奖励项目的同时，让不同层面的教职工看得见自己的成长，明确工作目标，并能实实在在落地、提速，而不仅仅是停留在天马行空、空中楼阁，这样也能激励员工积极参与和支持制度的执行。例如：可以给予员工奖励或晋升、评优评先的机会，幼儿园每年除了武汉大学年终设立的考核以外，还给不同工作岗位的教职工增设不同类型、不同荣誉的奖项，如：优秀班组、优秀读书标兵、优秀保育师、优秀班长等，以此表彰符合制度和评选标准的教职工，

在激励机制中，我们遵循公平公正、民主公开的原则，成立专项评选小组，以自己报名、投票等方式确定人选。

多年以来，幼儿园将激励机制贯穿于日常工作中，不断顺应社会的变革和创新，在完善的基础上，努力形成长效机制，并充分发挥其作用，让每一个人都能形成对自己正确的自我评价和对自我价值的认同感。

（三）监督和评估

一直以来，幼儿园的制度建设会在不同的时期进行修改和完善，并具备健全的监督和评估机制，以园长为组长，后勤园长和教学园长为副组长成立专项小组，同时，小组成员我们吸纳不同岗位、不同层级的教职工参与，形成幼儿园健全的监督和评估小组，具体形式如下：

1. 社会监督：公众参与监督，特别是家长，可以通过各种途径，如网络平台、互联网，提出意见、举报不合规行为，对幼儿园的运营情况进行监督，维护自身权益和孩子的健康成长。通过社会监督方式，可以促进幼儿园规范运营，提升教育质量，确保幼儿的权益得到保护。

2. 自我评估和监督：幼儿园制定自我评估的指标和标准，定期对幼儿园进行内部评估和监督，发现问题及时改进，有时还会邀请教育专家和专业机构进行第三方评估，提供改进建议，如：武昌区妇幼保健院、体卫艺、武昌区教育局、武昌区疾控中心、洪山区市场监督局等多部门的监督和评估已然使幼儿园具备健全的制度化管理，在一次次监督和评估的碰撞中，成熟、完善，形成独属于武汉大学幼儿园的制度文化。

3. 家长评价：幼儿园可以设立家长评价机制，定期征求家长对幼儿园教育质量的评价意见，了解家长的满意度和问题所在，对评价结果进行分析和改进。

综上所述，幼儿园制度的监督和评估可以通过政府监管、行业协会监督、社会监督、自我评估和家长评价等多方面进行，形成全方位、多层次的监督机制，保障幼儿园的教育质量。通过定期的巡查、检查和考核、评选等多种手段，实施评估，了解制度的执行效果，并及时纠正和改进制度中存在的问题。

(四)多渠道、多角度的培训和教育

幼儿园制度的培训和教育是一个系统性的工作，需要关注教师的发展需求，提供专业知识和实践技能的学习，在每一次制度的完善和更新后，我们都会及时将相关内容，通过培训和主题会议的形式告知教职工，提高她(他)们对制度的认识和理解，知道制度的重要性和作用，主动去遵守和执行制度要求，并希望听到她们不同的声音。

(五)知识共享和沟通

建立知识共享和沟通机制，促进组织内部的信息流动和沟通。员工应该能够分享自己的经验和知识，互相学习和借鉴，提高制度的执行效果。

通过以上科学管理机制，可以更好地建立和维护制度文化。能够使制度文化得到有效执行，促进组织的发展和稳定。同时，它也可以加强组织的凝聚力和团队合作能力，提高员工的工作积极性和创造力。

制度文化和科学管理机制可以相互配合，共同促进幼儿园的高效运转。一个具有良好制度文化的科学管理机制能够实现资源的最大化、利用和效益的最大化。

二、民主激发主人翁意识

在幼儿园的管理工作中制度文化无处不在，追溯制度从形成到起稿到商议到定稿，每一个环节都蕴含着民主的深远意义，通过广泛征求从园长到教职工的意见，在决策、管理、评估等方面实行民主原则，是发展的需求。

幼儿园制度民主化的目的是为了确保幼儿园的教育目标能够符合幼儿的需要和家长的期望，同时给予教师更多的自主权和专业发展空间。在幼儿园制度民主化中，我们采取了以下措施来实施。

(一)幼儿是课程制度的参与者

在每所分园中，我们尝试将幼儿作为课程制度建设的新主人，鼓励幼儿

参与课程改革的决策。通过讨论、投票和评议等方式，让幼儿参与一些日常游戏和生活的决策，尊重每个孩子的主动性，幼儿园制度鼓励孩子们主动参与各种活动，发挥自己的主观能动性。比如，在幼儿园中，孩子们可以选择自己感兴趣的游戏，室内外一体化的游戏给了孩子更好的表达和体验的乐趣，他们用自己的形式表达自己的意见和想法，激发孩子们的主人翁意识，培养他们的独立思考和决策能力。如：游戏活动的内容、班级游戏活动的材料、环境创设的轨迹、生活活动中幼儿的自主性等，幼儿园的工作都是为幼儿服务，幼儿更应该是制度文化中的一份子。

(二)家长参与管理

苏霍姆林斯基曾说过："教育的完善，并不意味着家庭作用的削弱，而是意味着家庭作用的加强，只有在这样的条件下才能实现和谐的全面发展。"而《教育指导纲要》中也说过"家长是幼儿园的重要合作伙伴"，家园共育的形式日新月异，而幼儿园的制度管理立足于家长的需求也是必然的趋势，我们结合每一位家长的优势和工作特性，成立多种家长委员会类型，如：家委会、伙委会、课程委员会、安全委员会等，将更多的发言权留给有不同需求的家长，如：在家委会制度的制定方面，我们充分发挥家委会成员的职能和作用，听取幼儿园的工作计划，决定家委会的活动内容和形式，协调班级家长在家长开放活动中的主动性，利用家长资源，传授和分享教育经验，形成良好的合作关系，共同参与制定幼儿园的发展规划、教育活动的设计和评估等重要决策，相关委员对制度给予建议和修正，以此形成独有园所特点的家长委员会下的制度建设，逐渐改变幼儿园管理的多元化，构成家园相融合的美好愿景，充分体现家园合作的真实意义和其中的价值。

(三)教师参与决策

教职工是所有制度的实施者和执行者，在制度建设中，我们避免一言堂，多种渠道聆听大家的声音，建立教职工代表制度、班长责任制，从管理育人、制度育人的角度，着手健全家长、幼儿、教师多维度的指标体系。其中，现有的班主任经过多年的磨炼，业务精湛、责任心强、教育理念与时俱进，与此同时，也涌现出有独特个人魅力和带班方法的优秀班主任，她们在制度之下，需要面临每学期的考核和群众测评，让教师参与幼儿园的规章制度的制定，课程计划的制定、评估，教师培训制度等重要事项的决策，结合幼儿园现有教师团队的特点，因地制宜，因人施教，助推教师在参与中的过程体验，而不仅仅是结果的形成。

除此以外，我们在教师队伍中，建立评估与反馈机制，建立定期的教师评估机制，如：班长、配班、保育师、安保人员、食堂人员，从不同层面进行有效的评估和考核，其中，我们也会吸纳家长和幼儿参与，对教师的工作进行阶段性和定期评价，根据评估结果进行改进和调整。

在幼儿园制度民主化的探索中，我们感受到更多的惊喜，发现制度的民主化能更好地满足幼儿的个体需求，提高幼儿教育的质量和效果，促进幼儿园与家长和社会的良好互动，实现幼儿园教育的共同发展和进步。

幼儿园采取民主决策机制，通过幼儿、家长和教师的参与，让每个成员都能参与决策，表达自己的意见和观点。这样做可以让幼儿园成为一个共同管理的群体，让每个人都有发言权和参与权，激发了幼儿和家长、教师的主人翁意识。

总的来说，幼儿园制度的民主化可以激发教职工在团队中的主人意识，让他们在幼儿园中感受到自己的重要性和参与度，培养他们的自主性、自信心和社会责任感。这将为他们未来的专业成长和发展奠定坚实的基础。

三、温暖关怀双向奔赴

幼儿园的工作性质不用说我们都知道，身心劳动、责任重大，面面周全……目前的师资趋于动态的状态中，建立一套完善的制度和文化，以保障教职工的权益和福利，并且通过关怀和照顾教职工的方式培养教职工的职业幸福感、积极向上的工作氛围，是我们一直在做、一直在坚持的方向。

首先，幼儿园制度文化温暖关怀教职工体现在对教职工的权益保障上。幼儿园建立了一套完善的教职工管理制度，明确教职工的职责、权益和福利。例如，制定了合理、层级关系明确的工资福利待遇、请假制度、工会制度等，在缓解紧张工作之余，保障教职工对职业的热爱和归属感，此外，幼儿园还为教职工购买社保、提供福利待遇，确保他们在工作期间和离职后都能得到相应的保障和帮助。

其次，幼儿园对教职工的关怀处处有体现，每所园已然形成了自己的特色和园所文化，每月的工会活动，形式多样，活力有创新，考虑到多种岗位职工的需求，深受教职工的喜爱和期待，如：手工制作、厨艺比拼、读书分享、专题培训和团建活动，营造积极向上的工作氛围。此外，幼儿园还设立了完善的教师专业发展工作室，为教职工提供专业支持和帮助，关注他们的生活和工作状态，并提供相应的支持和帮助。同时，幼儿园也会定期组织教师参加家庭聚餐、健康体检及其他形式的关怀活动，增进教职工之间的互动和友谊，让他们感受到集体的温暖和关怀。

幼儿园制度文化温暖关怀教职工，通过建立完善的制度保障教职工的权益和福利，以及通过关心照顾教职工的方式培养积极向上的工作氛围，让教职工感受到组织的关怀和温暖，进而更好地投入工作。这种文化温暖关怀的氛围也对幼儿园的整体发展和教育质量的提升起到了重要的促进作用，是你我双向奔赴的愿景。

附：幼儿园制度文化建设模式图

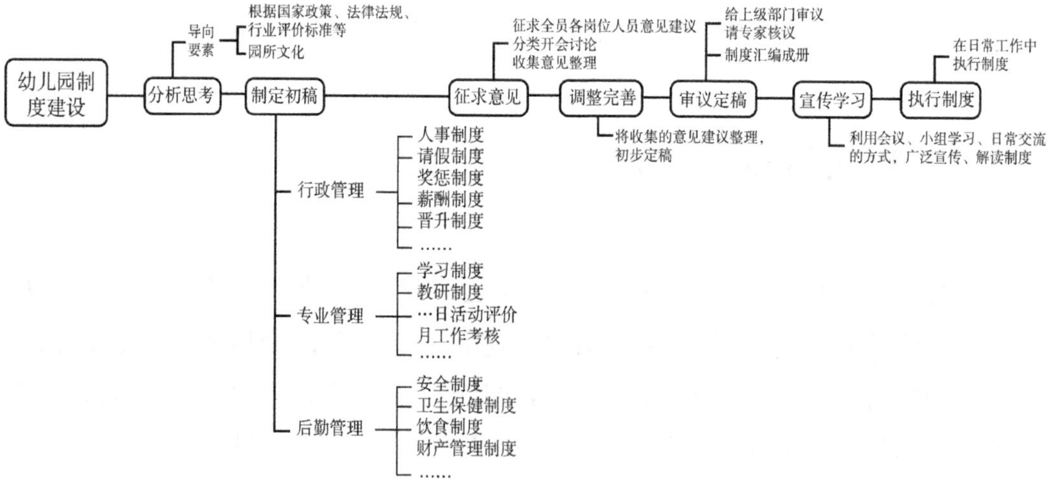

第三章

幼儿园环境文化建设实践

第一节 幼儿园环境文化建设的现状与问题

关于幼儿园环境与儿童发展的关系，从未有现今这样高度的关注。环境在儿童身心成长过程中应有怎样的价值、发挥怎样的作用以及如何定义环境、如何创设与运用环境，都是新时代学前教育领域深入研究的聚焦点。

一、幼儿园环境的应然状态

园长手记：

我是一名幼教工作者，也是一名幼儿园园长，从事幼教工作36年了，我时常会想，理想中的幼儿园应该是怎样的？理想中的幼儿园的环境是怎样的？我要把幼儿园办成一个什么样的幼儿园？

我访问过很多家长朋友，她们说：理想中的幼儿园应该就在家的附近，最好步行十几分钟就能到达；有大片的户外活动场地，孩子们可以无拘无束地玩耍，摔倒了、磕伤了也不怕，那里有他信赖、可以依靠的同伴和老师；幼儿园里环境安全，设施完善，有可口安全的食物；更有愿意安静地听孩子们说话的老师，爱笑，会玩，有一颗装得下所有匪夷所思的梦想的心……

我也倾听到了我的孩子们的心声：我的幼儿园像花园，幼儿园有爱我的老师和园长妈妈，有和我一起爱玩的小伙伴，我的幼儿园有很多好玩的地方，有很多的玩具，我们可以玩很多好玩的游戏，我可以自由地任意玩耍……

我也聆听到幼教大咖这样说：理想中的幼儿园不大，但温馨、温暖，像家一样。有志同道合致力于儿童“真游戏”研究的伙伴团队；有俯拾皆是的能体现儿童成长规律的“学习场”；更有随处可见的认真投入、快乐积极进行游戏的孩童。

回归我的内心，理想中的幼儿园应该是怎样呢？

1. 必须是一个温暖的家。

幼儿园就是孩子与教师共同生活的家。家是有爱的，更有基于爱的信任、尊重、理解和支持。家是安全舒适的，这是孩子们走进来的基础。家里必须有书香，阅读是师幼最幸福的相处模式之一，阅读更应该是孩子自然生活的一部分。家里没有刻意的宣传、无谓的形式、虚假的客套，更加珍视每一名成员实实在在的成长和收获。

2. 要有共同的目标和追求。

我们把“享珞珈之灵秀，育书香之稚子”作为核心文化理念，为孩子提供寓“美”于“境”的环境，“适切的课程”，培养“体魄健康、人格健全、爱好阅读、乐于探究”全面发展的儿童。让每一名孩子来到这里都受到尊重、获得启迪、收获快乐成长。建立幼儿、教师、家长三方合作、目标一致的成长主体；我们遵循儿童成长规律、致力于赋予个体成长内趋的教育研究；我们关注孩子当下的快乐体验，更在意主体长远的发展。

3. 存留一段真实的生命历程。

理想的幼儿园不是名词而是动词，就像成长没有终点只有起点。所以，理想中的幼儿园不是摆在那里的精致，而是能够提供丰富、真实探究体验的动态空间，是能够感受自然、链接社会的实践基地，是能满足成长需要的挑战场所。

所以，这里有让孩子零距离接触、亲近自然、感知探究世界的活教材。有大片沙土、动态水系、丰富适宜的四季花草树木。春天呵护幼苗，夏天戏濯清水，秋天收获果实，冬天养顾动植。

这里有书香为媒，充满人文气息珞珈元素、古香古色的大厅绘本馆；散布在大树屋上的绘本布袋；记录着孩子课程活动轨迹的“四季文化”长廊、主题鲜明、充满雅趣的“游学”轨迹教学楼楼道……

这里有支持孩子对接真实社会体验的珞珈资源的园本课程，我们带孩子越过围墙，走出园门，做好长久前行的准备。等到孩子们离开园所的那一天，心里承载了满满的体验，储备了无限的可能，我们希望他能带走这里的花香、这里的欢笑，更带走在这里学会的面对问题、解决问题的能力。

所以，有爱而温暖的人文环境、趋同的价值追求、自然真实的体验课程，生态化、生活化、教育化、课程化的学习和生活环境，让幼儿在美好的环境中看见成长的轨迹、感受成长的力量。这就是我心目中这所幼儿园的样子。

王兰平写于武汉大学幼儿园建园80周年

2016年6月

二、当前幼儿园教育环境创设存在的问题与现状

应该说大多数幼儿园都很重视当下的环境创设问题，但由于实际行动中的局限性以及对于环境创设概念的片面理解，使得一些幼儿园在实践过程中难以将理想方案充分实现。多数教师和幼儿父母之间缺少沟通，两方接触仅仅局限于每周为数不多的几分钟甚至更短时间的交流，所讨论的问题也是很片面的。同时，一部分教师对少数幼儿的认识不足，不太留意幼儿在生活环境中的表现，导致幼儿园无法给幼儿一个充分展示自己的环境，相应的就很难发现幼儿身上的闪光点，这其实也体现教师对环境创设问题没有太深刻的了解。总的来说，当前幼儿园环境创设工作主要存在如下问题。

(一)幼儿园对环境创设的理解不够深刻

多数幼儿园虽然对于环境创设工作较为重视，但由于教师对此类概念的认知较为模糊，导致出现这类问题：幼儿园环境的布置过于“丰富”。这样做不仅使幼儿无法找到一个关注点，在更深层面上还耽误了幼儿的专注力培养。在创设环境之前，幼儿园的教师需要明白，对于心智尚不成熟的幼儿，培养的核心之一在于如何提高幼儿的专注力。幼儿天性好动，自控力不足，容易被身边的事物所吸引。如果幼儿园里到处都是强烈的色彩、丰富的图画，幼儿往往会感到不知所措，无法集中精力去做他们该做的事情，从而影响了幼儿专注力的培养。因此，对幼儿而言，一所好的幼儿园应该是干净、朴素、舒适的，可以让他们集中精力做好他们该做的事情。

(二)幼儿园环境缺少一个鲜明的中心

当下一些幼儿园只重视环境布置的华丽，导致一所幼儿园甚至一所幼儿

园的某个活动区中具有多种毫无关联的主题。这种布局看似丰富了幼儿的视野，实则使幼儿无法对抽象的事物形成一种明确、深刻的理解，也会造成他们对任何事情都抱有囫囵吞枣、浅尝辄止的态度。环境的创设不应一味地追求华丽，幼儿园环境不是孤立的，一所幼儿园的环境创设工作应该与其教育理念、教学宗旨融合起来，尤其是需要与日常的主题教学相互联动，相辅相成，相得益彰。将教育主题与环境教学完整地串联，能强化整体的教学效果。

（三）幼儿园环境的创设密度过大

一些幼儿园对于环境创设工作过于“积极”，设计的密度较大，这样的设计容易带给幼儿心理上的压迫感。自古以来，我国美术作品都讲究留白，就中国画而言，古往今来甚少有作品完完全全占据整幅版面。适当的留白不是对工作的怠慢，而是更为细心，使整幅作品的画面与章法更为协调、精美，留出想象空间。所以说，适当的留白是美的，留下的那段空白更能让幼儿感到舒适。

（四）幼儿园的环境创设工作过于成人导向

如今许多幼儿园的布置并不是从培养幼儿的想象力出发，更多情况下是以家长和教师的需求为出发点来进行的。当今幼儿园的普遍现象是，幼儿园的墙面环境不是由幼儿参与设计，而是直接根据教师个人的审美标准或喜好来进行设计，或者通过其他手段借鉴而来。多数幼儿园的设计来源为互联网、报刊，甚至个别幼儿园是从别的学校直接照搬，没有任何教师与幼儿集思广益的结果，也没有任何灵感可言，很少考虑幼儿的兴趣及需求。另外，多数幼儿园的墙面布置的工艺品与幼儿距离甚远，有些图画幼儿伸手都够不到，使得幼儿无法更好地融入环境，久而久之，他们对于这些围绕在身边的新鲜事物就会产生潜意识的选择性忽略。同时，多数幼儿园的环境创设工作是由教师一手操办而成，这样做忽略了幼儿参与活动的积极性以及享受环境的重要性。幼儿被置于创设工作之外，那么他们面对的不过是整幅的连环画而已，无法真切地体会到环境带来的亲切感。教师往往会忽略幼儿自身的感受，事实上，对于极具表现欲的幼儿来说，如果他们也加入其中，那么他们不仅能收获成就感和自豪感，还能收获自信开朗的性格和尝试新鲜事物的勇气。由此看来，摆脱环境创设工作的成人化，是一个急需解决的问题。

(五)幼儿园未重视人文精神环境的建设

许多教师对幼儿园环境创设的理解较为片面，认为该项工作的内容就是布置环境和提供设施，从而造成了“重视物质环境，忽略人文精神环境”的情况出现，令环境创设的教学功能难以体现。而且，忽略人文精神的环境也会使幼儿的探究愿望难以得到较好的激发。现如今，大多数的幼儿园教师都将环境创设重点放在了墙饰的布置和设施设备的完善上，对操作材料、幼儿读物和玩具的关注较少，使幼儿的自主选择权和主动学习能力的发展受到较大的限制。即便是教师外出参观学习，也往往将目光集中在室内环境布置方面，未充分考虑本园幼儿的实际需求，只是盲目模仿或照搬，无法让人文精神环境与物质环境得到更好的融合。除此之外，幼儿园环境创设过程中的各项材料，通常由教师制作并选取合适的位置实施布置，这是为了使幼儿园的整体环境得到一定程度的美化，让幼儿的学习体验也随之改善。但这些材料在制作完成后，往往会保留较长的时间，除非受到人为损坏，短时间内教师不会更新材料。在这种情况下，幼儿的体验效果会随着时间的变化逐渐下降，这使得幼儿园环境创设所产生的教学效果大打折扣。

陈鹤琴先生曾说：“幼儿园环境是儿童所接触的，能给他以一切刺激的物质。”环境作为一种隐形课程，在开发幼儿智力、促进幼儿个性和谐发展等方面发挥着独特作用。不同的环境，会产生不同的效果，对孩子的发展也会产生不同结果。因此，我们要保护幼儿的天性，创造丰富多彩的物质环境；尊重幼儿的个性，营造温馨和谐的精神环境；满足幼儿的成长需要，充分挖掘利用社区资源；随着时代的发展，幼教的深入改革，幼儿园环境也将被赋予更多内涵，我们需要跟随时代的脚步，将幼儿园环境创造得更加新颖，更富有教育意义。我相信，只要以孩子为本，多与孩子亲近交流，以孩子的角度去观察、为幼儿创设生态化、生活化、教育化、课程化的学习和生活环境，就会让幼儿在美好的环境中看见成长的轨迹，感受成长的力量。

第二节　幼儿园环境文化建设的理论溯源

一、幼儿园教育环境创设的教育学和心理学理论

(一)心理学关于幼儿园环境创设的理论

心理学中不同的学派及其理论的环境观对环境因素与人的发展做了相应的研究与论证。机能主义心理学强调心理、意识是有机体适应环境的产物，认知、行为是人类适应环境的手段；强调早期教育环境对幼儿行为习惯的养成具有重要的意义；主张早期教育的环境要基于理想的、积极的、纯洁的成长进行环境创设。

行为主义心理学更加强调环境对幼儿的影响和作用。斯金纳的新行为主义认为人的心理是后天环境影响的结果，这种影响就是学习，造就人格的主要方式就是靠创设特定的成长环境来完成，并因此提出了一系列关于强化与控制儿童行为的原理，从而据此更充分地利用环境来塑造人的行为习惯与态度。

传统认知心理学中的格式塔心理学强调，人的主观态度与行为决定环境对人的影响程度。把环境分为地理环境、心理环境、行为环境、整体环境，并认为人的行为主要受环境的影响和制约，既强调环境的影响，也重视人对环境的知觉态度。格式塔心理学的完形主义思想对幼儿园环境创设具有较大的指导价值，它对教育者的启示在于，在幼儿园环境创设中要有整体思想，要为幼儿提供各种问题情境，让他们通过知觉和观察，理解其内在的联系或一定的关系，以调动幼儿的主观能动性。

现代认知心理学更注重环境作用的因果性，它从内因、外因的相互作用

出发，提出了幼儿与环境的相互关系，既有“同化”，又有“顺应”。认为幼儿的成熟正是与环境相互作用的结果，幼儿不是被动地接受环境中的各种信息，而是在自己的经验背景下，借助环境资源，通过亲身感知、操作体验和思考，逐渐内化形成自己的认知模型，更加强调主体的主动建构活动，强调幼儿和环境的接触与交流、互动与再造，从而和谐于环境中，即完成“同化”。

精神分析理论、尤其是新精神分析理论强调幼年生活经验对个体发展的影响，强调幼儿所处的心理社会环境对个体发展的影响。精神分析理论认为幼年的生活经验和所受影响，对个体一生的心理和人格发展具有极其重要的意义，肯定了幼年时期生存环境的和谐、丰富对健康人格形成的重要作用。这一思想对当前的幼儿园环境创设仍然具有重大启示价值。幼儿园教育工作者不仅需要为幼儿创设良好的物质环境，为幼儿提供多种尝试的机会，更要重视幼儿精神环境的创设，充分尊重、鼓励幼儿，支持他们的创造与自我表达，从而为他们良好人格、态度的形成奠定早期的、重要的基础。

众多的心理学理论表明，环境在个体的身心发展中具有极为重要的意义与地位。从关注环境的影响作用，到强调主客观互动的价值，这为幼儿园教育环境创设提供了重要的理论依据。

（二）教育学关于幼儿园环境创设的论述

我国“幼教之父”陈鹤琴先生是“活教育”的倡导者，他认为：“教育上的环境，在教育的过程中，起着决定性的作用，这是不可否认的。大家都知道，幼儿爱模仿，所谓近墨者黑，近朱者赤。毫无疑义，幼儿从四周的环境中可以得到教育，因此，我们需要布置环境以充实儿童的生活环境，丰富他们的学习资料。”①他强调幼儿要在“做中学”，因此幼儿应参与互动的审美环境、科学环境的创设；幼儿园教育环境创设一定要真实、自然，从我们最实际的生活经验中汲取内容。注重幼儿的特点与视角，注意环境创设中的时间、季节、自然现象、社会情况，更贴近幼儿的生活经验。可以说他为我国幼儿园科学、合理、系统的环境创设，提供了一系列具体而宝贵的指导经验。

儿童教育家蒙台梭利女士经过在儿童之家的长期观察和实验表明：幼儿

① 北京市教育科学研究所．陈鹤琴教育文集：上卷．北京：北京出版社，1983：743.

的行为模式与其成长或受教的生态环境有着密切的关系。“在教育上，环境所扮演的角色相当重要，因为孩子从环境中吸取所有的东西，并将其融入自己的生命之中。”因而，她强调在幼儿教育环境创设过程中，应事先做好“有准备的环境”，在环境中注重秩序与结构。孩子们在耳濡目染中，养成对环境中秩序的喜爱，形成良好的行为习惯。她还为幼儿提供适合的真实用具，让幼儿在自然的参与中，从美好的、有秩序的环境中汲取知识与营养。

英国古典经验主义者洛克认为，环境对儿童的成长与发展有深切的影响，尤其是儿童习惯的培养，常受后天环境的主宰。他极力主张，在儿童美好人性的发展过程中，不可不注意其成长的环境。近现代儿童教育立场、观念和方法的鼻祖卢梭，被誉为“幼稚园之父”的福禄贝尔等教育家，都在自己的研究中揭示了环境对儿童成长和发展的重要性。

瑞吉欧教育将环境称为除班级两位真实教师之外的“第三位老师”，充分地将环境创设与幼儿教育相联系。瑞吉欧教育认为，在幼儿园中没有一处环境是无用的，甚至在所有的课程中，环境都要成为重要的配合者。他们通过设计活动空间与装饰来支撑所要完成的一系列教学内容，环境不仅成为教学与成长轨迹的园地，也是幼儿、教师及家长们互动交流的平台。总结出环境创设要从幼儿的视角出发，用合理巧妙划分空间的方法，创设适宜幼儿探索行为的工作坊等非常具体、可行的幼儿园环境创设经验。

以上的心理学、教育学的践行者们，用智慧思考、研究成果、实践经验，建立了幼儿园环境创设的指导思想和方法途径，可以使我们更清晰地辨认实践方向、少走弯路。但是，必须清醒地认识到，在不同的时代，不同的地域，不同的文化，不同的民族背景下，特别是面对不同的幼儿，幼儿园环境创设的形式与内容一定是有所区别、形态不拘的。所以，在学习借鉴的基础上，我们所进行的一定是符合当下所处时代和条件的最有益、最合理的环境创设，包含着文化、区域、生活、品质和互动……

二、幼儿园教育环境创设的审美理论

无论成人还是幼儿，对于所处的环境都会基于个人经验和审美心理，产生不同的美感体验，进而影响个体的心理应激与行为态度。美，作为事物的形象化属性之一，其形式多样，虚实相生，意蕴生动，承载着丰富的认知信息，这些具有美和美感的信息被幼儿潜移默化地纳入其认知结构之中，在内化的过程中会作出相应的审美反应。幼儿园是幼儿长期生活、学习的地方，环境中美的因素，是幼儿喜欢幼儿园、引发幼儿与环境互动的重要构成部分。所以，幼儿园教育环境创设应建立在幼儿审美心理发展和基本的审美理论基础之上。

(一)幼儿审美心理发展

3 岁左右的幼儿已经发生最初始的审美心理活动，这一时期是幼儿审美心理发生的敏感期，其标志是对美好事物、环境产生审美感知、美感体验，并有初步的审美偏爱和选择美好事物的审美“标准”。这是幼儿最初的审美心理结构的雏形，可称为“前审美阶段”。在整个幼儿园阶段，幼儿审美感知力迅速发展，有了初步的审美偏爱和审美评价活动，也有了比较模糊的审美标准，审美标准和非审美标准处于分化之中。要指出的是，幼儿的审美感知力和审美趣味仅局限于优美的环境形态之内，幼儿还没有形成真正意义上的优美感之外的审美情感。此阶段可称为“审美心理萌芽阶段”。正因为如此，后天的干预，可以使儿童对艺术的敏感性和表现力加速提高，有些发展阶段可以提前出现。由此我们认为，后天的显性的教育和隐性的熏陶、审美欣赏和艺术创作结合并进，是促进儿童审美心理结构的建构和发展不可缺少的客观条件。所以，幼儿园教育环境创设既要基于幼儿审美心理，还有通过教育环境激发幼儿的审美感知力、审美情感，培养审美理解力和审美创造力。

1. 激发幼儿审美感知力。首先，引发幼儿感知教育环境中的美。科学、适宜的教育环境集中表现了美的普遍规律，具有典范性，易于幼儿感知。通过有目的、有计划、分阶段的教育环境创设，让幼儿从中发现美、体验美、感知美的因果关系以及表现方式，让幼儿从不同的视角、领域、距离(时空距离特别是心理距离)感知美、内化美。

其次，幼儿能够身临其境地观察和体验教育环境中的美，并全身心地融入其中。调动幼儿所有感觉器官充分感知审美对象的刚与柔、方与圆、冷与暖、大与小、粗糙与细腻、明快与灰暗、对称与均衡、节奏与韵律、变化与统一等形式美的特点与规律，为加深幼儿的美感体验，可以通过有什么、像什么、如何做、感觉怎样、心情如何等自由表达或信息反馈来体现。

2. 提高审美理解力。在感知教育环境的基础上，为幼儿提供和创设更多的活动机会。教师要放开手脚，让幼儿自由地发现、探索、体验并进行初步理解，当幼儿理解遇到困难和阻碍时，教师应运用语言、动作、材料等多种形式支持幼儿的操作理解。通过师幼对环境创设的交流评价提高幼儿的审美理解力。从制定环境创设方案到实施的整个过程中，让幼儿参与并评价，提出自己的建议或看法，或者说怎样改进会比现在更好，由表及里、由浅入深地引导幼儿给出建议并说明建议的原因，逐步从感性理解上升到具有社会审美意义的理解。

3. 培养审美情感。幼儿处于原始情绪不断分化、并向高级情感发展的时期，也是个体情绪、情感发展的关键期。

在周围环境中，幼儿与他人的平等交往。同伴的情绪和表现，优美的物质环境，丰富多彩的生活活动等，都是幼儿获得健康情感体验和经验的源泉，教育环境创设与领域活动、区域活动的结合，能够使幼儿自由地以多种方式表达自己的审美情感，特别是美术音乐、舞蹈等艺术形式不仅能够支持幼儿的自发性情感表达，还具有情感宣泄的功能。当教师将环境与审美活动融为一体的时候，幼儿就会向理智调节下的主动、有序的审美情感表达发展，逐步形成健康，良好的审美情感，并且学会在一定程度上调控自己的情绪、情感。

4. 萌发审美创造力。审美想象在审美创造力的发展过程中占据重要地位。简单地说，幼儿审美想象遵循这样一个规律：无意想象—有意想象—再造想象—创造性想象。良好的教育环境能够提供幼儿审美创造力发展所需的支持。

首先，开阔幼儿眼界，丰富审美经验。良好的教育环境提供了与幼儿生活经验相近的丰富的审美资源，奠定了必要的经验基础，为幼儿有意想象、再造想象和创造力的发展萌生触发点。

其次，提出广泛的主题和内容，鼓励幼儿大胆创造。宽泛、新鲜、有趣、针对性强的环境创设，不仅具有一定的自由度、广度和难度，同时也激发了幼儿的探究欲和积极主动的思维与想象，为幼儿审美创造力的发展营造了一个充满生机和自信心的外部环境。

(二)幼儿园环境创设中的主要审美因素

1. 色彩与搭配。幼儿园教育环境创设中的色彩运用必然要符合幼儿的审美特点，教育环境创设中的色彩应用应该有一定的统一规划，应考虑整体色彩关系，组织稳定和谐，又不失生动活泼的色彩环境。而且，色彩的和谐稳定，也为教师创设教育环境留有空间和余地。

色彩是表达情绪、情感的重要因素。在具体、局部的环境创设中，色彩的使用要与整体相呼应，不仅要注意色彩的丰富性，也要关注色彩的秩序感、节奏感，让幼儿在情绪情感上产生对周围环境的喜爱，建立美好的色彩感觉并深植于其心灵。

2. 造型与布局。从美学视角来看，幼儿喜欢的内容的幼儿园教育环境创设风格就是最好的艺术范式。可见，幼儿园教育环境创设，应多采用幼儿熟知并且喜爱的内容、风格和形式，以此吸引并影响幼儿，实现环境创设的功能与美感同构。在具体的教育环境创设中，应根据幼儿园自身的空间条件，以符合幼儿教育规律和园所文化风格为基本原则，结合本地文化风貌来创设适宜的教育环境。

3. 文化与符号。从审美角度审视，幼儿园教育环境创设不外乎是借助一定的手段和文化符号，以美的形式传达人类内在的审美文化与哲学精神。幼儿园教育环境在达到教育功用的同时，承载并展现了园所文化与精神追求，直接反映了幼儿园的哲思品质和文化内涵；受地域、民族、传统文化等环境美学因素影响，幼儿园教育环境或多或少都会体现所处环境的文化底蕴与特色。概言之，幼儿园教育环境创设在有意无意中，潜移默化地以“符号”的形式将文化精神与追求融入其中。比如：用剪纸剪出对称角隅纹样装饰窗楣，用油纸伞作吊饰装点走廊，用纯原木搭建小屋等，就是以传统的区域文化符号反映幼儿园的文化传承。虽然幼儿对其所承载的文化信息、所蕴含的文化意味并不能完全理解，他们能够感受和体验到的只是某种特定的文化形式，一种具有外在形式美的符号，这已经足够了，因为环境播种了一颗文化向往、审美追问的种子，经长期的熏染，其中的意味会渐渐浸入幼儿逐步建构的文化体系中。

美，没有唯一，没有绝对的标准，审美过程与评价各不相同，因人而异。正是如此，人们总是不断地去思考和追问。作为幼儿园教育环境的创设者，在对美的追问、实践中，不断去感悟和反思，努力构建富有美感和品位的教育环境。

三、幼儿园环境创设的生态学基础

我们对环境生态与自然意境的追求，承袭了传统的天人合一、人与自然和谐共处的理念。强调了人在利用环境、管理环境、美化环境中的地位与作用，表达了美好生态环境的重要意义在于人与环境之间积极、良性的互动，深刻揭示了人地相融之道。

人类发展生态学是研究人类行为与其生存环境间相互影响、相互作用的学科，是关于人、环境、发展要素间多向交叉关系的研究，并从人类个体在其所处生态环境中的行为和不同类型的生态环境对于人类个体行为方式的影响两个方面展开。它对各个领域和环境创建产生着重要影响。从这个意义上讲，以人类发展生态学的视角，审视和创设幼儿园教育环境就显得尤为重要。

幼儿园教育环境创设的出发点和具体内容，要基于幼儿园所处的生态环境，为幼儿的生态型成长创造机会，体现生态中的人类行为与环境作用对幼儿发展的意义和作用，并付诸实践。幼儿园利用周边的生态环境正是对自身所处生态环境的亲近和尊重，就是有效利用环境支持幼儿的发展。

幼儿园有目的、有计划地将间接环境的生态内容与资源，建构到幼儿园环境之中，或走出幼儿园进入更大的生态系统，就意味着增强了幼儿与更多生态系统的沟通与互动。这是积极主动的生态环境创设，也是大教育观、大环境观的具体实践。

四、幼儿园教育环境创设的依据与标准

（一）《幼儿园教育指导纲要（试行）》（以下简称《纲要》）对幼儿园教育环境的要求

《纲要》对幼儿园教育环境作出如下表述：“环境是重要的教育资源，应通

过环境的创设和利用，有效地促进幼儿的发展。”“环境是重要的教育资源”集中体现在：教师必须提供环境支持、活动材料和条件，以扩展幼儿生活和学习的空间；幼儿在与环境的互动中，通过积极地操作与探索，建构终身受用的学习品质、生活态度、行为习惯，为幼儿一生的发展打好基础。针对“通过环境的创设和利用，有效地促进幼儿的发展”，《纲要》从五个方面，作出进一步阐述：一是幼儿园的空间、设施、活动材料和常规要求，应有利于引发和支持幼儿的游戏和各种探索活动，有利于引发和支持幼儿与周围环境、同伴之间积极的互动：二是幼儿同伴群体和教师集体是宝贵的教育资源，应充分发挥这一资源的作用；三是教师的态度和管理方式应有助于形成安全、温馨的心理环境，保教人员的言行举止应成为幼儿学习的良好榜样；四是家庭是幼儿园重要的合作伙伴，应本着尊重、平等、合作的原则，争取家长的理解、支持和主动参与，并积极支持、帮助家长提高教育能力；五是充分利用自然环境和社区教育资源，扩展幼儿生活和学习空间。幼儿园同时应为社区的早期教育提供服务。这是幼儿园创设教育环境的重要依据，同时也为如何创设教育环境指明了方向。为进一步发挥教育环境的重要作用，《纲要》在五大领域的教育内容和要求中，从物质和心理两个层面提出具有领域特点的教育环境创设指导建议与要求。

（二）《3—6岁儿童学习与发展指南》提出的目标与建议

教育部2012年10月颁布的《3—6岁儿童学习与发展指南》（以下简称《指南》），对3~4岁、4~5岁、5~6岁每个年龄段幼儿的发展水平和方向，以及有效的教育途径和方法，提出了科学具体的建议与要求。其中，特别强调要理解幼儿的学习方式和特点。幼儿的学习是以直接经验为基础，在游戏和日常生活中进行的；要珍视游戏和生活的独特价值，创设丰富的教育环境，合理安排一日生活，最大限度地支持和满足幼儿通过直接感知、实际操作和亲身体验获取经验的需要，严禁“拔苗助长”式的超前教育。细致研读《指南》不难发现，在各个领域的目标内容和教育建议中，都渗透着物质环境和精神环境创设的具体内容与要求。

（三）《幼儿园保育教育质量评估指南》对幼儿园环境评估的要求

2022年2月《幼儿园保育教育质量评估指南》明确将“环境创设”作为五项

评估内容之一，强调"包括空间设施、玩具材料等2项关键指标，旨在促进幼儿园积极创设丰富适宜、富有童趣、有利于支持幼儿学习探索的教育环境"。首次将环境创设单独设置，这是国家导向的新精神、新指引，促进了学前教育的新思考、新行动。

(四)《中华人民共和国学前教育法(草案)》对幼儿园教育环境的规定

2023年6月颁布的《中华人民共和国学前教育法(草案)》第二十八条(保教原则)规定："幼儿园应当坚持保育与教育相结合的原则，面向全体儿童，尊重个体差异，注重习惯养成，以游戏为基本活动，创设良好的生活和活动环境，使学前儿童获得有益于身心发展的经验。"这说明幼儿园要为孩子创设良好的生活和活动环境有了立法的规定。

(五)幼儿园园舍环境的构成与标准

如果说《纲要》和《指南》是幼儿园软环境的创设依据，那么，中华人民共和国住房和城乡建设2016年4月20日颁布JGJ39—2016，2016年11月1日实施《托儿所、幼儿园建筑设计规范》(第1079号)国家教育委员会及建设部《城市幼儿园建筑面积定额(试行)》(教基字〔1988〕108号)就是关于幼儿园硬环境创设的指标依据。幼儿园园舍由幼儿生活用房、服务用房、供应用房三部分构成。

幼儿园园舍建设应遵循安全、适用、经济、美观的原则，符合《托儿所、幼儿园建筑设计规范》(城〔2016)第39号〕、《城市幼儿园建筑面积定额》(试行)(教基字〔1988〕108号)及国家现行有关设计规范和强制性标准，《托儿所、幼儿园建筑设计规范》明确指出，托儿所、幼儿园的基地选择应符合下列规定：

1. 应建设在日照充足、交通方便、场地平整、干燥、排水通畅、环境优美、基础设施完善的地段。

2. 不应置于易发生自然地质灾害的地段。

3. 与易发生危险的建筑物、仓库、储罐、可燃物品和材料堆场等之间的距离应符合国家现行有关标准的规定。

4. 不应与大型公共娱乐场所、商场、批发市场等人流密集的场所相毗邻。

5. 应远离各种污染源，并应符合国家现行有关卫生、防护标准的要求。

6. 园内不应有高压输电线、燃气、输油管道主干道等穿过。托儿所、幼儿园的服务半径宜为 300m~500m。幼儿园设计和建设中，园舍建筑、幼儿活动、办公、生活用房及辅助用房使用面积指标应符合有关规定。

第三节 幼儿园环境文化建设的实践

从环境性质来说，幼儿园的环境可以分为物质环境与精神(心理)环境。物质环境是显性的、有具体形象的、可操作的、可直接作用的园舍、场地和设施等物质条件。物质环境是保障幼儿生活、游戏(体育)和学习，以及教师和其他工作人员开展保教工作所需的一切物质条件，包括班级教室、功能室(厅)、卫生保健室、办公用房、门卫室、厨房、活动器械储藏室、消毒间、洗衣房等空间；符合幼儿生理特点的桌椅、玩具材料柜、水杯架、餐具、卫生盥洗用具和睡眠等生活所需的家具；多媒体、钢琴、玩教具、图书、领域学习或活动区所需的材料、器皿、器具及其他教学设备等；体育运动场地、大型游乐设备、户外游戏小屋、沙水区、种植区、养殖区以及道路绿篱、绿地树林、廊亭小景等户外活动的物质条件和环境美化等。① 简而言之，幼儿园的一楼一房，一花一草，一桌一椅……在幼儿园内，目之所及之物皆为物质环境中的一部分。

要创设良好的幼儿园环境，物质环境和精神(心理)环境两者都要重视，缺一不可。本节就幼儿园物质环境建设中的影响因素展开讨论，提出幼儿园物质环境建设原则。

一、幼儿园物质环境建设的思考

物质环境建设具有教育功能、示范功能、凝聚功能、创造功能、熏陶功能等，能为幼儿良好的心理品格与正确的价值观的形成奠定坚实基础。② 在经济飞速发展的现代社会，家长追求装修精美，硬件条件优越，一眼看去高大

① 沈建洲、张克顺：《幼儿园教育环境创设》，复旦大学出版社 2022 年版，第 19 页。
② 李丽华：《美善让生命更丰盈》，首都师范大学出版社 2021 年版，第 6 页。

上的幼儿园环境。一些幼儿园为了迎合家长需求，体现园所的高端档次，也努力打造着“看起来很美”的幼儿园。但幼儿园怎样的物质环境才是适宜幼儿成长的？是经得起时代检验的？是有着自己个性与内涵的？这些问题武大幼教人一直在思考。

我们认为，豪华的物质环境不符合中国特色社会主义核心价值观，不是幼儿园高质量的标志，也不是有文化内涵的幼儿园追求的目标。不管时代如何发展，教育如何改革，幼儿园的物质环境建设要把握三个“基于”——基于儿童视角、基于文化传承、基于持续发展。

(一)基于儿童视角

幼儿园物质环境不仅是儿童学习的空间，也是儿童生活的空间，归根结底幼儿园物质环境建设是为儿童服务的，其核心是“儿童”。幼儿园物质环境的建设必须牢牢把握住这个核心。环境建设的过程中，我们需要打开思维的格局，跳出环境看环境，去追随儿童的脚步，发现儿童的兴趣，一切从儿童出发，坚持以儿童的视角来审视，才有可能创设出高质量的幼儿园环境。

(二)基于文化传承

“问渠那得清如许，为有源头活水来。”幼儿园的发展历史体现着幼儿园的文化底色。每个园所都具有各自的办学传统与特色，而“秉承传统”能让幼儿园环境文化优势更加显著。随着教育改革的发展，幼儿园的环境也在日新月异地发生着变化。但不论如何变化，幼儿园物质环境建设都应在已有文化的基础上去传承，去彰显，去擦亮，让自己的特色更鲜明，更鲜活，这样幼儿园才会更有前景。

(三)基于持续发展

幼儿园的物质环境建设，应围绕幼儿园的办园理念、育人目标、发展愿景来推进。幼儿园的每一处环境创设都要蕴含一定的教育思想，每一处景致都育人，每一处环境都说话。在着眼于当下的同时，更要放眼未来。要以前瞻性的眼光和思维进行打造，为幼儿园未来的进一步蓬勃发展奠定基础。

二、幼儿园物质环境建设的原则

在幼儿园物质环境建设之路上，我们重温“幼儿园”的任务：贯彻国家的教育方针，按照保育与教育相结合的原则，遵循幼儿身心发展特点和规律，实施德、智、体、美等方面全面发展的教育，促进幼儿身心和谐发展。幼儿园同时面向幼儿家长提供科学育儿指导。① 以期对幼儿园本质要求有更清晰的认识和理解后，再来精准谋划和创设幼儿园物质环境。幼儿园要落实任务，就必须为幼儿创设和提供丰富而健康、高品质的教育环境，这既是幼儿健康成长的需求，也是国家对幼儿园及其教师的要求。只有明晰幼儿园物质环境建设原则，才能有效发挥环境的育人价值，让环境满足幼儿健康成长、园所持续发展。

(一)安全性原则

安全是幼儿园所有工作的重中之重。《幼儿园工作规程》中明确指出：幼儿园的设备设施、装修装饰材料、用品用具和玩教具材料等，应当符合国家相关的安全质量标准和环保要求。幼儿园物质环境要能为幼儿的生命安全与健康提供全面保障。幼儿园非常重视场地、空间、设施设备、装修装饰材料、用品用具的玩教具等和幼儿有关的所有环境，以及环境中物品的安全性。严格选用符合国家建设安全、环境安全和卫生规定及标准的设备、材料，严格执行幼儿园安全管理规定，定期检查维护各类设备设施。

幼儿园物质环境建设中，还应做到能有效预防和消除安全隐患。如：环境创设不能覆盖、遮挡消防设施；不能影响走廊和廊道通行安全；安全警示标记要以幼儿视线高度为准。为了确保幼儿生命安全，幼儿园还对班级教室内所有插头都进行了检查与改造。将插头调整到在幼儿看不见、摸不着的地方，改造不了的插头，就配上插头安全塞、插头安全罩。让物质环境中的安全落在实处，落在细处。

---

① 教育部．幼儿园工作规程[Z]．部令第 39 号，2016.

(二)适宜性原则

幼儿园物质环境的建设要为幼儿的健康成长和发展服务。因此，幼儿园物质环境的建设不是设施设备的随意摆放，材料的简单叠加，而是要结合幼儿的年龄特征，遵循幼儿的认知规律，结合生活实际去选择，使物质环境适宜于幼儿的成长需求。例如在墙面环境的创设上，不同年龄段班级的墙面就应有不同的侧重点，要适宜于该年龄段幼儿的游戏和发展。小班墙面环境布置要注意结构简单、色彩鲜艳，富有感官刺激等；中班墙面环境要在小班基础上突出操作性；大班墙面环境要突出可探究性。幼儿园物质环境建设要充分考虑幼儿的兴趣爱好、学习方式、能力水平、性格特点等，使每位幼儿都能在环境中感受到令他着迷的事物。

(三)参与性原则

幼儿园物质环境建设的目的是为幼儿主动发展创造有利条件。环境建设的过程是人与环境相互作用的过程。幼儿参与幼儿园环境的建设，与环境不断交互磨合，不仅有利于掌握生活技能，而且在新环境的刺激之下，新旧经验相互碰撞融合，有利于幼儿认知的进一步发展。幼儿参与环境布置和规划的权利是任何人无法剥夺和取代的。因此，幼儿园物质环境建设要重视幼儿参与，倾听幼儿的声音，让环境的教育价值最终体现在促进幼儿的发展上。

幼儿园物质环境建设中还要充分认识到幼儿园中的每一位教职员工、每名幼儿背后的家庭、社区的重要性及其价值，积极吸纳他们参与幼儿园物质环境建设，形成教育合力，共创幼儿良好发展环境。例如幼儿园进行户外环境的整体规划或进一步优化时，由于教师是户外环境中的主要观察者，对户外环境与幼儿需求之间的认识更全面和清晰，所以教师的深度参与会更有利于户外环境的建设。

(四)多样性原则

《指南》强调“关注幼儿学习与发展的整体性”和“尊重幼儿发展的个体差异”，这两个重要要求是我们在进行物质环境建设时必须要遵循的。幼儿与生俱来就有独一无二的气质特征，加之受个人成长的家庭背景和社区环境的影响，幼儿积累了不同的经验，养成了习惯和行为方式上的差异，幼儿对于统一环境的感觉和理解是不同的，对环境的需求也是有差异的。例如在户外环境中，有的幼儿可能想画画，有的想搭建大桥，有的想进行装扮表演，因此，在所创设的物质环境中，除了满足全体幼儿的整体性需要以外，还要考虑幼儿需求的独特性。幼儿园环境中要为每个幼儿提供参与不同活动的场地和所需要的材料和工具。

幼儿园物质环境建设要以促进每一名幼儿的成长为目的。要为幼儿提供多样性活动环境和适宜幼儿发展的环境，如此才能够适应幼儿的个体差异性，满足不同年龄段幼儿的行为需要。

(五)动态性原则

环境要能反映时代特色，适应教育改革的需要，因此幼儿园物质环境建设应是发展的、变化的。虽然物质环境建设时，会结合所处的区域、地形和园所具体情况充分酝酿设计，并考虑材质和材料的使用，整体一般会保持较长的时间，但并不意味着一成不变。幼儿园物质环境建设也应随着社会经济的发展、幼儿园及幼儿的发展以及课程改革、园所文化积淀和教师专业发展而发生变化。即便是保存时间较长且相对稳定的环境，其局部或细节也需要幼儿园进行不断的补充与完善。例如四分园的“四季文化活动”展示墙，虽然照片展示的形式、位置已经固定了，但照片外的透明亚克力板和里面的照片是可以取下的，幼儿园会定期根据开展的最新活动更换里面的照片，让展示墙能实时更新，反映幼儿园最新开展的各类文化活动。

总之，幼儿园物质环境的建设要抓住每个育人的契机，对身处这一环境中的每一个人都有潜移默化的浸润和熏陶。在让环境满足和助力幼儿健康成长的过程中，融进园所文化的思想与教育智慧，使内涵与外延相得益彰，营造出内涵丰富的幼儿园物质文化，体现对精神文化的传承和发扬。

三、环境文化优化育人氛围

(一)趣——儿童本位的环境

《指南》中提出：“要珍视游戏和生活的独特价值，创设丰富的教育环境，最大限度地支持和满足幼儿通过不同的游戏体验获得发展自己的机会。”幼儿园户外环境作为广泛的学习空间，是幼儿接触自然、释放天性的重要场所，也是幼儿园重要的课程资源，对幼儿的身心健康至关重要。武汉大学幼儿园坚持以儿童为本位，立足户外环境现状，结合园所“享珞珈之灵秀，育书香之稚子”的理念，因地制宜巧妙改造，创设开放、丰富、可互动的户外环境，融通户外游戏的内容和形式，提供丰富的游戏材料，满足幼儿户外自主游戏的需求，有效支持幼儿的多元发展。

1. 创设自然野趣的环境

莎士比亚曾写道：“树有舌，溪有书，石有道，万事皆善。”①当幼儿与自然互动时，其实是自然在对他们进行教导。自然野趣的户外环境能够引导幼儿到大自然中去，培养幼儿的观察能力、解决问题的能力、社会交往能力，让幼儿在游戏中获得的不仅仅是关于大自然的知识，还有学习品质和能力的提升。

通过观察幼儿的游戏，我们发现“幼儿对教师辛苦创设的游戏环境并不买账”。这引发了我们的疑问：幼儿到底需要怎样的环境？现有的环境存在怎样的问题？我们召开儿童座谈会，引导幼儿围绕“你最喜欢哪些户外游戏区域？”“你还需要哪些游戏材料？”等问题展开讨论，从中我们了解到孩子们更喜欢自然、充满野趣的环境，最需要的是自由自在的玩耍。于是，我们倾听幼儿、追随幼儿的真实需要，对原有户外自然环境资源进行重新梳理，将园内的花、草、树木等以往仅能观赏的自然物改造成了可以触摸、体验和探索的学习资源。

(1)变观赏为互动

幼儿时期可能比其他任何年龄段都喜欢亲近自然。他们天生爱跟自然玩耍，水、树叶、花草、沙土都是他们的玩具，自然的户外环境本身就充满了教育意义，幼儿认识自然的过程同时也是认识自我、发展自我的过程。因此，幼儿园非常注重户外游戏环境自由、互动、具有支持性的特点，以自然为素材，以生活为课堂，建构了可以让幼儿紧密接触自然和充分开展探究的户外

① 莎士比亚著(朱生豪译). 仲夏夜之梦[M]. 北京：译林出版社，2018：32.

环境。幼儿园以满足使用需求为主、视觉需求为辅，注重挖掘环境的教育价值，紧密围绕幼儿的兴趣、学习习惯、幼儿能力和品质发展的需要，对环境进行思考和建构。

(2)变生态为野趣

“上树抓鸟，下河摸鱼”，这种蕴含着冒险和智慧的户外游戏是我们这辈人最难忘的童年回忆。为了尽情释放幼儿的天性，我们将园所内的生态自然元素的可玩性进一步扩大。

将户外的一些低矮的灌木隔断去除，拆除了所有的围栏，让户外环境通透开放。小树林不再是仅供观赏的景点，而是成为幼儿充满野性和趣味的游乐场；将小块的角落进行清理整治，更方便幼儿进出，满足幼儿对私密和隐蔽角落的需求。在自然野趣的游戏环境中，孩子们对材料和空间的创造性使用开始有了无穷无尽的创想，激发了他们的好奇心、想象力和求知欲，提高了他们发现问题和解决问题的能力。

2. 创设多样可变的环境

在户外环境的改造中，我们巧妙地融合课程、渗透领域，不断地丰富游戏类型，拓展延伸游戏空间，打通游戏区域，使户外环境成为各领域目标融合教育的有效载体，成为激发幼儿经验积累和身体技能的有效途径。

通过观察，我们发现自然、野趣的环境可以满足幼儿不断增长的经验和能力的需要，而多样、可变的环境，更能触发和支持孩子开发复杂的游戏，拓展学习的深度和广度。因此，我们进一步对户外环境进行了思考与调整。

(1)凸显地面特征

我们将以往单一的只能进行钻、爬、投、跑、跳等各项体育活动的“操场”变成了幼儿多元的游乐场。改变了以塑料为主的单一户外场地环境，塑胶地面比较平整且富有弹性，当孩子们使用木梯、木箱、油桶等大型游戏材料进行挑战性的游戏时，塑胶地面可以起到很好的保护作用；草地、沙池、泥土地面，尽管都是软性地面，但草的季节变化、沙的松软可塑性、泥土的干湿特性，都能带给幼儿不同的感知与体验。另外，除了平坦的环境，我们还充分利用一定坡度和高度的斜坡，向上延伸拓展幼儿的游戏空间。例如：幼儿园充分利用斜坡，改造成了自然、开阔、具有挑战性的斜坡。孩子们可以在斜坡上攀爬、滚动和滑行，他们利用垫子、长板、梯子、管子等材料搭建成自己的滑梯，以探索不同坡度之间的速度关系；在山坡的表面铺上不同质地的材料，让孩子充分感受到摩擦所产生的魔力。

(2)丰富墙面环境

除了地面，幼儿园的墙面也是游戏中非常重要的环境，教师应带有一双擅于发现幼儿兴趣点的慧眼，充分挖掘现有环境的价值，为幼儿游戏提供资源。在墙面的开发和利用上，我们可以以故事座谈会的形式让幼儿自由发言，说出自己感兴趣的事物，也可以组织幼儿进行讨论，充分了解幼儿的内在需求，以幼儿为主体，让幼儿参与墙面主题的确立、内容的选择、材料的收集制作等方面，可以给予幼儿动手参与的机会，让墙面环境与幼儿充分互动，给予更多的“留白”空间，使幼儿在游戏活动过程中利用空白表达自己的创意和智慧。

比如：幼儿园在主体建筑外面铺设瓷砖、黑板、玻璃板等不同材质的涂鸦墙，并配备充足的水源和涂鸦工具材料后，它就成为了别具特色的“创作天堂”。三分园利用连通两个教学楼之间的走廊空间，创设了不同材质的涂鸦墙，让幼儿感受不同材质带来的不同触感体验。这种环境为幼儿提供了新鲜和可持续性的游戏体验。

(3)融合游戏区域

为了因地制宜地开展户外游戏，满足幼儿不同的运动需求，幼儿园根据实际情况，将户外场地划分为若干个活动点。活动区域的划分可以减少幼儿之间的冲突，提高幼儿的专注力。但是每个活动区域除了投放的材料外，幼儿可以自主地选择园内的其他材料进行创造性游戏，同时各区域之间还可以进行合作游戏。比如：幼儿园新增了一座小喷泉景观，连通戏水池，并新增了活动水闸、水泵、运水装置，幼儿充分利用其他材料(水桶、水管、PVC管、树叶、纸船等)，更好地联动了周边的游戏区域。孩子们通过探究怎样的运水装置能将水引入旁边的沙池的过程中，尽情地感知、探索水的流动性、沙的吸水性，提高了幼儿的探索、操作能力；再比如，二分园户外的“棉花糖巴士”，幼儿模仿成人劳动，在制作、买卖、包装、快递等一系列扮演中，混龄互动、区域联动，在潜移默化中促进了幼儿社会交往能力，增强了幼儿的生活技能。

为了让幼儿充分地探索和互动，我们做到了两个“零”。一是场地功能的“零”限制，我们打破以往按功能划分游戏区，按材料特性和场地特性命名游戏区的做法，尽量避免因区域功能命名而限制游戏内容的情况，幼儿可以自己在户外的任何地方自由玩耍、自主游戏；二是材料使用“零”限制。打破游戏材料和游戏空间的限制。根据游戏的需要，幼儿可以自由地使用，使游戏变得更加丰富。

3. 创设智慧巧思的环境

自然即课程，户外环境就是活教材，是丰富的课程资源。因此，教师要运用自身敏锐的观察力识别有助于幼儿发展的问题，根据幼儿的兴趣爱好，帮助其梳理经验，支持生成活动的产生，充分发挥户外环境在幼儿园课程实施中的核心支撑作用。

(1)形成课程资源观

比如，幼儿在户外会接触到各种小昆虫，这为生成“可爱的昆虫宝宝”主题课程提供了丰富的环境资源，同时生活中有取之不尽的游戏材料。我们遵循因地制宜、一物多玩的环境创设原则，组织幼儿进行讨论和制作增补清单，老师、孩子和家长一起收集各种低结构材料，品种丰富、数量充足，并充分挖掘以材料为载体的课程资源，支持幼儿在游戏中的多元发展。

(2)突出价值发展观

一是环境的价值。户外游戏是幼儿园课程的生长点，幼儿打破环境界限，深度挖掘课程价值，生成主题，推进主题课程的开展。例如：在种植区，结合不同的季节，引导幼儿感受不同季节里植物的变化；教师和幼儿在前期搜集了各种资源，邀请有种田经验的家长，结合种植现场，向幼儿传授种植经验，幼儿种植自己喜欢的蔬菜，成为小小劳作者，体验蔬菜成熟时采摘的快乐。二是材料的价值。户外游戏的材料以低结构为主，幼儿探究材料的多种玩法和以物代物，生成和丰富游戏内容，游戏过程完全自由开放、自主选择、自由组合，在与材料的互动中促进多方面能力的提升。例如：玩娃娃家时，孩子们需要一个炉子，他们可以在运动区推一个轮胎作为炉子使用；表演时，铲子就是话筒，奶粉罐就是乐器。

(3)凸显游戏自主观

幼儿每天自主计划、自行布局、自选材料，变换游戏玩法。每天在操场上可以看到，他们为搭建新的游戏区，合作搬运轮胎、搭建木梯的身影；为各种各样的材料制作了智慧标识，便于自己自主选择材料和开展游戏；运动场粘贴着和同伴设计讨论出来的安全提示与游戏规则，提醒大家要注意游戏中的安全。每天我们在幼儿园都能看到一群奔波的小朋友，他们积极地参与在各个游戏区域里，每个人都是游戏的小主人，让幼儿在游戏中释放天性，快乐成长。

“儿童在前，教师在后”是营造以儿童为本的幼儿园户外环境的准则。在环境的开发与使用中，教师要倾听幼儿的声音，顺应幼儿的需求，让环境成为幼儿探索与学习的重要资源，支持幼儿游戏的需求，将户外环境打造成一个支持幼儿探索、交流、表达和获得新经验的“户外桃园”。

(二)雅——书香氛围的环境

环境是彰显幼儿园办园理念、办园特色的窗口，传递着幼儿园的园所文化，展现的是幼儿园的教育理念和价值取向。作为百年名校武汉大学的附属幼儿园，“书香”是武汉大学幼儿园环境文化恒久不变的主题。专家指出，阅读的兴趣要从小培养，其中环境的熏陶最为重要。要想孩子爱上阅读，最理想的环境是：充满书香的环境。我们希望幼儿养成的阅读习惯是因为喜欢，是“爱”阅读。我园在书香氛围的营造上牢牢把握一个“雅”，以“雅”彰显幼儿园书香文化底蕴，以“雅”滋润幼儿童年底色。

幼儿园环境创设的目的一方面是要满足幼儿的学习兴趣和需要，另一方面是提供有利条件促进幼儿的成长，为幼儿的生活、成长营造适宜空间。幼儿园将“雅”韵书香环境分为公共环境和班级环境两部分，各有侧重地进行打造。让幼儿与书香环境积极互动，感受书香，爱上阅读。

1. 书香公共环境

幼儿园公共环境是指除幼儿活动室以外的绿地、走廊、楼道、大厅等环境，它是供全园幼儿、教师和家长共享的环境，如果我们能给身处其中的人提供一个“充满书香的环境”，那么阅读将成为一种享受。让大家乐读、爱阅，慢慢的，阅读就会成为他们的一种生活方式。因此，我园非常重视公共环境的创设和打造，并形成具有书香特色的教育环境。

(1)运用自然适恰布置，让环境散发素雅书香

人的第一感觉往往是由视觉带来的，而色彩对视觉的影响很大。色彩作用于人的感官，刺激人的神经，从而对情绪、心理产生影响。不同色彩通过人的视觉反映到大脑，除了能让人们产生明暗冷暖、轻重、远近等感觉外，还能产生兴奋、忧郁、紧张、轻松、烦躁、安定等心理作用，会直接或间接地影响人的行为与健康。心理学研究表明，幼儿的注意力决定了幼儿学习与认知的方向。环境中的颜色、图案、造型等能引发幼儿的注意，形成积极的暗示效应，能带给幼儿潜移默化的教育功效，为幼儿的发展创造条件。因此，在幼儿园书香公共环境的营造上，我们以单纯、接近自然的色彩为主。特别是阅读功能室墙面、地面和家具都采用弱对比，运用近似的颜色，通过色彩来营造一种柔和、安静、轻松的环境，让幼儿能自然地沉静下来，较快地进入阅读的氛围中。阅读功能室中还有适合幼儿身高的儿童书架、舒适的椅子、松软的靠垫，从色彩搭配、家具购置、阅读的舒适度上充分考虑幼儿的年龄特点，满足幼儿阅读时的不同需要，让幼儿的视野所见都与书籍有关，让他们可以随时看到、听到、借到、读到他们想要的书籍。幼儿园的整个大环境散发出一种书香气息。孩子们可以在这里尽情享受文学作品的魅力，在这样的环境中，孩子们不知不觉地进入阅读状态，沉浸于阅读之中。

(2)善用环境边角空间，让环境渗透精雅书香

《幼儿园工作规程》中提道："幼儿园应当将环境作为重要的教育资源，合理利用室内外环境，创设开放的、多样的区域活动空间，提供适合幼儿年龄特点的丰富的玩具、操作材料和幼儿读物，支持幼儿自主选择和主动学习，激发幼儿学习的兴趣与探究的愿望。"幼儿园公共环境中，总会有一些角角落落，如楼梯下的三角空间，操场院落旁的安静小角，园舍楼房衔接之处的转角一隅……这些小角落不起眼，但却是具有安静、半封闭、不易受到打扰、光线充足的特点，是幼儿自主阅读的好去处。心理学上的经典条件反射理论告诉我们：儿童早期的认知基本上是处于一种无意识、本能的、散漫无目的的观察和体验状态，来自外界的主动强化的内容和方式有较大的渗透性，所以，在幼儿阶段强调良好环境的强化、刺激作用，对幼儿形成良好习惯非常

有效。“熏陶”“潜移默化”“润物细无声”说的就是这个道理。我们充分利用幼儿园一切可以利用的空间，进行环境创设，让书香散布幼儿园的每一处，让幼儿的阅读无处不在，无时不可。

阅读的基础是丰富的书籍，而这些书籍是孩子们感兴趣的种类。我们所期待的理想状况是孩子们可以随时找到想要看的书，并在需要的时候可以顺利地拿到想要的书。这些书香小角落里的图书的来源除了幼儿园购置，幼儿根据自己的阅读兴趣带来以外，还有教师、家长、孩子们共同制作的，孩子们体会到阅读的多元化风貌，感觉图书更亲切更有趣，有效激发孩子对阅读的兴趣和对书籍的热爱。幼儿园每年的书香活动中，涌现出来的布书、照片书、手绘书、植物书、手工粘贴书，都是孩子们非常喜爱的读本，也吸引着源源不断的孩子进入书香小角落，和同伴一起感受阅读的快乐。

(3)利用廊道公共墙面，让环境释放典雅书香

幼儿园的走廊和楼梯是连接室内和室外的通道，其环境具有较强的开放性，承担了一定的对外展示功能，也能体现和反映幼儿园的文化理念。与此同时，这部分环境也具有一定的教育功能。教育家苏霍姆林斯基说过：要使学校的墙壁也说话。廊道是幼儿每天都要经过的地方，于是，我们发挥幼儿园廊道墙面环境来潜移默化地激发幼儿的阅读兴趣。让幼儿园环境真正成为了幼儿发展的平台。在廊道环境的创设中，我们以展示“书香”主题的特色活动轨迹为主，将幼儿园开展的读书节、故事会、小书制作、儿童剧表演、新书推介海报、读书心得涂鸦板、趣味读书墙等丰富多彩的与阅读有关的系列活动进行展示，使幼儿与环境亲密接触、良性互动、有效对话，给幼儿以生动、清晰、真实的印象。让环境中随处渗透着书香气息，无时无刻不影响着幼儿的阅读生活。

2. 书香班级环境

蒙台梭利认为：“教育对幼儿的巨大影响，是以环境作为工具，让幼儿受到环境的浸染，从环境中获得一切，并将其化为己有。”在人的一生中，2～3岁是口头语言发展的关键期，4～5岁是书面语言发展的关键期。3～8岁是儿童基本阅读能力形成的关键期，同时也是口语学习的关键期。在这个阶段，利用书香环境，帮助幼儿养成阅读的习惯，形成自主阅读的能力非常重要。

(1)关注幼儿阅读兴趣，营造激励性的书香氛围

幼儿能力的发展是在与客体交互作用的过程中获得的，幼儿与客体环境交互作用越积极主动，发展就越快。在对孩子进行早期阅读习惯的培养过程中，应该根据孩子的年龄特点和需求，科学而合理地为他们创设一个充满书香的阅读环境。只有当幼儿对阅读环境产生了浓厚的兴趣和积极的态度时，阅读才会有效，孩子们才会从内心爱上阅读，从而让阅读成为陪伴他们终生的一种生活方式。

幼儿园班级中，每月都会有幼儿带自己喜欢的绘本与同伴分享，可是爱进区阅读的总是那几个孩子。教师利用“好书评比”活动来激发幼儿的阅读愿望。为了营造浓厚的阅读氛围，教师打破原来的区域界限，将阅读的信息和资源根据幼儿的需要进行摆放。环境的创设也是与幼儿共同讨论后确定的。每月月底请幼儿为同伴带来分享的书籍进行投票，评选出本月阅读区好书，幼儿选出的好书将放在特设、显眼的“好书栏”，重点展示。对于大班幼儿，教师们还特别设立了好书推荐栏。月初，幼儿带书来后，可以和家长或者邀请同伴，为自己带来的书籍制作推荐宣传海报，在“好书推荐栏”进行展示。还可以邀请同伴进入自由阅读区，为同伴讲述自己带来的书籍，吸引同伴月底评选时为自己带来的书投票。活动开展后，不仅激励了幼儿积极带书与人分享的行为，还推动了幼儿的阅读兴趣。

(2)关注幼儿阅读需求，创设参与性的书香情境

《指南》“阅读与书写准备”中确立了三个目标：喜欢听故事，看图书；具有初步的阅读理解能力；具有书面表达的愿望和初步技能。当下单一化的阅读区环境，尚不能完全实现“阅读与书写准备”方面的教育目标。教师们在参观了儿童书籍陈列和环境创设上比较有特色的三个书店——文华书店、小脚丫绘本馆、海豚儿童书店后，结合班级的实际情况，在阅读区设置了“新书推荐栏”；小班在阅读区环境中创设了故事墙，用强烈的视觉冲击吸引幼儿注意力，调动幼儿阅读兴趣；中大班将小书柜的书按科普类、故事类进行分类摆放，在分割处做上立起来的标识牌，帮助幼儿根据提示，较快地找到自己喜欢看的种类的书籍。还专门为幼儿开辟了一块进行自制图书与图书修补区域，投放相关材料，满足幼儿自由涂画与爱护图书的需求。

为了更好地激发幼儿的阅读兴趣，教师鼓励幼儿与同伴讨论自己在阅读

中的发现、体会和想法。她们用长凳、镂空的隔断等，将阅读区自然分割成两部分。一部分为幼儿安静阅览区，满足幼儿安静阅读的需要；一部分为自由讲述区，满足幼儿自由交流需要。幼儿根据需要待在相应的区域内，并可以自由转换。由于班级阅读区环境具有一定的自由度，允许幼儿就感兴趣的阅读内容进行交流，于是，教师又引导幼儿讨论出合理的阅读规则，建立了良好的阅读秩序，保证了阅读区活动的正常进行。教师们还充分利用社区资源，指导家长利用周末休息时间带领幼儿参观湖北省图书馆，让幼儿分享在图书馆的参观感受。组织幼儿讨论，引导幼儿根据在湖北省图书馆的借阅经历，制作阅读操作流程图，让幼儿明确图书借阅和取放的规则。通过地板暗示规划出安静阅读的区域。自主选择、设计图书摆放标志，让图书上的标记和书架上的标记是一样的，培养幼儿在摆放时形成一一对应的能力和整洁有序的习惯。这些随处可见的阅读资源给了幼儿很好的暗示，对班级书香环境的管理起到了积极作用。阅读区环境创设处处为孩子所想，孩子参与的痕迹亦是处处可见。

(3)关注幼儿阅读特点，提供“三化(游戏化、操作化、互动化)”阅读材料

在阅读区中，阅读材料是幼儿直接的学习媒介。影响早期阅读实施的一个重要因素就是阅读材料的选取和使用。《指南》中提出：“为幼儿提供良好的阅读环境和条件，鼓励幼儿自主阅读，并与他人讨论自己在阅读中的发现、体会和想法，在阅读中发展幼儿的想象力和创造力。”幼儿的年龄特点与阅读特点决定了，只有游戏化、趣味化、互动化的阅读材料才能引发幼儿阅读与讲述的兴趣。教师们先从班级已有材料的改进着手。将简单的“故事盒”中，加上故事图片和滚轴，变成“旋转魔法书”，将幼儿破坏后、无法修复的图书中的各种人物、动物、植物等剪下来过塑，再在卡片背后粘上子母贴的一边，根据时间、地点、人物、植物、动物等分类摆放，幼儿可以自由选择，将卡片粘贴在用无纺布做的背景墙上，与同伴创编讲述故事。将小小的故事匣子变成了大大的故事墙，让更多的幼儿参与进来，增进了幼儿间的语言交流与同伴互动。小班教师结合幼儿对色彩鲜艳的物体有强烈的好奇心，易受形象大、色彩鲜艳的对象所吸引，注意力有时间段的年龄特点，在魔法书中放置的图片数量都控制在四张以内，且画面简单，人物少，形象大而鲜艳。故事

墙配备的卡片同一种有多张，满足不同幼儿同时操作的需要。中大班则与小班在图片、卡片的数量、大小、画面的丰富程度等方面均有不同。当教师们发现孩子们对湖北省图书馆内的儿童借书机兴趣浓厚时，她们又鼓励孩子们自己动手寻找适合材料，制作了“儿童借书机”。孩子们自制的“儿童借书机”极大提升了幼儿对书籍的借阅兴趣。教师们用她们的智慧，让班级阅读区的材料向着游戏化、操作化、互动化方向变化。当静态的图片变成可以滚动变化的图片，当固定的图画变成幼儿可以自由摆弄组合的图片后，当单调的拿放图书变成了趣味的自助借阅，幼儿玩玩、看看、说说的愿望增强了。他们对故事产生兴趣，爱上书籍，爱上阅读。

在创设班级阅读区的过程中，教师们始终秉承教师的预设要和幼儿的生成相协调的原则，既要关注本班幼儿的生活经验和兴趣热点，又要及时推进和适时调整，让幼儿成为阅读的主人，快乐阅读，畅快游戏，让阅读丰富幼儿童年，让书香浸润幼儿童心。

（三）美——珞珈烙印的环境

《纲要》指出：“环境是重要的教育资源，应通过环境的创设和利用，有效地促进幼儿的发展。”“幼儿园的空间、设施、活动材料和常规要求等应有利于引发、支持幼儿的游戏和各种探索活动，有利于引发、支持幼儿与周围环境之间积极的互动作用。”

对于幼儿而言，环境作为育人的一条重要路径，不仅仅是装饰，更是丰富幼儿园环境、优化教学手段、提高教育质量的重要途径。班级环境是幼儿日常生活和学习的主要环境，是幼儿园实施教育教学的重要载体。班级环境的创设，悄无声息地影响着幼儿的思考方式，影响着幼儿的成长。它一方面直接关系着一个班级学习与生活风气的塑造，另一方面又是幼儿园整体环境的缩影，是幼儿教育水平的重要体现。因此，班级环境要从小处着手，扎根幼儿实际需求，着眼于幼儿的未来发展。

1. 打造温馨的环境氛围

（1）颜色与文化的结合

幼儿一日在园时间较长，可以说幼儿园是幼儿的第二个家，教师应努力在班级营造家一样的氛围，帮助幼儿在园期间建立安全感和归属感。我们在环境创设上要考虑为幼儿营造一种舒适、祥和的色彩氛围，让幼儿能够调适自己的情绪，在稳定的情绪状态下生活和学习。幼儿园环境中色彩的使用和设计，要充分考虑幼儿的年龄特点和心理特点，合理利用色彩及其联想功能，以和谐的色彩及合理的呈现方式，营造舒适、温暖的氛围，促进幼儿健康快乐地成长。

幼儿园班级环境的创设，对幼儿园园所文化氛围的营造有着重要的作用，有利于幼儿产生热爱自己的民族，热爱武大文化的氛围，对于幼儿产生热爱本土文化的情感有着重要的影响。我们在创设主题环境时把本土文化中一些有价值的元素融入创设。

案例一：结合武汉大学幼儿园“享珞珈之灵秀　育书香之稚子”办园理念，以及大班幼儿好奇、好问的年龄特点，班级以“绿意盎然 生生不息”为主题的环境应运而生。环境以蓝、绿为主色，“绿”代表生命与希望，仙人掌代表坚韧顽强的精神。

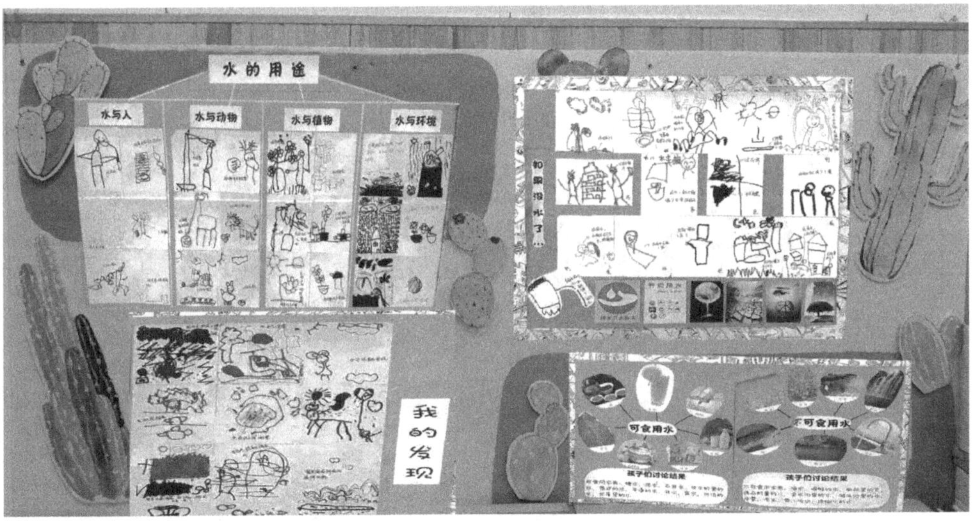

案例二：小班幼儿喜欢柔软、粉嫩的颜色，于是班级以粉色为主色调、以珞珈山上的樱花为主要元素，让孩子们感受到安全、温馨、快乐、自由的班级氛围与心理感受。

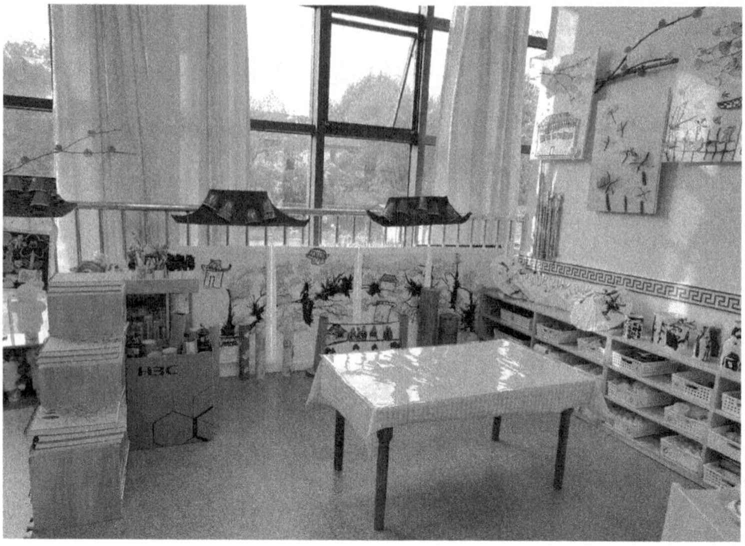

案例三：中班年龄段的孩子自我意识和个性开始萌发，在创设班级环境的时候，经过与孩子们的讨论，以武汉大学发射卫星为主题，以蓝色系列为主色调、白色为辅；蓝色，体现了孩子好奇和创想的特点，白色，体现孩子向上、勇敢的品质；蓝色和白色相融合，为幼儿营造宽松、积极、愉悦、和谐的班级氛围。

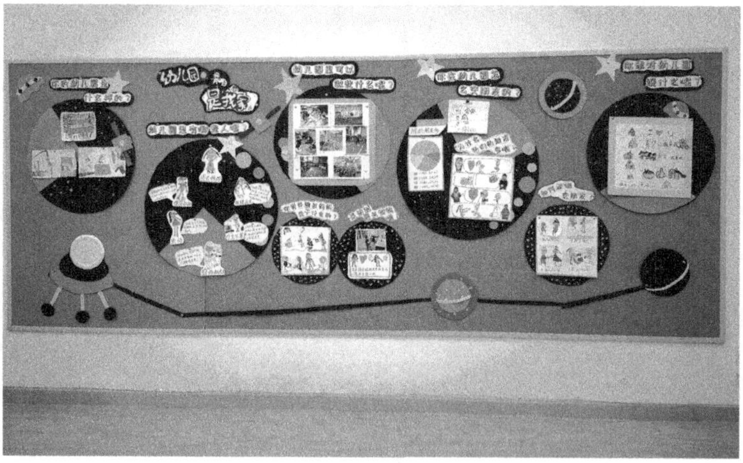

(2)开放式的空间布局

开放式的空间有相对的灵活性和自由度，能减少幼儿的厌倦感，增加学习的兴趣。幼儿园为每个班级提供可以自由组合的移动家具柜，教师可以根据教室空间、教育教学需要自行组合成开放式的空间。教师也可以根据不同主题、不同区角的需要，灵活地调整教室的空间，便于幼儿的自主学习和操作，充分体现了空间的教育价值。

利用教师走廊和阳台的空间，进行种植、养殖活动

开放式布局——班级环境

开放式空间布局——植物角

2. 创设动态的墙面环境

教育家陈鹤琴先生指出："怎样的环境，就得到怎样的刺激，得到怎样的印象。"相关研究也表明：只有与儿童相互作用的环境，才能被称得上是有价值的环境。墙面作为环境中最直观、最基本的部分，是最能展现幼儿园文化和幼儿表现自我以及获取知识、提高审美能力的地方。因此，我们应从墙面入手，让墙由"静"变"动"，融入幼儿的生活和学习中来，成为老师的助手、

孩子学习的伙伴。

(1)多角度、全方位的互动

墙面环境的设计是幼儿园班级环境创设的重要内容，也是幼儿园课程实施的有效途径和重要补充。班级的主题墙面会根据幼儿现阶段学习的主题内容来更新，从而达到引领幼儿的探索学习，梳理、记录幼儿在探索中的发现和获得的经验，反馈幼儿的成长，帮助幼儿学会主动学习的作用。

互动式主题墙

为引导幼儿在游学过程中感受武汉大学的人文历史，进而认识武汉大学，教师设计了专用环境，包括：“珞珈娃看武大”等。

班级还创设了“武大寻梦”“武大寻美”“珞珈生活”等人文体验环境，鼓励幼儿与环境互动，通过大胆地表达与表现分享对武汉大学的热爱与感悟，进而懂得热爱家乡、热爱祖国。

在班级环境中，围绕幼儿园的办园理念“享珞珈之灵秀，育书香之稚子”以及幼儿的特点、需求和水平，教师们创设了阅读区、自主性游戏区、个别化学习区、美工展示区等。每一处环境的设计都蕴含着幼儿园文化与育儿理念。

阅读、游戏、美工展示区

(2)合理规划和利用墙面环境

墙面环境是幼儿在班级学习和生活中时时刻刻要接触的，其张贴和展示的内容是否能引发幼儿的兴趣，是否能激发幼儿探索和操作的意愿，就显得尤为重要。

比如将天气观察记录、值日生工作安排、光盘行动、我是礼仪小天使等内容进行立体可操作的设计，变成墙面操作材料，既能节省平面空间，又增加了幼儿与墙面环境的互动性。

无论多实用、多精彩的展示内容，时间一长，便无法再引起幼儿的兴趣。因此，教师应确保墙面所布置和展示内容的时效性，做好墙面环境的更新计划，以保持幼儿的关注度。

(3)提供幼儿自我展示的平台

校园是育人的空间，环境是无声的课堂，班级环境都蕴含着幼儿园的文化，让环境说话，让环境可视、可触、可玩，让孩子在与环境的互动中充分感知和学习。

每个孩子都有自我表达的需求，与此同时，表达的方式也各不相同。教师在班级为幼儿搭建自我展示、相互交流的舞台，又通过玩法的变化万千给幼儿带来更大的想象和创造空间，无声中滋养着幼儿的生命，启迪着幼儿的智慧。

将幼儿参与班级主题等活动的过程性照片进行展示，让幼儿成为展示内容的主角，吸引幼儿的注意并提升观赏兴趣。

3. 提供能对话的区角环境

区角活动是孩子们非常喜欢的游戏。区角环境与课程相辅相成、相互补充、相互呼应的内在联系。它有利于主题活动的延伸，保证课程的完整性；有利于幼儿与环境、材料的互动，自主获得主题经验。各班将主题活动、游戏活动和区角活动的内容有机融合，并结合班级幼儿的年龄特点创设了班级活动区，充分体现了“开放自主、悦纳幼儿”的教育理念。

(1)合理的创设区角

在班级活动区域的规划和布局时，教师可以根据班级幼儿的实际情况、班级的空间和物质条件、一日生活中幼儿区域活动时间长短等具体情况进行综合考虑，应考虑所规划的活动区学习环境是否能为幼儿在各个领域的发展提供丰富、有益的学习机会。

小班的教育重点是情感、动作、语言、规则，教师为小班创设了角色扮演区、玩具区、生活区，给予他们情感的抚慰，练习生活技能，帮助他们更快适应幼儿园的集体生活。

中大班幼儿的教育重点是培养探究能力、思维能力、解决问题的能力，中大班的区角设置把重点放在探索和学习性的区角上。

> **案例：**在建构区中，教师为幼儿提供了各种木质积木、大型积塑、纸盒、自制的树木等低结构材料；在区域活动中，教师发现幼儿有自主设计的愿望，于是在建构区的屏风“我身边的建筑物”板块旁边新增了一个“我设计的建筑物”版块，幼儿可以根据实物图自主设计建构图，再进行建构。在“武大的建筑”主题活动中，指示牌、纸板也加入了建构区，满足孩子拼搭和角色扮演等不同游戏的需要。孩子们在这块天地里尽情施展自己小小设计师的天赋，与他人合作，合理分工，自由拼搭。

(2)丰富的学习材料

材料是“有准备的环境”的核心要素，班级中的学习材料是幼儿的游戏材料，幼儿的探究和学习离不开幼儿和材料的有效互动。教师应根据幼儿需要获得的能力和经验，为幼儿提供适宜操作的、多元结构、多层次的材料，并且观察幼儿操作和表现以及发展需要不断投放和更新材料，从而使幼儿能够在游戏中获得适宜的材料支持，促进幼儿各方面能力的发展。

在区角材料投放时，需要考虑以下几个问题：

◆ 使用这份材料的目的是什么？

◆ 材料面向谁，儿童、家长还是外来参观者？

◆ 张贴的材料是儿童的原创作品，还是买来的且与儿童活动无关的材料？

◆ 材料是否反映了幼儿园文化、家庭或者社区？

◆ 材料的互动性如何？

为了避免区角材料的杂乱，可以运用以下策略：

①提供多元结构材料

瑞吉欧教育认为材料应当具有吸引孩子加入进来，愿意花时间进行探索、尝试新事物的潜力。班级区域材料种类有：自然类，如：树枝树叶、羽毛、木头块等；塑料类，如：瓶子、吸管、杯子等；金属类，如：磁铁、奶粉罐、金属乐器等；纺织布料类，如：毛织物、毛线、绳子等。也有纸质和木质材料：如卡纸、皱纹纸、报纸、木质积木、木片、雪糕棒等，为孩子们游戏创造提供多种可能。

②合理搭配高低结构材料

在日常的区角活动中，高结构材料可以支持幼儿积累基础性的知识和经验，对幼儿的自主探究有一定的推动作用。低结构材料可以让幼儿通过千变万化地摆弄材料，尝试不同的游戏程序和方法，发挥幼儿的多元智能。所以，我们在材料的投放时注意了高结构材料与低结构材料相结合。

案例：以小班美食店为例，小班幼儿思维以具体形象为主，他们喜欢颜色鲜艳的、形象逼真的高结构材料，但低结构材料又能促进幼儿创造力和想象力的发展。教师在提供材料时要考虑高、低结构材料的结合，为小班幼儿准备高结构的材料，如塑料的成品菜肴，各类角色服装和自制的面条、水饺、蔬菜等道具；低结构材料，如各种各样的皱纹纸、泡沫纸、小杯子、头饰等。幼儿可以根据情境选择合适的材料进行布置美食店、做美食店的食品等活动。

③动态更新学习材料

兴趣是最好的老师。教师可以根据幼儿的兴趣和需要合理地调整材料。因此，在投放材料后，教师要关注区角活动中幼儿的实际操作情况和需求。当幼儿对某个区角的兴趣减弱时，教师应该反思材料是否在数量、难度、操作方式方面是否不适合幼儿游戏和操作。基于此，教师可以再投入一些新的材料或者提高材料的操作难度等，以满足幼儿的兴趣和发展需要。

小班生活体验区中的“项链制作公司”，教师同时提供了有粗细不同的吸管、大小不同的珠子练习穿的动作，幼儿可以自由选择材料进行“项链”加工制作。其中，用大珠子穿“项链”相对简单，而吸管制作的“项链”则需要幼儿在穿的过程中有较强的手部控制力，用细吸管制作的“项链”显然对幼儿的动作精细度提出了更高的要求。随着穿“项链”熟练程度的提高，大部分幼儿已能很好地完成穿“大珠子项链”的任务，可是他们并不愿意去挑战有难度的“项链”。于是，教师敏锐地进行了删减，撤去了大珠子，“项链制作公司”里只生产“小珠子项链”和“吸管项链”了，在教师的鼓励和指导下，幼儿又开始认真地练习穿“项链”了。教师适时删减的材料重新激起了幼儿的探索兴趣，为幼儿提升经验和操作水平创造了新的契机。

中班图书区有着丰富的绘本、不同文化和成长背景的幼儿图书、还有特别挑选和家长幼儿共同推荐的书目，柔软的地垫、温馨的沙发、开放式的书架向幼儿传递着自由、自主、自然的阅读信息和良好阅读行为的暗示。一个月后，幼儿在发现图书有损坏时，提出修补图书的意愿。因此，我们在阅读区创设“图书医院”，增加“生病的图书”、透明胶、剪刀等物品，同时与幼儿讨论“图书生病”的原因，进一步激发幼儿良好的阅读习惯。我们还提供了手偶、故事盒等讲述故事的材料。

大班角色区“医院”中，幼儿一开始选择使用注射器、药、听诊器、固定的服饰进行模仿游戏。在游戏开展了一段时间之后，幼儿有了新的游戏需求，但现有的材料不能满足幼儿新的游戏需求。教师观察到这一现象后，为幼儿提供的新的游戏材料，如担架、测温、娃娃、安保服装、二维码等道具，以满足不同幼儿的兴趣和发展需要。

案例一：户外生态环境改造——绿化道“大变身”

案例描述：

(1)从一条美美的绿化道说起

四分园前院为了隔断园区和家属区，除尘降噪，种植了很多如樱花、灌木等绿化植物，在这条通道上，春天樱花盛开，夏季绿树成荫，路边空地铺设草皮，使之形成一条集遮荫纳凉、净化空气、美感欣赏等功能集一体的美美的绿化道。

(2)改变，从发现问题开始

美丽的绿化道陪伴了师幼几个春秋，但是在观察中教师发现，绿化区的植物更多的是发挥观赏、纳凉等作用，其教育功能的发挥有限，不能更好地突出环境的实用性和教育性。

(3)合力规划，改进绿化道

基于以上不足，幼儿园决定对这条绿化区进行改进。幼儿园保留了一部分果树、花树，孩子们可以进行植物多样化的认知、观察和艺术创作；同时，将另一部分绿化区规划成为一片种植区，种植区里规划有每个班的小菜地，各班根据本班兴趣和实际情况种植喜欢的瓜果蔬菜。它们同样具有绿化美化的作用，但更接近幼儿的认知和生活经验，幼儿不仅可以在照顾“蔬菜宝宝”的过程中，感知各类蔬菜的生长过程，成熟后还可以采食，更能激发幼儿观察、探索、护理、采摘的欲望。

案例评析：

这个案例中，将绿化道改种贴近幼儿生活经验的瓜果，使其与菜地种植相辅相成，幼儿更有观察和养护的欲望，让幼儿的体验更丰富，能获得有效的游戏支持，实现主动发展。

案例二：户外野趣环境改造——野来野趣

案例描述：

食堂后面有一小片生态园，由于位置靠近角落，一直以来作为小树林和菜地种植。幼儿园拆除了阻隔的围栏，增加了延伸平台，让孩子可以无障碍地进入小树林进行游戏。在改造前，幼儿说：“我们想有一个小树屋，我们可以在小树屋里玩过家家的游戏。”“我想有一个滑索，可以玩打仗的游戏。”为此，我们顺应幼儿的需要，组织幼儿、教师现场研究地形，讨论改造计划。

(1)大树下的探险者。我们利用大树资源，清理灌木丛，在大树上搭建小木屋，营造安静隐蔽的角落，满足幼儿对独立空间的需求；利用两棵树的落高差安装滑索，在大树之间架设爬杆、软梯、爬网等辅助物，将这里变成了探险者的乐园，有的孩子玩“野战部队”的游戏，有的孩子用积木、梯子、纱网等材料搭建“帐篷”玩露营游戏，大树下成了最受幼儿欢迎的地方。

(2)生态园里野趣多。幼儿园的户外环境必须具有游戏性。幼儿是通过身体的感官不断获取关于外部世界以及自我信息的，他们必须以自身的所见、所闻、所触、所做来作为自我发展的手段。利用树林、山坡、大型游戏器械等地形特点，将生态园创设成为多个拓展体验区：将仅有隔离功能的绿篱更换为轮胎桥；利用大型游戏器械建造多功能碉堡。幼儿展开想象，在拓展园里快乐地游戏：一会儿做冲锋陷阵的“小士兵”，模仿军事游戏，占领高地、穿越封锁线、玩转碉堡；一会儿利用碉堡的小洞玩探险、寻宝等游戏。

案例评析：

我们坚信“儿童本位”的户外游戏必须是儿童自己的。户外环境除了具有自然生态、环境宜人等特点，更应该成为幼儿的导师，推动幼儿深度游戏，促进幼儿的全面发展。因此，教师要从观察幼儿、满足幼儿的真实需要出发，明确幼儿在户外游戏中的主体地位，充分挖掘现有环境中的教育价值，引导幼儿按照自己的意愿去自由设计和使用户外空间，创造出我们永远也想象不到的有趣玩法。

案例三

一、引言

幼儿教育在培养孩子阅读习惯和培养阅读兴趣方面扮演着重要角色。武汉大学幼儿园在充满浓郁书香氛围的武汉大学校园内，作为武汉大学的附属幼儿园，我们的办园理念为“享珞珈之灵秀、育书香之稚子”。书香环境的创设是营造良好的阅读氛围，促进孩子的阅读习惯养成和全面发展的重要手段。本方案旨在通过一系列措施，在幼儿园中营造浓厚的书香氛围，促进孩子对阅读的热爱和参与，深化幼儿园内涵建设。

二、目标

1. 营造浓郁的书香氛围，增强幼儿的阅读兴趣，激发幼儿的创造力和想象力，开拓其知识面。

2. 培养幼儿的阅读习惯，提高阅读能力，增进幼儿文学修养和审美能力。

3. 增进家长对幼儿阅读的支持和参与。

三、创设方案

1. 建立阅读角

(1)确定阅读角的位置和面积：选取教室内、户外场地中空旷、采光良好的角落。室内面积不小于3平方米，户外面积不小于10平方米。

(2)装修与布置：采用温馨、舒适的布置风格，搭配柔和的灯光，并配备舒适的书桌椅、儿童图书架、绘本墙等。

(3)分类和管理：按照年龄段、主题等分类，配备足够多的适合幼儿阅读的图书，并用有趣的标识让幼儿容易找到自己感兴趣的书。

2. 完善图书室书籍与管理

(1)配置图书：增加图书馆的采购经费，购买适合各个年龄段的图书，并按照主题和分类进行整理，以满足幼儿对不同领域的需求。

(2)提供读者指南：编写阅读指南，以帮助幼儿选择适合自己年龄和能力的图书，并为幼儿提供阅读经验分享和书评等参考。

(3)推行借阅制度：建立简便易行的借阅制度，鼓励幼儿积极借阅书籍，培养他们的阅读习惯。

3. 举办阅读活动

(1)故事会：定期邀请家长、社区人员到幼儿园进行讲故事活动，为孩子们带来精彩的阅读体验。

(2)阅读比赛：组织阅读比赛、阅读打卡等活动，鼓励孩子们积极参与，提高阅读兴趣和能力。

(3)作品展览：定期组织幼儿利用绘画、手工等形式进行自制图书展览，为幼儿提供展示自己的机会，增强他们的创造力和自信心。

4. 增加文学活动

(1)角色与表演游戏：丰富幼儿角色游戏和表演游戏材料，加强游戏观察与指导，通过音乐和舞蹈的方式，让幼儿体验文学的魅力，培养他们的审美能力。

(2)剧场演出：定期组织幼儿开展小剧场演出，培养他们的表演能力和创造力。

(3)亲子阅读活动：邀请家长到幼儿园参与阅读活动，增进亲子间的感情，共同培养孩子对阅读的兴趣。

四、预期效果

通过上述创设方案，预计能够达到以下效果：

1. 幼儿逐步养成良好的阅读习惯，提高阅读能力。

2. 幼儿拥有广泛的阅读兴趣，开拓知识面。

3. 幼儿具备一定的文学修养和审美能力。

4. 幼儿的创造力和想象力得到有效激发。

5. 家长们对幼儿阅读的支持和参与逐渐增强。

通过创设书香环境，幼儿园将成为一个充满书香和文化氛围的学习场所。而这样的环境将培养孩子们的阅读习惯和阅读能力，拓展他们的知识面，提高他们的文学修养和审美能力，促进他们创造力和想象力的发展。同时，家长们的积极参与也将进一步加强幼儿对阅读的热爱和参与，让幼儿园的"书香"伴随幼儿童年生活，为幼儿未来的美好人生赋能。

案例四：中班班级环境创设方案《为孩子打造有归属感的环境》

一、班级文化

中班年龄段的孩子自我意识和个性开始萌发，这个阶段是孩子性格和能力培养的关键期，所以我班班级文化关键词是自主、自信，希望我班孩子在生活中成为一个会思考、有想法，面对挑战时能大胆自信的人。

二、设计主题："梦幻太空"

在创设班级环境的时候，经过与孩子们的讨论，发现孩子对武汉大学发射的卫星特别感兴趣，于是"梦幻太空"的班级主题油然而生；根据主题和班级文化，以蓝色系列为主色调、白色为辅；蓝色，体现了孩子好奇和创想的特点，白色，体现孩子向上、勇敢的品质；蓝色和白色相融合，为幼儿营造宽松、积极、愉悦、和谐的班级氛围。

三、设计理念：有归属感的环境

四、设计思路

环境是孩子在班级中产生归属感的重要因素之一，高质量的班级环境能够支持儿童建立集体归属感并积极参与集体生活。

我是从这几方面去帮助孩子们建立对班级的归属感的。

1. 空间满足发展。在上学期，我们发现孩子们对角色区和美工区特别感兴趣，所以我将角色区和美工区的区域空间扩大，用来满足幼儿游戏的需求；我们将孩子的作品布置在班级环境中，让孩子和班级产生联结，感受到被尊重感和幸福感。

2. 墙面推进发展。我们班的主题墙墙面呈现都是不同月主题课程下孩子们的所思、所想、所获。我们班阅读区和建构区有较大的墙面，我们也充分发挥它们的价值，去推进幼儿游戏水平和能力的提升，隐形地去支持幼儿的发展。

我班环境最大的特色就是会利用班级边边角角的墙面，柜子的背面、KT板制作了各种各样的功能墙，发挥环境在幼儿生活常规中的建立作用，这些功能墙起到了提示、激励，展示作用。

在班级环境创设中，通过材料支持发展。除了在墙面环境和空间环境中，孩子们随时都可以看到自己，与自己有关联的人事物，还利用材料低结构，通过开放性、层次性的投放方式，让孩子与材料产生联结，提高孩子的归属感。

（案例作者：武汉大学幼儿园四分园王一越）

案例五：大班班级环境创设方案《环境，让成长看得见》

一、设计思路

环境在幼儿成长中发挥着不可或缺的作用。本学期我带的是大班，我结合大班幼儿年龄特点和兴趣，紧紧围绕“爱孩子所爱，乐孩子所乐，与孩子共成长”的理念，在创设班级环境时，牢牢把握以“幼儿为本”的原则，追随我班幼儿进入大班后对自然环境的兴趣日渐浓厚的特点，有效整合家长资源，以棕色、绿色为主色调，以自然的木质、麻质类的材料为主材料，将幼儿的手工、绘画作品巧妙地融合到环境中，营造一派自然和谐的绿色森系环境，环境中幼儿参与率达80%以上，充分体现幼儿与环境的互动，是环境的主人！

二、班级环境创设理念

1. 为幼儿参与留白

“幼儿是环境的主人”的环创理念深深地根植于我心。如何让幼儿体现他们的主体地位，让幼儿做好环境的“小主人”？我认为：在学期初的环境创设时，教师的任务就是在体现班级环境风格的同时，要做到“为幼儿留白”。

确定了班级环创的风格和主题后，我只在展示板块的造型、边框等处，运用与环创主题风格相匹配的木质、麻质等材料，予以艺术化的加工与装饰，留下了大块的版面去满足幼儿参与的需求。这样幼儿由二楼来到三楼的新教室后，既能感受到新教室环境的自然森林风，减少换了新环境后的陌生感，又能通过参与到环境的创设中，更快地建立归属感，体验到自己是班级小主人的快乐。

2. 因幼儿需求而设

(1)环境布局因幼儿兴趣需要而设

班级环境面积有限，因此要合理规划，充分发挥每一块区域的作用。在区域的设置上，我和班级教师细致分析了我班幼儿游戏需求和面临的幼小衔接需求。在“享珞珈之灵秀，育书香之稚子”的办园理念引领下，在区域设置上，从我班幼儿中班时喜欢模仿成人的行为的特点，以及进一步激发幼儿前阅读、前书写兴趣，为幼小衔接做准备出发，我班在角色区和阅读区留下最大的空间。同时将两个区域内的功能进行更细致的划分；阅读区进行看与说的分区；角色区模仿餐厅厨师、服务员、收银员等工作人员的工作。让区域最大限度追随幼儿兴趣，满足幼儿发展需求。

(2)区域材料因幼儿发展需要而设

我发现，班级幼儿在语言表达时，讲述形式单一且逻辑不太清晰，甚至部分幼儿不愿意讲述，于是，我们在阅读区投放故事盒，利用粘、插的形式促进幼儿与材料的互动，给幼儿一个讲述的平台。在故事盒里还投放了幼儿绘画的图片，我们将故事盒图片分成了四类——即讲述四大要素：“时间、地点、人物、事件”，帮助幼儿清楚地表达。此外，我们还在阅读区投放了小黑板、粉笔、勾线笔、纸，让幼儿除了用语言表现事物和故事还可以用图画和符号表现事物和故事，激发幼儿书面表达的愿望和初步技能，让幼儿体会写写画画的方式可以表达自己的想法和情感。

材料是推动幼儿发展的最好载体。考虑到大班幼儿学习是以亲身体验为主的且每个幼儿的发展程度是不一样的，在投放材料时，为幼儿提供富有层次和动态性的材料，满足不同发展水平幼儿的需要。在益智区，我们投放富有层次的拼图材料，自制图形拼图、蘑菇粒拼图、连接拼图、磁铁拼图等材料，较好地满足了每个幼儿的需求。让每一个幼儿都能积极参与游戏，体会到游戏的乐趣与成功的喜悦。

3. 与幼儿发展共生

幼儿是一个不断发展与成长的个体，因此我们的环境和材料追随幼儿的发展，材料的提供具有动态性、生长性的特点。依据九月份社会活动目标“愿意为同伴服务”，我在角色区打造了生活化的游戏场景，投放成品材料。在后期的活动中幼儿熟悉角色行为之后，我们逐渐减少成品的材料。开放制作区投放半成品材料、粘土，让幼儿在游戏中自主创作喜欢的食物，将自己创作的食物推销给顾客。我们会根据教育目标和幼儿能力的不断提高及时地调整、补充材料，调动幼儿游戏的积极性，提高孩子的动手操作能力。

三、班级环境创设的具体做法

1. 墙面、空间环境

前期开展的“武大奇遇记”主题活动中，幼儿对珞珈文化有着浓厚的兴趣，因此，我们又相继开展了“武汉大学校徽”“校园里的安全标志”“武汉大学小导游”“美丽的老斋舍”等活动，将幼儿与爸爸妈妈一起收集的武汉大学的相关资料和活动中的观察与发现，通过照片、图片、绘画等多种方式，直观地呈现在主题墙上，记录了活动开展的轨迹，给幼儿提供了自主交流和分享的空间。结合“享珞珈之灵秀，育书香之稚子”的办园理念，我们将阅读作为班级特色。大班幼儿能专注地阅读图书，喜欢与他人一起谈论图书和故事的有关内容，在自由墙上我们布置了“好书推荐”版块，由家长和幼儿共同推荐一本书，幼儿画出推荐理由，同时将亲子阅读情况记录在自由墙上。自由墙上的亲子阅读照片进一步激发了幼儿阅读的愿望，充分发挥亲子阅读的力量，更好地激发幼儿对文字、符号的兴趣。依据孩子的阅读情况，在晨间谈话活动中，我们商讨制定出阅读规则，整个环境中随处可见幼儿的参与。幼儿的作品经过加工装饰，艺术地呈现在班级空间和作品栏中，孩子的童趣洋溢在教室内外。

2. 美工区——创作想象有新意

到了大班，幼儿能用多种工具、材料或不同的表现手法表达自己的感受和想象，可操作性的材料是幼儿的最爱。美工区里玉米棒、树枝、纸杯、纸盘、黏土等都成为幼儿表现美、创造美的材料。在“美丽的老斋舍”主题活动中，樱花大道、老斋舍无疑是幼儿谈话的热门话题。如何将“老斋舍”搬到我们的活动中让幼儿细致观察呢？在美工区中，我投放了相关的图片，很快就激起了幼儿的兴趣。在这里，幼儿能尽情展示自己的才华，大胆想象，拿起画笔涂涂画画，更能获得成功的体验。

3. 益智区——动手动脑促思维

生活中的材料蕴含着颜色、形状、数、量等丰富的科学(数学)教育资源，丰富的材料为幼儿提供了选择的空间。趣味纸牌、数形图引导幼儿发现事物简单的排列规律，并尝试创造新的排列规律。“五子棋”是益智游戏。“彩棋对对碰”活动中幼儿商讨创造了新玩法。手电筒、小彩灯等材料可以让幼儿做各种与光有关的小实验，激发幼儿浓厚的探索欲望。在科学活动“有趣的光”中，幼儿结合自己的生活经验，提出放大镜可以聚光的想法。为了让幼儿探索并发现常见的物理现象产生的条件或影响因素，我在益智区新增材料——放大镜、记录表。充分尊重幼儿，体现幼儿的主体性、材料的多样性，满足不同层次、不同喜好幼儿的需要，让每个幼儿都能积极探索，大胆操作，敢于想象。

4. 角色区——角色扮演有联动

幼儿的社会性主要是在日常生活和游戏中通过观察和模仿潜移默化发展起来的。角色区的餐厅为幼儿提供了一个生活化的游戏场景，仿真人民币、各种烹饪工具、盛满食物的器皿，一盘盘色、香、味俱全的食物，幼儿还可以根据自己的喜好制作自己想吃的食物，满足了各种角色的需求。幼儿在游戏中了解角色之间的关系，学习交往技能及相应的社会规范。让幼儿在一定的时间内承担游戏角色职责，一方面可令幼儿具有自信、自主的表现，另一方面可以提高幼儿的人际交往能力，幼儿在感受为同伴服务的成就感的同时可以在游戏中感受到工作人员的辛苦，从而激发幼儿尊重为大家提供服务的人的情感，做到珍惜他人的劳动成果。

5. 表演区——你歌我舞显身手

表演区就是一个小舞台，可操作的图谱为幼儿创造机会和条件，支持幼儿自发的艺术表现和创造。幼儿有的拿着话筒唱歌，有的用自己喜欢的乐器尽情地敲敲打打进行创意表演。木头的声音是沉闷的，金属的声音是清脆的，在这里，生活中的瓶子也会唱出好听的歌。幼儿在敲打节拍和节奏中，感受到不同材质发出的音色的不同之处。有的幼儿还将自己喜欢的角色服装带到区域中，与同伴分享、表演角色的故事，在表演中，幼儿的表现欲望得到满足，幼儿也更加自信。

环境是有生命的，是可以生长的，是可以感染人、影响人的。尊重幼儿，承认每个奇思妙想，是幼儿教育最鲜活的生命力，我们努力营造自由、开放、自主的环境，用有限的环境为幼儿创设无限的教育价值。“爱孩子所爱，乐孩子所乐，与孩子共成长”。

（案例作者：武汉大学幼儿园四分园　胡文林）

附：幼儿园环境文化建设模式图

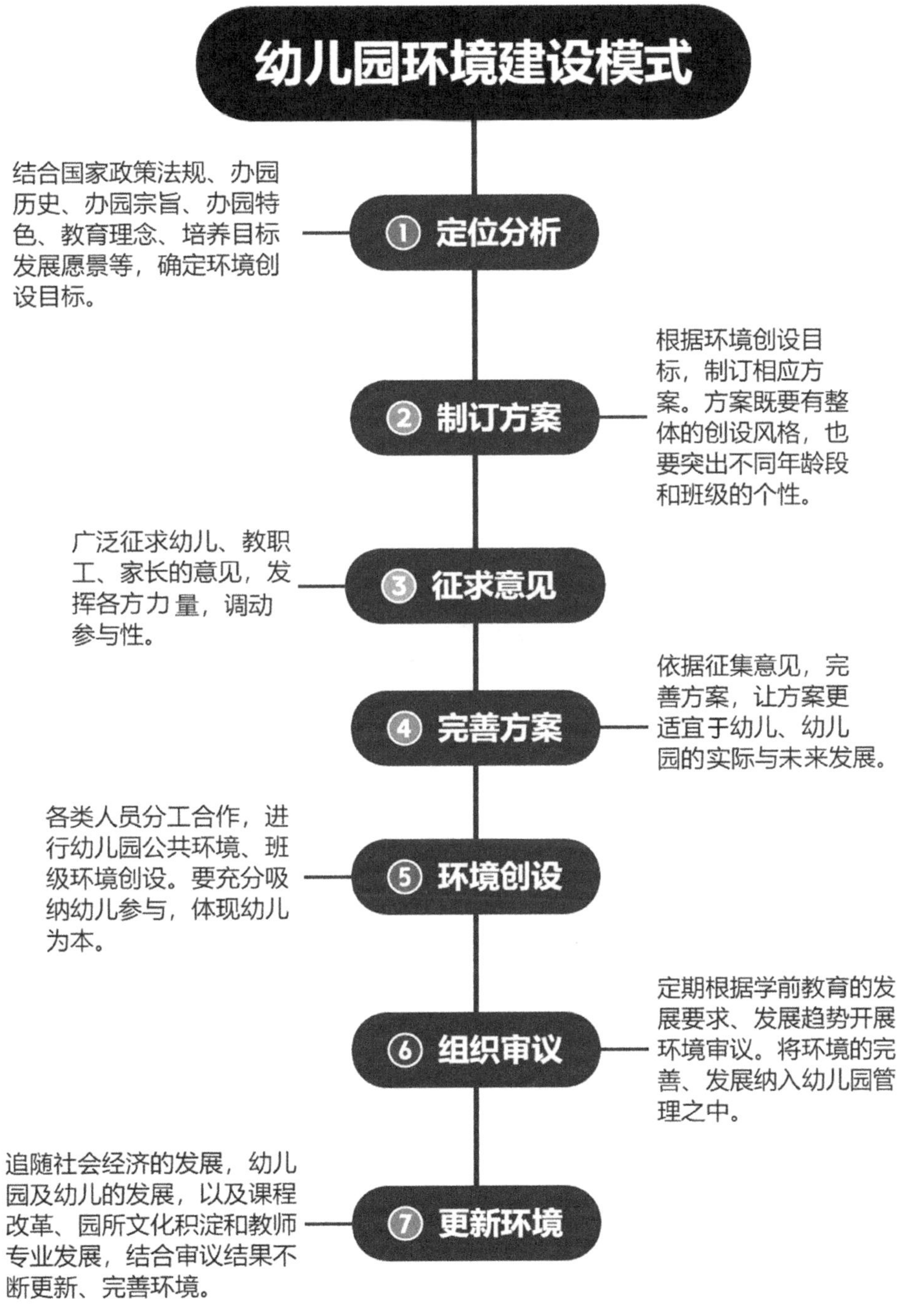

第四章

幼儿园组织文化建设的实践

第一节 幼儿园组织文化建设的主要问题

一、幼儿园组织文化建设的现状

自国家实施学前教育三年行动计划以来，国家经济建设大跨度向前推进，学前教育事业迅猛发展，文化、课程、硬件建设、集团化办园等新概念如雨后春笋，层出不穷。幼儿园组织文化建设也在学前教育事业前进的浪潮中发生巨变，在不断的矛盾冲突、调和自新中发展。

现代管理思想强调，人是管理的核心。幼儿园管理要以人为核心，以调动人的积极性为根本原则。当前，幼儿园的所有个体都处于管理他人、被人管理和自我管理三种状态，管理者和教职工都是组织集合中的一部分，大家协同活动、相互依赖。“众人拾柴火焰高”，幼儿园作为一个组织单位，只有发挥集体的力量使个人的发展目标与组织目标相融合，才能形成具有竞争力、可持续发展的组织文化。

(一)新“理念”与旧“习惯”

组织和人一样，抽象来看是一个有机体，也有它的习惯领域。组织文化的核心价值观是在组织生存、发展的环境中逐步形成的。为了适应客观环境并求得发展，必然产生相应的价值观和行为模式，也就是我们所说的组织习惯。武汉大学幼儿园办园历史悠久，最早的一分园迄今已经建园 87 年。四校合并之后重组的武汉大学幼儿园四所分园均来自不同高校附属幼儿园，其组织思维与行为固化，自然表现出来在组织中的成员的工作立场、工作行为都有非常大的不同。如何调和新的“理念”与旧的“习惯”之间的矛盾，在新理念营造的氛围支持下，逐步养成新的良好组织习惯，是促进组织顺畅发展的基础。

组织行为学认为，组织习惯是一种组织的“下意识的链接”，它是一种潜意识，一种本能。“繁花似锦的花园围墙里一旦失去人为的影响，很快将变得与墙外的草地一模一样。”打破旧的理念，重塑新的理念，并且让新的“习惯”影响更多组织内的人群，其意义就显得至关重要。

（二）新“结构”与旧“系统”

武汉大学幼儿园2001年重组之后，虽然建立了以总园办公室为龙头的“一园四址”的组织结构，但旧的“系统”并没有打破，仍然是在各分园园长负责下实施幼儿园的全面管理。换而言之，在组织机构设立上，已经建立了以人、财、物为基本模块的组织结构，但是在实践操作层面尚未形成一定的制度或流程等，尤其是在教师的专业成长、人才培养、课程设置、办园特色、服务支撑等方面，还谈不上建构了符合时代要求、切合园所实际、适合幼儿发展的师幼发展系统。

（三）新“渠道”与旧“需求”

随着时代发展，教职工的素养提升、专业发展已经成为了建立学习型组织的必然要求。建立园本研训机制，教职工与园所一同成长，这已经成为了普遍的目标指向。个人反思、同伴互助、专家引领三位一体的教职工培养机制已经初步形成，教职工培训已经成为了幼儿园工作中不可或缺的重要一环，研训内容和渠道也囊括了教育理念、教育伦理、教育模式、教育方法、教育技术、教育评价等方方面面，但忽视了教职工个体的内在动力。教职工培训成为了政府行为、领导需要，没有成为教职工普遍的内在需求。接受培训是任务，是不得已而为之的事情，被动接受的教职工培训不能唤醒个人内在的专业自觉，也就不可能获得相应的专业发展，从而影响了团队的文化精神，影响了个体的文化素养和发展，弱化了幼儿园的核心竞争力。

（四）新“改革”与旧“文化”

改革已经成为社会各界的一个主题词，十年学前教育行动，幼儿园确实在改革中受益，得到了发展，但改革进行到现在，也存在着诸多的问题，最突出的问题就是组织文化的整体状态有待于进一步提升。组织的内在价值取向是否与教职工自身的价值观相一致，在一定程度上决定着教职工对改革持认可还是抗拒的态度。主要表现为：只有口号，没有行动；只有形式，没有内涵；只有点缀，没有习惯。新的“改革”与旧的“文化”之间的矛盾调和成为组织文化建设的关键。

二、新人群对幼儿园组织文化的诉求

幼儿园发展的核心是教职工的发展。幼儿园核心发展力集中体现在教职工队伍的文化素养上，体现在教职工的精神面貌上，体现在教职工的专业发展动力上。组织文化的某些习惯不是一朝一夕就能改变的。文化的问题就要用文化的方式来解决。这是一个“润物细无声”的过程，是一个“水滴石穿、铁杵成针”的过程。

组织只有充分重视人的价值，最大限度地尊重人、关心人、依靠人、理解人、凝聚人、培养人和造就人，充分调动人的积极性，发挥人的主观能动性一，努力提高组织全体成员的社会责任感和使命感，使组织和成员成为真正的命运共同体和利益共同体，这样才能不断增强组织的内在活动和实现组织的既定目标。人是整个组织中最宝贵的资源和财富，也是组织活动的中心和主旋律。

迈进新时代，幼儿园教职工队伍从70后为主力逐渐过渡到90后、00后为主力，这些“新新”人类学历水平高、视野开阔、思维活跃，更关注个体内在感受，行动上更容易被内在需要驱使，对组织文化的诉求也逐渐体现出了更多关注“个体的需要”与“个体表达表现”上。他们更在意工作中自我的情绪价值需要，体现在组织文化上，就是需要更多的快乐体验、成功价值、被“需要”的使命感等。

第二节　幼儿园组织文化建设的理论溯源

组织文化，是一个组织由其价值观、信念、仪式、符号、处事方式等组成的特定文化形象，简单而言，就是组织在日常运行中所表现出的各个方面。

组织文化是幼儿园的灵魂，是推动幼儿园发展的不竭动力。它包含着非常丰富的内容，其核心是幼儿园的精神和价值观。这里的价值观不是泛指幼儿园管理中的各种文化现象，而是幼儿园或幼儿园中的员工在从事教育活动中所秉持的价值观念、目标追求、精神风貌、个性特色和社会魅力。幼儿园组织文化随着幼儿园的成立而产生，又随着幼儿园的发展而不断变革发展；既有历史传统的影子，又随着时代的发展变迁而不断创新变革，激浊扬清，不断激发向上的活力。一所幼儿园的组织文化应该是独特的，具有自己的文化因素和鲜明个性，能用适切的方式表达出自己的声音，彰显自己的生命力。

组织文化，通常像空气和阳光一样如影随形，是一种无形的、不可或缺的元素，影响着幼儿园里的每一个人。沙因(Eegar Schein)在1992年出版的《组织文化和领导力》一书中提出了一个著名的“睡莲模型”：水面上的花和叶是组织文化的外显形式，包括组织的架构和各种制度、程序；中间是睡莲的枝和梗，是各种公开倡导的价值观，包括使命、目的、行为规范等；最下面是睡莲的根，是各种视为当然的、下意识的信念、观念和知觉。幼儿园组织文化就是看不见的睡莲的根，它支撑着外在的枝叶和花朵。

组织文化建设既能为教职工的健康成长创设积极的文化氛围，为幼儿的终身教育和长远发展打下良好的基础，又能提升幼儿园的发展品位，有效提升总体办园水平和品牌发展的综合实力。幼儿园组织文化蕴含着独特的凝聚力和感染力，是激励全体教职工不断努力的精神力量，是幼儿园可持续发展的巨大内驱力。

马克斯·韦伯认为：“任何一项伟大事业的背后，都必然存在不易觉察的、无形的精神力量。这种无形的精神力量，在管理学上被看作人心的力量”。武汉大学幼儿园最早的一分园已经有近90年的历史，最年轻的园所建园迄今也有60多年，四校合并之后重组幼儿园也已经经历了20多年。近10年来，在总园的统一领导下，从理念合一到制度统一，从人员行为规范到文化内涵彰显，幼儿园组织文化不断吐故纳新、兼收并蓄、推陈出新，形成了内蕴珞珈风骨、外显幼教特质的鲜明特点。

一、组织文化具备促进园所发展的功能

办园理念是幼儿园组织文化的精神层面。回溯到2001年武汉大学幼儿园合并的历史，幼儿园的办园理念从无到有，从有到精，不断向前发展，经历了更体现儿童本位、更体现珞珈特点、更具备人文视野的过程。2007年左右，幼儿园将办园理念确定为“求真、求善、求美、求新”，时任武汉大学校长顾海良欣然提笔题词。7年后，在广泛征求教职工、家长意见的基础上，经过管理层讨论、专家论证，幼儿园确定了新的十二字办园理念——“享珞珈之灵秀，育书香之稚子”。办园理念之“变”，体现了对武汉大学办什么样的幼儿园、培养什么样的人、怎样培养人的哲学思考，也体现了回答时代之问、更坚定笃行幼儿教育之路的具体践行。施行新的办园理念近10年，幼儿园组织文化逐渐体现出了“用文化的方式解决文化的问题”的特质，从而促进四所分园的办园品质不断提升。

（一）用文化造就有文化的管理人才

菲律宾教育家赫查曾说：“我从来没有见过拙劣的校长能办出好学校，也没有见过好校长办出坏学校。我见过失败的学校转变为成功的学校，也见过杰出的学校迅速滑坡，这些成功与失败的事实都很容易追究到校长的能力和水平。”①

由此可见，管理人员的能力和水平，直接关系到幼儿园的生存与发展，关系到幼儿的健康成长。造就有文化的管理者，才能促进组织文化的健康

① 张仁贤：《菲律宾和印度中小学校长培训考察研究》，载国家教育委员会外事司编《国际中小学校长教师培训考察报告和比较研究汇编》（内部资料），1997年9月，第93页。

发展。

1. 有境界，仰望星空铸大气

爱因斯坦曾说过：“不管时代的潮流和社会的风尚怎样，人总是可以凭着自己的高尚品质，超越时代和社会，走自己正确的路。现在大家为了电冰箱、汽车、房子而奔波、追逐、竞争，这就是我们时代的特征。但是也还有不少人，他们不追求物质的东西，他们追求理想和真理，得到了内心的自由和安静。”①

从某种意义上说，管理者境界的高低直接关系到幼儿园的发展能力，影响到了幼儿园的竞争力。有宽广的境界，园长就能站得高、看得远，高屋建瓴，就能立足幼儿园的实际状况，放眼长远的发展，对幼儿园发展作出战略性、前瞻性、长远性、全局性的思考和规划，从而对幼儿园发展产生强有力乃至深远的影响。

在组织文化建设的过程中，管理者的境界决定了幼儿园的文化品位和文化气质。正如陈玉琨教授所指出的：“没有思路，就没有出路；没有作为，就没有地位；没有实力，就没有魅力；没有眼界，就没有境界。”做有境界的园长，最首要的就是要拓宽眼界，确定幼儿园发展的高远目标。在幼儿园办园理念确立的过程中，武汉大学幼儿园管理团队从地域文化开始，研读了武汉大学校史，寻访武汉大学档案馆，查阅幼儿园历史档案资料，调研走访了省内省外多家名园，发起了关于文化的思考系列教职工活动，在此基础上邀请省内外学前教育专家陈红梅教授、彭兵研究员、伍香平教授等进行论证，在此基础上提出了“培养幼儿、服务高校、奉献社会，办一所武汉大学教职工满意的幼儿园”的办园目标，凝练了幼儿园12字办园理念——“享珞珈之灵秀、育书香之稚子”，这些核心价值既高瞻远瞩、放眼未来又实事求是、立足实际，既能振奋人心又切实可行，既富有追求又脚踏实地。

2. 有智慧，着眼实践炼灵气

古希腊哲学家德谟克利特曾说：“智慧有三果：一是思虑周到，二是语言

① 摘自鲁洁、朱小蔓主编：《道德教育论丛》第1卷，南京师范大学出版社2000年6月第1版，第189页。

得当，三是行为公正。坚定不移的智慧是最宝贵的东西，胜过其他一切。”智慧不同于智力，一个人的智力更可能是先天带来的，而智慧则更多依赖于后天的培养。

(1)管理者的智慧，首先体现在思想引领。苏霍姆林斯基曾经说：“校长领导学校，首先是教育思想的领导，其次才是行政上的领导。”管理者要善于对事物进行分析和概括，并且灵活运用概括出来的结论，力求做到使全体教职工都来实现共同的教育思想。武汉大学幼儿园历任园长都着力于在组织文化的构建中，将目标层层分解，化为全体教职工的共同价值认同，从教学、后勤、安保等各个岗位上，开展理念与实践结合的讨论、研修、操作、练兵活动，将园长的目标和理想转化为幼儿园的办学思想和教育思想，是成为全体工作人员为之奋斗的共同愿景。

(2)管理者的智慧，其次体现在关注内涵。虽然一所幼儿园的发展离不开物质条件的改善，但物质条件只是教育活动赖以生存的外部条件，办园品质提升的重点在于内涵发展。朱永新在他的《新教育之梦》一书中，这样描述自己心目中的理想校长：“理想的校长，应该是一个珍惜学校的名誉胜过爱护自己的眼睛和生命的校长。”只有当一个园长像爱护自己的眼睛和生命一样，关注幼儿园的一草一木、一人一事时，他才能找到开启智慧大门的钥匙，在不断发展的历程中重构和提升自己的幼儿园。武汉大学幼儿园的历任园长们都是从毕业开始就进入幼儿园工作，在多年的教育过程中，她们对幼儿园产生了深厚的感情，可以说她们的成长之路就是幼儿园的发展变化之路，她们对幼儿园有着“家”一般的感情。宏观上，她们着眼学前教育事业发展的国家需要，牢记立德树人根本任务，把握“为党育人、为国育才”办园方向，有为珞珈山培养下一代的使命感；微观上，她们着眼于幼儿园的实际情况，分析教职工队伍现状、服务对象情况、幼儿年龄特点、课程改革趋势，探索适合园所实际、职工现状、幼儿发展的教育模式，心无旁骛，一心一意。这种可贵的品质保证了幼儿园教育内涵的不断提升。

(3)管理者的智慧，还体现在凝聚人心。美国著名管理学家托德·维特克尔教授认为：“凡是优秀的校长都很清楚这样一点，拥有优秀的教师就等于拥有了优秀的学校；反之，没有优秀的教师，学校的优秀也就无从谈起了。”①作

① ［美］托德·维克特尔著，黄巍等译：《优秀校长一定要做的15件事》，中国青年出版社2007年版，第19页。

为幼儿园的灵魂和支柱，园长应成为教师的鼓舞者和引路人，尊重教师的尊严和主体性，具有良好的尺度感和分寸感，以凝聚全体教职工的力量和智慧，让每一个教职工都发现自己、挖掘自己的潜能，把个人的积极性和创造性发挥到极致。一个有智慧的园长，不会以幼儿园的发展为理由来限制教职工，而是竭尽全力鼓励和支持教职工的个人发展。武汉大学幼儿园四所分园曾经有一段时间被誉为武汉市学前教育教师的"培养摇篮"，多名教师在幼儿园工作几年之后，参加武汉市事业编制考试离开了幼儿园，其中原因主要是因为当时的幼儿园没有正式编制。但每一个离开武汉大学幼儿园的教师，都视自己曾经成长过的幼儿园为珍宝，因为这里有她们努力过的痕迹，这里有鼓励她们成长的伙伴和园长。园长们的支持和鼓励给教职工带来了安全感和归属感，保证了教职工在和谐进取的氛围中不断成长和自我更新。

(二)用文化培养有文化的教师队伍

十八大以后，学前教育事业迅猛发展，幼儿园教师队伍的学历水平有了较大的提升。很多教师有爱心、有责任感，她们在自己的岗位上表现出较高的文化素养，也表现出对自己专业成长源源不绝的内在驱动力。但也有一些老师在教育观念、教育行为、教育言语等方面出现不少问题，究其根本是教师的文化素养有问题，即有知识没有文化，有文凭没有学品，有学历没有动力。

1. 有品，品德高尚成正气

历史上，大部分学校，都把道德置于重要的地位，这是一条普遍的规律。17 世纪捷克教育家夸美纽斯在《大教学论》中曾指出，人身心和谐发展的具体标准是：博学、德行、虔信。"这三个元素就是一切最完美的快乐之流的三个泉源。"①

幼儿园教师面对的教育对象是 3~6 岁儿童，教师首先要成为一名大写的"人"，必具备高尚的人品，其次要成为一个优秀的知识分子，最后才能成为一名优秀的教师。要具备高尚的人品，教师必须不断地净化与提升其人格，

① ［捷］夸美纽斯著，傅任敢译：《大教学论》，人民教育出版社 1984 年版，第 58 页。

并不断地超越。在幼儿园组织文化建设的过程中，武汉大学幼儿园始终将“师德”作为选拔人才、甄别优秀教师的首要标准。幼儿园师德标兵的树立有一套严格的标准和程序，也涌现出了相当多的师德典范。2020年疫情期间独自留守园区3个月的门卫师傅、战斗在健康驿站的保健医生，响应号召组建线上云课堂的教学团队……每一个都是感动人心的故事。

2. 有人，心中有爱融大气

组织文化中对教师的要求，就是要眼中有人，有孩子、有家长、有同伴。教师心中装有孩子，就能始终用童心拥抱幼儿园，始终拥有人文关怀之心，对幼儿的终生发展负责，考虑幼儿的成长、心理特征、情感需求，从而给孩子童年生活快乐和幸福。教师心中有家长，就能够设身处地为家长着想，与家长之间在理念上共识、在心理上共情、在行动上共振。教师心中有同伴，也就能够关注到同伴的需求、困惑，能够及时伸出手予以同伴帮助；同理，也能够在自己遇到困难时主动发出信息，寻求同伴的帮助，有合作、有共赢的团队自然就凝聚起来了。

3. 有梦，敢为人先显志气

教师有文化的一个重要标志就是心中要有梦，要有追求。有梦，是教师心中不懈追求的动力所在。教师要做自我专业成长的追梦人，在时代不断向前的今天，有学习力的教师更能勇立潮头，提倡学习型组织的建立是教师组织文化的必要因素。课程改革的先行者是教师，课程改革的实践者是教师，经验总结者也是教师，深入推广者更是教师。武汉大学幼儿园在近十年的课程改革中，涌现出了许多乐于研究、善于研究的优秀教师团队，她们迅速成长为幼儿园课程改革的中坚力量，正因为她们敢为人先，才有了一代又一代的追梦人不断向前。

(三)用文化建设有文化的职工团队

一所幼儿园的教职工需要有共享的空间和条件，有共享的制度和规范，有共享的理念和情操，共享的传统和文化。因此，在武汉大学幼儿园里，组织文化将大家联系到一起，形成一个共同体。

1. 有共同的价值取向

一支有文化的团队，应该有共同的价值观。一荣俱荣、一损俱损的团队荣辱观，应成为幼儿园里每一个教职工的共识。四所分园经常性的交流和学习，既让在园的每一个教职工都产生归属感和责任感，更产生了作为武大幼教人的自豪和光荣。我们产生了共同的价值取向，就是为幼儿的终身发展负责，为幼儿的快乐幸福负责，为幼儿的健康成长负责。要把武汉大学幼儿园办成珞珈山下有生命力、有快乐感的幼儿园，这是大家共同的心愿。

2. 有共同的理想愿景

有文化的团队都有共同的理想愿景，无论是园长、教师、保育师，还是保安、食堂师傅等都应有共同的理想愿景，从精神层面上要求自己的行动朝着共同愿景去努力。武汉大学幼儿园举办了一系列“我与园所文化”活动，在这个活动中，无论是哪一个岗位的工作人员，都能够从自己的工作实际出发，谈理想，说做法，讲实践，呈现了共同的精神内核。

3. 有共同的文化精神

文化精神是团队的标志，一个团队要有共同的文化精神。幼儿园的精神文化首先是和谐，其次是进取，这是一个团队能够取得成功的原因所在。在武汉大学幼儿园，任何一次活动的成功举办都是团队精神的体现。每一次亲子运动会，背后既有教师团队的智慧创意、协作组织，也有后勤团队的支持保障、服务配合。

二、基于发展目标的组织层级建构

在组织文化建设的实践之中，我们越来越认识到，建设学习共同体是组织文化建设的新要求。一个民主的、合作的、开放的学习型组织，一个有共同价值观和理想愿景的教职工共同体，一个相互学习、合作分享、协同探究、共同发展的新型幼儿园，是我们发展建设的新目标。

历经20年，武汉大学幼儿园的组织层级建构从过去的“垂直式”结构走向了“网格化”结构，基于发展目标的组织层级，更加有利于学习型组织、合作型组织的建立。

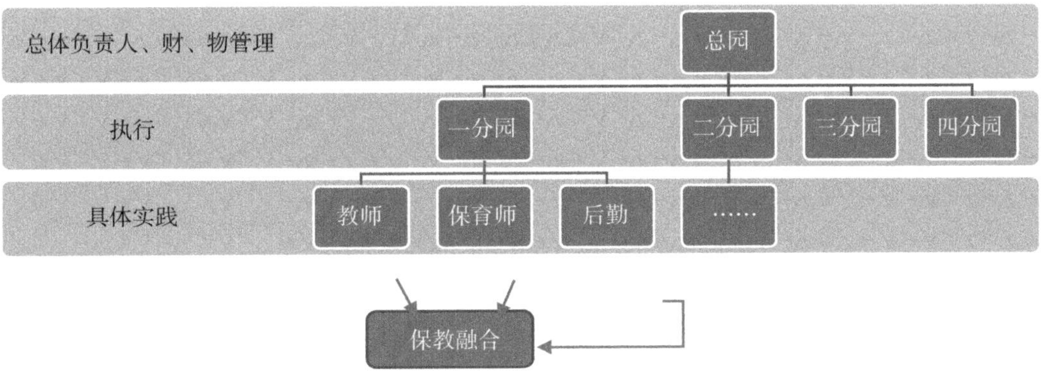

如上图所示，现在的武汉大学幼儿园四所分园由总园统一管理，根据各分园情况，人、财、物等办学资源由总园统一协调。主要包括：

1. 人力资源管理。工作人员从进到出全口径的管理由总园协调实施。包括人员的招聘考编、职称晋级、职务晋升、岗位调整等，均由总园统一进行协调。

2. 经费收支管理。涉及保教费、伙食费的收取支出、经费划拨使用保障等全渠道管理，均在总园办公室管理下进行。

3. 设备设施管理。涉及大型设备采购、大宗物资采买等，均由总园联系相关机构进行统一购置。

在以上管理层级设置下，各分园还根据自己的情况设立了不同的教职工发展组织。以一分园为例，根据教职工发展需求设立了教师专业成长组织和职工发展组织。依据岗位不同分为管理团队、教师团队、保育师团队、后勤团队四支队伍；依据教师专业发展需求分为3E团队、3S团队、3H团队；依据保育工作岗位分成“慧心组”“慧美组”；依据教职工兴趣特点分为不同社团开展社团活动等。根据发展目标设立的组织或者是行为共同体，更开放、包容，更利于幼儿园的发展。

幼儿园还注重横向联结对组织文化的促进作用。以教师专业能力的横向联结举例，总园构建了从新教师到骨干教师的五级培养梯队，每一位入职的新教师均要参加总园组织的新手教师培训班，时长为期一年，内容涉及办园理念、教育思想、政策解读、基本能力等多个维度。五级梯队每学期进行一次四所分园的交流展示活动，既是教师专业能力的展示，也是分园之间的交流观摩和学习。

第三节　幼儿园组织文化建设的实践探寻

对幼儿园来说，组织文化归根到底可以被放大为一种精神状态。这种精神状态积极向上、和谐奋进、团结进取，富有时代感。幼儿园的组织文化集中体现了幼儿园的价值理念、目标追求以及幼儿园的精神风貌、特色亮点和具体魅力。

二十年来，武汉大学幼儿园坚持以人为本的组织文化建设，实施"以人为核心"的管理机制，注重激发教职工的主体意识，增强教职工的自我管理能力，尊重教职工的个性特点，理解教职工的需求，在工作环境和心理空间上有充分的自由度，用尊重、关爱和赏识激发教职工内驱力，挖掘教职工潜在的能量，组织文化朝着共同愿景的目标而不断生发，凝聚成长力量，实现了良性发展。

一、管理团队研修实践及案例

管理团队是幼儿园的管理中枢。有好的园长才能带出好的班子，有好的班子才能带出好的团队、带出好的做风，才能凝聚人心，提高管理效能。管理团队的能力、素养、品质、凝聚力等决定了园所管理的水平。武汉大学幼儿园的管理团队由园长、副园长、各分园副园长、中层管理人员构成。管理团队的产生均在一线工作人员中选拔选聘，这些成员有着丰富的幼教一线工作经验，也有着较为专业的教育理论水平，可以说，在一线工作时，他们都是优秀的老师。但走上管理岗位之后，除了需要学前教育方面的专业知识作为基础以外，还需要掌握一定的管理理论和方法，有坚忍不拔的意志品质、敢为人先的创新精神和乐于奉献的高尚品格。在管理团队研修实践中，除了关注学前教育的理论、方法等专业水平之外，更要关注管理理论、管理方法、管理技巧等内容的学习与培训。

案例一 幼儿园中层管理团队研修课程的设计

(一)课程设计的缘由

1.【政策依据】

为进一步深入贯彻党和国家的教育方针，落实“立德树人”根本任务，以争做“四有教师”为引导，弘扬正气、树立正能量，提升幼儿园管理团队的能力水平，朝着“办武汉大学教职工满意的幼儿园”的目标不断努力。

2.【校情分析】

武汉大学幼儿园下设四所分园，均为武汉市市级示范性幼儿园，有近90年的建园历史。目前四所分园共有39个班级，200名教职工。近十年来，无教师师德师风方面的投诉发生，幼儿园在武汉大学教职工中树立了良好的口碑。但幼儿园女职工多、聘任教师多，大多数教师正处在婚育期，教职工队伍流动性大，管理难度较大。

3.【培训需求】

(1)全面学习、理解党和国家教育方针、政策的需要，把握正确的办园方向。

(2)营造团结合作、和谐规范的管理氛围。

(3)管理人员的管理规范在认识与行动方面高度统一的需要。

(二)课程拟解决的关键问题

1. 对党和国家的教育方针、政策有较为全面的认识和理解。

2. 对管理人员的职责和行为规范有明确的认识。

3. 对幼儿园“慧心慧美”教师队伍建设有正确的认识和诠释。

(三)课程研修总目标

1. 深入开展党和国家教育方针、政策的学习，切实把握正确的办园方向，牢记立德树人根本任务。

2. 开展管理案例学习、讨论活动，对各岗位管理人员的职责和行为规范有明确的界限认识。

3. 能将成为优秀的管理者、专业的教育者、快乐的同行者作为个人发展的方向。

（四）课程研修任务及预期成果

1. 牢固树立“管理是服务”的思想，树立德为先、能为重、绩为要、和为贵的管理思想。

2. 能将研训中学习到的理念和方法运用与自己的管理实践中，尝试举一反三创新管理举措，提升工作效能。

（五）研修课程设计（略）

案例二　从心理层面构建追求职业幸福的管理团队

幼儿园教师是一个特殊的群体，幼儿园的管理人员更是。管理人员的工作性质要求他们具备多元化的能力，既要有学前教育专业方面的知识支撑，有引领教师专业发展的能力，更要有全面的管理能力，能熟练掌握和使用办公系统，迅速适应管理岗位的需求，积极支持教师专业发展的需要，为教育教学核心工作提供强有力的保障，还要接受来自各方面的工作检查和评估，时时刻刻面对教师的需要，处理较为复杂的家园合作、社区共育等方面的关系，负责后勤工作的管理人员还要懂维修、懂安全、懂食品制作等原来并不在专业领域范围内的“杂事儿”……要想培养出和谐幸福的儿童，必先有和谐幸福的教师；而和谐幸福的教师，必先有满满正能量、和谐幸福的管理团队。在工作中，我们往往较为关注教师的职业幸福感，而忽视了管理人员的幸福感，提升管理人员“幸福力”，成为了必须要研究的课题之一。我们针对这种现象，采取了一系列“以人为本”的管理人员心理建设行动，凝聚了人心，鼓舞了士气，使幼儿园保持了蓬勃向上的精神力量。

1. 目标管理人性化，提高团队的归属感和凝聚力

每个人内心深处都有被尊重和需要的热望，如果能激发这种需求，让每个人想说、敢说、喜欢说、有机会说并能得到积极的反馈和应答，那么哪怕是清洁工都会有很强的责任感。为了增强管理人员的主人翁意识，提高其参事议事能力，我们面向全体管理人员做了关于“理想教育’的问卷调查，详细解构如何“给孩子一个受益终身的幸福童年”。只有广开言路，深入研讨，这种理念才能自觉持久地贯穿到管理行为中去。

为进一步完善我园的教职工评价体系，我们面向全体教职员工，就考评制度来征求意见。现在实行的幼儿园考核制度，自评、他评等测评方法都是在管理人员充分论证后订立的，体现了“我们的幼儿应我们自己做主”的理念，激发了每一位管理人员的热情和参与度。

另外，我们还通过生日温馨送祝福、音乐大师讲座、户外团建拓展等活动来增强团队的凝聚力和提升幸福指数，使大家感受到幼儿园大家庭的温暖，从而增强了团队的稳定性。

2. 关注管理人员心理健康，定期开展心理团训工作

坦诚而言，幼儿园管理人员工作压力大，较多的管理人员有紧张焦虑的心理，特别是50岁左右的管理人员，职业枯竭感偏高，还有一些人受到慢性疲劳和慢性疾病的困扰，心理健康状况不容乐观。基于此，我们不仅邀请人力资源讲师来给教师进行幸福人生规划，还定期组织心理团训活动，缓解压力，释放不良情绪，增进沟通和理解，增强团队的凝聚力和向心力。通过共同承担团队的成功和失败，共同感受团队的欢笑和泪水，团队的凝聚力和团队成员之间的尊重和信任得到了极大的增强。

3. 多元评价激励，让更多的人闪光耀眼

都说赞美欣赏他人是一种美德、一种修养和一种能力。只有管理人员时常被鼓励和欣赏，她们才能时常去鼓励和欣赏教职工，带动团队不停向前。一分园食堂管理员史长莉老师，虽已经56岁了，但仍然坚持挑战自己的心态，不断研发新的食谱，给孩子们膳食换花样。根据二十四节气制作的“节气美食”，每两周向家长发布一次，我有型、我有料、我有味等三个版块的图片精美、文字有趣，得到了家长们的一致赞赏。二分园保健医生李嫚丽积极参加健康驿站值守，得到了武昌区政府的表扬，幼儿园第一时间制作电子喜报，广为传颂。新来的保健医张博婵在幼儿园“文化大家谈”活动中说：“我以为我的付出，园长可能看不见，但没有想到，园长居然记得我所做的点点滴滴，这样的温暖在别的幼儿园可不常见。”这样的故事和人物还有很多，敬业奉献的文化在每个人的心中生根发芽。

人，是最宝贵、最稀有也最脆弱的资源。关注管理人员的心理健康这条主线来规划追求职业幸福，是有其理论依据和实践操作价值的。“热

爱”是一切工作的原动力，只有激发了这种动力，管理团队才能全情投入，参与管理，共同决策，产生创意。

二、保教团队研修实践及案例

案例三　骨干教师研修案例

（一）研修设计的缘由

1. 政策依据

《幼儿园教育指导纲要》《3—6岁儿童学习与发展指南》《幼儿园保育教育质量评估指标》等文件中都有“坚持以游戏为基本活动，珍视生活和游戏的独特教育价值”等相关表述，幼儿园要确保幼儿每天有充分的自主游戏时间，因地制宜地为幼儿创设游戏环境，提供丰富适宜的游戏材料，支持幼儿的探究、试错、重复等行为，与幼儿一起分享游戏经验。游戏的组织与实施越来越成为幼儿园教师必备的专业能力之一。基于游戏的幼儿园课程也越来越被大家所公认，对游戏的重新认识、定位、组织、实施、观察、指导是教师专业发展的必经之路。

2. 园情分析

一分园一直重视游戏的开展，游戏课程从规则游戏、创造性游戏、区域游戏的组织实施发展到自主游戏的阶段，特别是我园十三五市级课题《基于适性教育理念的园本课程的构建研究》开展以来，顺应幼儿的天性，加大自主游戏在每日活动中的比重，坚持每天两小时户外自主游戏和每天一小时室内自主游戏的课程安排，对游戏环境的创建、材料的提供，游戏的观察与指导越来越成为教育研究的重中之重。

现阶段我园教师队伍趋于年轻化，工作十年的教师不足，工作五年的教师少有，三年以下的教师占比大，保育员的专业背景几乎为零，低结构的游戏课程对我园的教师来说是有很大困难的。但是我园的行政层人员有较高的专业能力，园长、教学园长均为副高职称，园长、干事4人为武昌区学科带头人，区级骨干教师也有数名，而且依托武昌教育的大环境，我园又是武昌区课程改革项目研究实验园，所以我们开展自主游戏的研究是具备一定条件的。

3. 教师需求

作息时间的调整，游戏时间的增加、游戏观念的改变，需要教师的教育行为也随之改变，“放手游戏、发现儿童”成为我们追寻学前教育真谛的逻辑起点。要真正实现“让自由的游戏点亮儿童的童年”，在实践层面还是有很大的难度，既要使游戏材料满足儿童想怎么玩就怎么玩的需求，又要把教师从收集、制作和管理游戏材料中解放出来，教师们想放手又担心幼儿的安全，放手之后儿童有没有发展，如何观察游戏、如何记录游戏中的典型事件，如何指导和支持幼儿的游戏，如何让家长支持幼儿的游戏，共同参与游戏的建设等，这些问题都像一个个障碍阻挡在教师们游戏实施的道路上。可以说，对幼儿自主游戏的支持策略的探究就成为了现阶段教师专业成长的最大需求。

（二）研修拟解决的关键问题

1. 转变教师对游戏的认识，进一步树立正确的儿童观、教育观、课程观。

2. 幼儿自主游戏环境和材料的开发策略。

3. 会观察、解读幼儿的游戏行为，开展适宜的支持幼儿发展的自主游戏。

（三）研修总目标

1. 厘清幼儿园自主游戏概念，真正认识游戏的价值。

2. 共思共研游戏环境、课程实施的路径。

3. 提高教师观察、有效支持幼儿游戏的能力。

（四）研修任务及预期成果

1. 初步构建以游戏为基本活动的园本课程模式。

2. 教师均能积累一篇及以上较优秀的游戏案例，能分享自己的游戏支持策略。

（五）研修计划

共计学时数：30 学时

模块	单元	标题	拟解决的问题	研修方式	学时	参加人员	培训导师
模块1	单元1-2	室内区域游戏VS室内自主游戏	革新原有的游戏观念，重新认识室内区域游戏	头脑风暴、专题辩论	2	全体教师	刘蓉
	单元3-4	室内自主游戏观摩研讨	1. 观察并思考材料投放能否满足幼儿需要 2. 探索游戏组织环节应如何优化	观摩讨论、交流分享	2	全体教师	刘蓉
	单元5-6	材料“孩”选，室内自主游戏材料审议及优化	对全园各班材料进行审议，提出优化的方案	实践研修	2	全体教师	刘蓉
模块2	单元7	游戏视角下的幼儿园游戏推进与实施	思维碰撞，了解更多游戏相关理论	名师培训	1	教研组长	伍香平
	单元8	依托课程游戏化建设寻找适合的行动坐标	反思课程游戏化的理念，发现问题	名师培训	1	教研组长	袁卉
	单元9-10	自主游戏的观察与记录	1. 明白观察的意义和现状 2. 获得观察、记录的策略和方法	名师培训	2	全体教师	刘蓉
模块3	单元11	放手游戏如何保证孩子的安全（一）	提高教师对安吉游戏如何“放手”的深入理解	实践研修	1	全体教师	刘蓉
	单元12	放手游戏如何保证孩子的安全（二）	幼儿户外自主游戏时安全问题的有效解决策略	实践研修	1	全体教师	刘蓉
	单元13-14	觅童年 研游戏	1. 亲历游戏过程，体验游戏的价值 2. 认识游戏中的关键经验，把游戏的权力真正放手给幼儿	实践研修	2	全体教师	刘蓉

续表

模块	单元	标题	拟解决的问题	研修方式	学时	参加人员	培训导师
模块4	单元15-16	游于心 获与行	进一步答疑解惑，厘清游戏与课程，游戏与幼儿发展的关系	名师培训	2	全体教师	胡慧
	单元17-18	幼儿教师的观察研究	1. 感受专业视角下幼儿行为的观察与解读 2. 了解观察类研究报告的撰写模式	名师培训	2	全体教师	张春妹
	单元19-21	游戏研讨会学习分享	借鉴他人的游戏实施经验	分享交流	3	全体教师	分享者
	单元22-23	“安吉游戏”实验园入园指导	评价与反思游戏实施情况，进一步提升游戏支持水平	名师培训	2	全体教师	方文文
模块5	单元24-25	我讲我的游戏故事	发现幼儿游戏故事的价值	分享交流	2	3H、3S成员	分享者
	单元26-28	游戏案例分享	提高游戏案例的撰写能力	分享交流	3	3H、3S成员	分享者
	单元29-30	游戏支持策略分享	梳理游戏支持策略	分享交流	2	3H、3S成员	分享者

(六)研修具体安排范例

单元1-2

单元1-2标题	室内区域游戏VS室内自主游戏	研修方式	头脑风暴专题辩论	参加对象	3H、3S成员
单元目标	1. 了解教师现阶段对室内自主游戏开展的困惑和问题 2. 引发教师对原来区域游戏与现在自主游戏的认知的碰撞思考 3. 更新关于室内自主游戏的观念，环境创设上的改变				
资源准备	PPT、教师问卷调查统计				

续表

研修提纲或研修流程	一、游戏：时间炸弹 围绕室内区域游戏与室内自主游戏开展“提问与回答”的游戏，倾听教师思想理念上的认识，发现现有观念上的误区 二、头脑风暴 1. 你认为什么是室内自主游戏，与原来的区域游戏有哪些区别？ 2. 你对自主游戏的开展有哪些问题与困惑 三、针对教师前期问卷调查中集中的问题与困惑开展辩论 四、年级组长分享现阶段各年级组的实际做法 五、正本清源，更新观念：教学园长引领
研修任务及成果	1. 改变原有的区域布置格局，去区角牌，材料按类别摆放 2. 用“研究”的思维，“研究”的方法，形成“研究”的意识 3. 室内空间如何最大化满足儿童不同活动的需要
实施建议	1. 在研训活动前期进行了班级室内环境创设布局的大改造、大调整 2. 明确释放空间是为了更好地利用空间 3. 前期问卷调查，做好统计与分析
评价维度	1. 参与现场研修的积极性 2. 大胆表达自己的想法，思维碰撞

单元5-6

单元5-6标题	材料“孩”选，室内自主游戏材料审议及优化	研修方式	观摩讨论、交流分享	参加对象	3H、3S成员
单元目标	1. 对全园各班材料进行审议，提出优化的方案 2. 通过分享各班材料名称及数量，发现材料提供过程中存在的问题 3. 进一步明确材料提供的依据和方法				
资源准备	活动流程PPT、各班材料PPT				
研修提纲或研修流程	一、活动导入 1. 主持人开场，介绍本次活动的目的和活动流程				

续表

研修提纲或研修流程	二、活动研讨 1. 说材料 各班教师出示PPT，介绍本班材料的数量及种类情况 2. 研材料 教师根据本班投放的材料及观察到幼儿的游戏情况，简单分享幼儿的游戏状态、投入游戏时的状态及程度 困惑：(1)教师投放的材料是否适宜 (2)材料是否有利于提升幼儿的游戏水平 三、评材料 1. 刘蓉园长点评及与参加对象互动 思考：室内自主游戏应该如何投放？自己班上的材料，存在哪些问题？材料分享后，有什么感受与发现 2. 教师针对问题自由发言 3. 刘蓉园长进行专业引领主题发言 四、选材料 1. 教师针对刘蓉园长所讲的专业引领要求对自己班级的材料进行审议及优化 2. 教师分组研讨各年龄段幼儿投放的材料
研修任务及成果	通过梳理全园各班现有游戏材料，发现问题，并提出优化方案，全园进行大调整，按照年龄层次重新分配，保证同种材料数量充足
实施建议	1. 各班将自己的材料进行拍照统计，做好PPT准备 2. 督导各班进行材料的重新调整并分配到位
评价维度	参与教研活动研讨的积极性；活动中是否能大胆表达观点

单元11

单元11标题	放手游戏如何保证孩子的安全(一)	研修方式	观摩讨论、交流分享	参加对象	3H、3S成员
单元目标	1. 提高教师对安吉游戏如何“放手”的深入理解 2. 积极研讨关于幼儿户外自主游戏时安全问题的有效解决策略				
资源准备	PPT、视频、资料				

续表

研修提纲或研修流程	游戏抢答：对安吉游戏学习知识的问答 一、头脑风暴 1. 在户外游戏活动时，应如何做到放手 (1)老师交流分享：不放手的顾虑是什么 (2)罗列总结出老师的顾虑，应该如何去解决？有什么好的方法 二、互动研讨 1. 放手游戏时，如何保证孩子的安全 (1)由教师对图片、视频进行解读 图片中发生了什么？你当时的反应 (2)问题归类：不同的游戏区域发生的不同情况 A. 关于幼儿与幼儿 B. 关于幼儿与材料 C. 其他老师补充 三、策略研讨、分组讨论 请老师们自由发言：哪几个方面存在有效解决方法 1. 通过幼儿、老师、家长三组进行策略研讨 2. 中心发言人发言 3. 罗列出好的方法并进行总结
研修任务及成果	1. 看到幼儿有自我保护的本能，相信儿童 2. 教师要有安全风险预判和评估的意识和能力
实施建议	1. 预先请老师们收集不同场地风险点的照片或视频 2. 预先思考安全风险发生的缘由，考虑如何避免
评价维度	1. 日常工作中安全风险点收集的广度和深度 2. 安全风险控制意识和能力的增强

单元 13-14

单元 13-14 标题	觅童年 研游戏	研修方式	体验式教研	参加对象	3H、3S 成员
单元目标	1. 亲历游戏过程，体验游戏的价值 2. 进一步理解、践行安吉游戏的理念 3. 掌握游戏的关键经验，把游戏的权力真正放手给幼儿				

续表

资源准备	游戏场地、PPT、多媒体设备、纸笔
研修提纲或研修流程	一、分享游戏计划 1. 教师们分为两组，游戏组进行游戏计划的分享 2. 我的计划是什么？准备怎么玩？玩什么 二、“玩”游戏，觅童年 1. 开放区域：积木区、沙水区、综合区 2. 游戏组以及记录组分区域玩和进行记录 三、“画”游戏，记录快乐 游戏组的教师将自己的游戏故事画在纸上，并分享自己的故事 四、“说”游戏，分享感悟 1. 玩了游戏，你有哪些感受？有哪些有趣的事情？怎么玩的 2. 思考了哪些问题 3. 获得的核心经验是什么？谈谈游戏的价值
研修任务及成果	1. 体验游戏中自己的身体动作、思维活动、情感体验 2. 分析游戏过程中获得的发展 3. 相信游戏对幼儿的发展价值，不只停留在听专家说的层面
实施建议	1. 事先分好小组 2. 每个小组，有游戏者，有记录者也有拍摄者
评价维度	1. 体验游戏的投入程度 2. 从记录游戏、说游戏到分析游戏可能带来的发展核心经验，做到有理有据

单元17-18

单元17-18标题	幼儿教师的观察研究	研修方式	交流分享	参加对象	3H、3S成员
单元目标	1. 感受专业视角下幼儿行为的观察与解读 2. 了解观察类研究报告的撰写模式				
资源准备	联系张教授团队、PPT、多媒体设备				
研修提纲或研修流程	1. 介绍张教授团队，说明交流的目的和意义 2. 聆听报告分享				

续表

研修提纲或研修流程	幼儿园儿童的亲社会行为影响因素观察研究：幼儿模仿行为具有什么特点以及受到什么因素影响 (1)第一组：小二班、小三班 (2)第二组：中四班、大二班 (3)第三组：中一班、中三班 (4)第四组：小一班 3. 张教师专题分享 幼儿行为观察的重要性 4. 刘园长发言 (1)观察是提供适宜而有效的教育策略的前提 (2)加强心理学系与幼儿园的共建与合作
研修任务及成果	1. 明确观察研究对幼儿园教师的重要性 2. 了解幼儿行为的心理学意义
实施建议	1. 事先与张教授团队沟通确定内容和形式 2. 体会司空见惯的幼儿行为在心理学研究视角的解读
评价维度	1. 交流内容对教师的启发和收获 2. 教师专业发展共建的价值和意义

案例四　保育师研修案例：“关爱与支持”

根据《幼儿园工作规程》要求，幼儿园教学中应遵循保教结合的方式，确保幼儿从“德智体美”出发，全面发展。保育师的保教结合工作在幼儿园教学中异常重要，其有效落实是促进幼儿全面发展的有利保障。作为幼儿园保育师需要履行义务与职责，将保教结合贯穿于幼儿日常教学、游戏、生活中，确保幼儿在健康的环境下学习成长。在幼儿园的班级中，一般都配备了两名教师和一名保育师，共同对幼儿实施保育和教育。但从目前大多数幼儿园的现状来看，“保教结合”四个字更多的指向对象是教师，而忽略了保育师在工作岗位上履行教育职责的任务，导致保育师变相成为了清洁员、护理员，其岗位职责中也缺失了教育工作的任务。

其实，从幼儿在园生活的现实情况来看，保育师的教育职能和作用是显而易见的。保育师在实际工作中承担教育职责、做到保教结合，对幼儿的生活习惯养成、身心健康成长都起着至关重要的作用。

幼儿园教学阶段，幼儿的主要活动就是游戏，通过游戏的形式丰富幼儿学习生活，激起幼儿的好奇心。当今时代保育老师并非专业幼儿园教师出身，她们没有经过专业的培训学习，平时只是观摩和学习班上老师开展教学活动或游戏活动时的配教，并未自己真正开展过。要想让保教结合贯穿于幼儿园日常游戏，可以通过日常生活活动的开展来进行锻炼。游戏在幼儿健康成长过程中是必不可少的项目，而保育师在幼儿园教学中可将保教结合工作贯穿于幼儿园日常游戏中，确保在幼儿日常游戏中，保中有教，教中有保，相辅相成，全面促进幼儿身心健康全面发展。在幼儿园日常游戏中，保育师可以加以正确引导，引导学生在游戏过程中注意遵守秩序、讲究卫生、做到安全第一，培养幼儿互帮互助精神，增强孩子自信心，加强孩子之间的交流合作。他们既要做到保护幼儿健康，激发兴趣，又要促进幼儿身心健康，全面发展，充分展现保教结合工作的有效成果。

譬如在进行“幼儿篮球接力赛”过程中，需要将幼儿进行分组。在活动开始前，保育师提前排查好户外场地的安全，再编排每一组幼儿以起跑线为起点，第一位幼儿拍篮球前进到终点后返回，紧接着传给下一个，依此类推。在此过程中，保育师要提醒幼儿注意安全，要遵守比赛秩序，不可发生争斗、互抢等行为，同时在进行篮球交换时，一定要击掌表示顺利出发。在此过程中，保育师可以进行细致观察，观察幼儿状态及情绪，确保每一位孩子都可以从中获取收益，做到保教一体。又如，保育师为幼儿提供其他的游戏活动，让幼儿在沙池中玩耍，为他们提供一些工具，让幼儿进行自由创造，自由玩耍，或者同伴间相互协作，通过自己动手，自己参与，自己观察，发掘其中的奥妙。玩游戏是孩子的天性，要让每一位孩子都可以参与游戏，体验游戏的乐趣。保育师要保证幼儿有充足的游戏时间，并通过游戏产生不同观想与体验，促进孩子身心全面发展。通过将保教结合工作贯穿于一些日常游戏，既丰富幼儿日常生活，又解放孩子天性，让孩子在游玩中不断提升体能，同时在游戏中学会团队合作，产生共赢的思想理念，通过游戏掌握一些生活常识，达到保教结合的目的。

三、后勤团队研修实践及案例

案例五　安保研修案例：眼疾手快

幼儿园在入园、离园环节是最容易发生安全事故的，因此行政值班人员每日都会提前到大门口值守，从测温岗、安全岗、机动岗、安保人员到家长护校队，都有细致严格的岗位职责，以确保每一位幼儿入园、离园时安全保障措施的全面覆盖。幼儿园新南门地理位置位于武汉大学东中区家属核心地段，多条岔路口都可以随意通行车辆，幼儿园提前邀请武汉市交通大队、珞珈山街派出所、校保卫部交通科等多方联动，实地查看，正式启动实施前进行重点区域部署、规划，将交通安全隐患及时消除。然而在执行实施此制度规定的过程中，仍然会发生一些意外。

早上入园的时候，家长轿车不允许驶入隔离带，需要家长停靠在一边，由家长下车将幼儿送至幼儿园大门楼梯上方，目测幼儿手部消毒，医生晨检完后方可离开。大四班的一名小朋友被家长开车送至隔离区域后，让该幼儿自己下车走进幼儿园，孩子情绪上有些抗拒，在车上不愿意按照家长指示做，无奈下，家长只能下车陪同幼儿步行走入幼儿园大门方向。因家长赶时间上班，将该幼儿刚刚带入步行区就立刻甩手往回走，根本没有目测幼儿是否已经安全入园，没有顾及幼儿情绪上发生的变化。孩子发现家长甩开手后，开始站在原地大声哭泣，然而家长听见幼儿哭声也并未回头及时安抚。

安保人员听到幼儿哭声后发现异常，这时该幼儿往入园反方向跑追赶家长，左侧方有一辆轿车要掉头离开，幼儿身高正好和车辆产生“死角”，一名保安人员健步如飞快速跑到幼儿身边，眼疾手快抱起孩子转了180度，多么触目惊心的一幕发生在眼前，该幼儿家长听到发生的声响，立即回头发现原来是自己的孩子，十万火急地往回跑，一遍一遍地感谢安保人员，这时行政人员立即上前告知家长，孩子必须由家长送入幼儿园，即使再赶时间也要保障幼儿的安全，不然发生安全事故后果将不堪设想。

通过本次事件的发生，也再次发现幼儿园门前交通安全的漏洞，行政组人员第一时间现场头脑风暴探究，并在网上购置专用交通隔离护栏，将入园门前的三条车辆进出通道在幼儿入园、离园环节时间段进行部署摆放，以杜绝交通安全事故的发生。

“企业的成功靠团队，而不是靠个人。”这是管理大师罗伯特·凯利的话。这句话不仅适用于企业管理，同样也适用于保安队伍的管理。保安队伍是一个集体，队员们必须要相互配合、相互支持，才能够完成他们的工作。在保安队伍的管理过程中，需要注重培养团队精神，建立一套相应的管理制度和体系。

“管理就是沟通、沟通再沟通。”这是杰克·韦尔奇的名言。对于保安队伍管理者来说，沟通是至关重要的。管理者需要及时了解队员的工作情况和心理状态，以及队员对于工作中的问题和困难的看法和建议。管理者要保持与队员的沟通交流，以便及时解决问题，调整队员的工作状态，提高他们的工作效率和质量。

“预防是解决危机的最好方法。”这是迈克尔·里杰斯特的话。对于保安队伍来说，预防是高效工作的关键。建立严格完善的预防机制，可以大大减少出现安全事件的可能性。保安队伍管理者需要分析判断安全风险，制定对应的防范措施，并通过定期的演练、培训等方式提高安保队伍的应急处置能力，让他们能够在紧急情况下快速、有效地应对。

“质量是维护顾客忠诚的最好保证。”这是杰克·韦尔奇的名言。幼儿园后勤管理对保安队伍管理过程中，质量也是非常重要的一环。我们幼儿园的宗旨是以培育幼儿、服务大学、奉献社会为使命，保安队伍的服务质量。这不仅关系到幼儿园的形象，还关系到武汉大学教职工对幼儿园的安全和信任。管理者需要对后勤工作人员实行绩效考核和管理，及时发现和解决工作中的问题，完善服务品质，树立优质服务的形象。

案例六 食堂研修案例：万伯伯"不厌其烦"的"开小灶"

食物过敏对生长发育的影响一直以来都是研究人员关注的热点，虽然由于研究人群、食物过敏类型（IgE、非 IgE、混合型）、食物过敏的种类和数目、共病以及饮食回避等方面的差异，很难在不同研究间进行比较，但研究结果均提示食物过敏儿童的体格生长参数通常低于一般人群，其中以牛奶蛋白过敏造成的差异最为显著。2013 年，关于多食物过敏儿童营养摄入和生长问题的综述提出，与无食物过敏儿童相比，患有多食物过敏儿童有较高的发生营养素摄入不足和生长不良的风险。故对于食物过敏儿童，应进行生长和营养监测，以防止可能的营养素缺乏并促进此类儿童的正常生长。近年来，儿童过敏呈现增长趋势，尤其是食物过敏的低龄儿童人数不断上升。那么，食物过敏是什么呢？食物过敏是指人体对某种食物敏感，进食后由食物触发的免疫反应。食物过敏的幼儿多表现为呕吐、腹泻、湿疹、咳嗽、哮喘、食欲不佳等，严重的还会出现生长发育迟缓的现象。合理的营养是幼儿发展的基础，而均衡的膳食是摄取营养的唯一途径。幼儿生长发育阶段，需要足量营养的摄入，保健医根据 3~6 岁幼儿每日各种营养素的需要量，再结合季节特点，选择八大类食物，安排好幼儿容易缺乏的营养素：维生素 A、胡萝卜素、钙等的供应；干稀、荤素、粗细、甜咸合理搭配，让孩子们在黄金时期健康成长。①

一颗初心，半生烟火，让美食留住童年的味道！一餐一饭，看似简单，却饱含着大自然的味道、美好的回忆以及人与人之间的真情。孩子们最喜欢幼儿园的美食，舌尖的美味是孩子们童年最珍贵的回忆，也是他们对美好生活的初体验。厨师作为幼儿园的"掌勺者"，不仅需要精湛的厨艺、专业的营养搭配，在制作过程中更需要爱心与专注。万伯伯虽不是名师出身，却有一颗谦逊之心和一双巧手，平常就爱琢磨创新菜品，听到别人对自己的手艺提意见，总是虚心接受，不断改进。对厨房卫生

① 参考文献：中华儿科杂志，2019，57(3)：238-240.

要求极严格；食材要新鲜、无污染，分开储存；切丁要小、切丝要细，适合孩子咀嚼；烹饪要注意口感清淡细腻；甚至在送餐过程中，他都会亲自进班看看孩子们进餐情况，询问孩子们饭餐口感如何？

“开小灶”原指集体伙食中另外安排高标准的伙食，我园保证390多名幼儿日常膳食的前提下，还给部分特殊幼儿“开小灶”，这些特殊幼儿为过敏儿。为了保证这些特殊幼儿的生长发育，万伯伯不厌其烦每天给过敏幼儿单独准备饭菜，将过敏幼儿的过敏食材替换成新的食材，但同时也要计算好替换食材的营养价值、价格，保证幼儿日常的营养摄入。万伯伯每次结合替换的食谱单独给过敏儿制作属于他们的餐点。例如，有的幼儿对虾仁过敏，万伯伯将虾仁烧豆腐替换为土豆烧牛肉；有的幼儿对鸡蛋过敏，万伯伯将紫菜蛋花汤替换为黄瓜紫菜肉丝汤，还有的幼儿对坚果过敏，万伯伯将幼儿核桃发糕替换为葡萄干发糕。

幼儿园“食育”是一种体现，也是创新开拓膳食文化的一个契机，每学期上半年白案创新伙委会品尝安排在6月底，下半年红案创新伙委会品尝安排在12月底，食堂工作人员在互相展示、互相切磋中不断提升各自的专业水平。兴园之道、育人之情——倾听他人声音，为思想碰撞火花“添把火”；同他人“论笑风声”、自身也能“论有所得”。在日常的饮食制作上，我们将更精细化管理，为全园每位幼儿提供适宜生长发育的餐点，为他们饮食健康服务，我们将不忘“厨”心，“食”刻守护幼儿园膳食营养制作规范化、精细化。

在看似平凡的岗位上谱写着不平凡的人生篇章，食堂工作人员为全园师生的饮食竭尽所能服务着。在很多人眼里，食堂乃幼儿园最神秘的存在，堪称幼儿园最“隐秘的角落”。食堂工作规范化发展需要创新驱动，更需要钻研型大厨们的支持，全面提升幼儿园食堂人员的业务水平和职业能力，激发他们的工作热情，以幼儿的健康发展，为幼儿制作放心、营养、可口、健康的餐食，保障幼儿园饮食安全与幼儿健康。

附：幼儿园组织文化形成的模式图

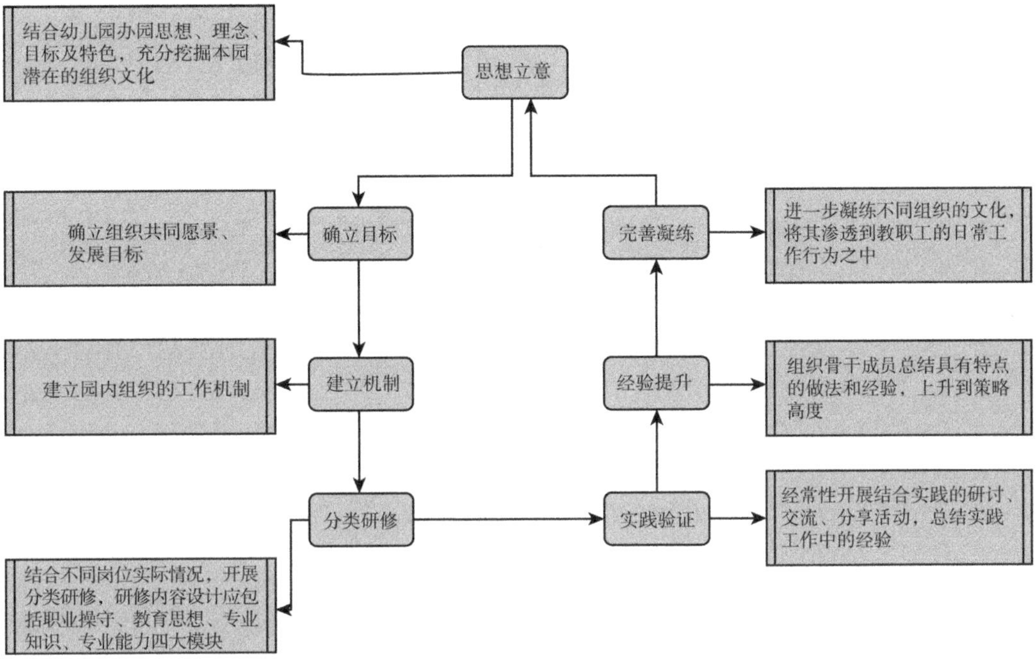

第五章

幼儿园课程文化的建设实践

课程是幼儿园教育实施的基本载体，而课程文化不仅是幼儿园文化的组织部分，也是幼儿园文化软实力的重要表征与体现。作为课程的母体，文化决定了课程的文化品性。幼儿园的课程如果没有文化，将成为无源之水、无本之木。因此幼儿园的课程文化是幼儿园的精神内核，集中体现了幼儿园所拥有的独特底蕴和品质。课程文化能够充分显示幼儿园文化软实力的内涵与品格，也在一定程度上反映了幼儿园及其环境的一些重要特质和风格。课程文化着眼于幼儿园的培养目标与教育质量，关系到在课程中教师与幼儿各自的地位与角色，以及两者之间的关系。因此，构建课程文化是提升幼儿园核心发展力的必由之路。课程文化也将成为幼儿园文化建设的核心之一。优质幼儿园的建构应以建设幼儿园课程文化为发展重点。

第一节　幼儿园课程文化建设的主要问题

案例一：某民办幼儿园为了吸引更多的生源，在课程上大做文章，推出丰富的课程文化吸引家长的关注。课程文化介绍中是这样表述的：幼儿园是孩子人生中重要的阶段，不仅仅是体现在学习和认知能力上，更是体现在文化和价值观方面。幼儿园的课程设置正在是这样的背景下进行，设置为四个部分，即语言、科学、数学和社会。前三个部分会体现课程文化。如语言方面，我们不仅仅通过游戏让孩子们学会听、说、读、写，还会更加强调母语文化的特点和价值，会通过故事、儿歌等方式引导幼儿了解民间文化，同时也向孩子们传达尊重父辈和长辈的价值观①……

案例二：某公办幼儿园的办园理念是“蕴仁爱之心，育七彩童年”，在园所文化的建设中，试图通过课程文化推动园所文化的发展。幼儿园将课程理念定位为“求真 从善 尚美”，并建构了“乐享”园本课程，旨在

① 幼儿园课程与文化案例分析．百度文库．幼儿园课程与文化案例分析[OL]．(2013-5-16)[2023-7-5]．https：//wenku. baidu. com/view/df97e9831ae8b8f67c1cfad6195f312b3169eb2b. html.

培养快乐、分享、童真的童年，重视健康特色的打造。在环境文化中突出健康运动的元素，课程文化中彰显出健康特色。

从上述案例中，我们感受到幼儿园在对课程文化的认识和理解中存在一定的偏差。根据文化基本构成的普遍观点，课程文化建设既不是案例一中理解的单指从课程知识学习中感受和习得文化素养，也不是案例二中办园理念与课程理念、园本课程之间毫无关联而独立存在的。而是关系到园所文化需要思考的“建什么样的幼儿园”“培养什么样的人”的根本问题。从定义上看，课程文化是指学校采取的课程框架，其中包含目标、思想、方法、技巧和文化底层价值体系。它涵盖了学校教育的各个方面，不仅指学校教育的文化，而且也指学校课程设置、教学方法、教学内容以及质量管理等。课程文化是学校长远发展的基础，它决定了学校以什么样的方式遵循学校教育目标，以及在教育过程中可以采取的方法、技巧和文化的类型。① 从内容上看，幼儿园课程文化大致包括四个方面的内容：课程物质文化、课程制度文化、课程行为文化和课程精神文化。幼儿园课程文化这四个方面的内容相互渗透，相互补充，共同构成一个群体文化整体，进而营造出幼儿园独有的育人氛围。从功能上看，课程文化是文化建设的生命力，是教育的命脉。幼儿园课程文化具有使命感，幼儿园要注重课程文化的建设，通过文化引领幼儿园课程。

一、幼儿园课程文化建设中存在的主要问题

目前许多幼儿园意识到课程文化建设的重要性，意识到课程建设过程中，如果缺失了文化的指引，就如同缺失“水源”，无法为儿童的成长保驾护航。各幼儿园也都在力求通过文化引领课程的方式来提升园本课程的品质，通过课程建构来体现文化的内涵彰显园本特色。但是实践过程中，我们发现幼儿园课程文化建设中存在几个较为突出的问题。

---

① 百度文库．课程文化的定义[OL].(2013-5-16)[2023-7-5].https://wenku.baidu.com/view/5c0149936237ee06eff9aef8941ea76e58fa4a32.html? _wkts_=1697099872106&bdQuery=%E8%AF%BE%E7%A8%8B%E6%96%87%E5%8C%96%E7%9A%84%E5%AE%9A%E4%B9%89.

（一）幼儿园课程文化缺乏教育使命感

当前幼儿园的课程文化体现是五花八门，极具多元性的。有以崇尚国际视野的西方文化，有以推崇国学经典的传统文化，有以自己幼儿园为本位的特色文化等，体现出不同形态下幼儿园课程文化视野的钝化。许多幼儿园跟风学样，流行什么就追求什么，家长喜欢什么就推崇什么，并不清楚幼儿园课程文化的教育使命所在。幼儿园课程文化发展正经受着传统文化与多元文化抗衡的困扰，凸显对文化发展认识的漏洞。“幼儿园要为谁培养人？培养什么样的人？怎样培养人?”的教育使命在课程文化的体现上并不凸显。如案例一中，幼儿园所认为的课程文化，更多的是知识的传授，文化只是知识传授过程中体现的一种价值取向，把文化和课程割裂来看，显然是未能真正理解课程文化的内涵。幼儿园课程文化如果没有教育使命做“根”和“魂”，就容易陷入盲目、茫然的状态，无法形成文化的传承与沉淀，无法为儿童终身可持续发展奠定基础。

（二）幼儿园课程文化缺乏核心关联

幼儿园课程必须有根深的文化理念作为支撑，这样在面对多元文化冲击时，文化自觉的理念才会减缓多元文化对懵懂儿童的认知冲突。但当前许多幼儿园存在园本课程与课程理念、园所文化之间脱节的情况，核心内涵之间缺乏关联。课程文化既不是从园所文化中生发而来，也与课程理念不相符合，课程文化鲜有体现园所文化及课程理念。

如案例二中，幼儿园的办园理念是“蕴仁爱之心，育七彩童年”，幼儿园的课程理念可从园所办园理念中生发。如以“以爱育爱 和美共生”为课程理念，建构“爱·美”园本课程，将幼儿园“仁爱”文化与艺术教育进行融合，通过“爱·美”课程让幼儿用艺术的方式表达自己对周围世界的一种认识，将美育渗透到儿童的心灵深处，让儿童的生命更加美好，从而实现“童本 童真 童梦”的七彩童年。以此通过课程文化推动和深化园所文化，让园所文化孕育和丰富课程文化，不断彰显出园所文化的核心内涵，避免幼儿园课程文化在实施中理念被架空以及与园所文化脱节的现象。

(三)幼儿园课程文化缺乏传承与创生

随着时代的发展，幼儿园课程建设已由20世纪末重知识经济文化的阶段，向新时代以儿童全面发展、体现幼儿为主体的阶段迈进。幼儿园的课程建设在近年也取得一些成果，如从理念到内容再到模式，都取得了一定的突破。课程园本化的研究和推行已然成为当下一种流行的趋势。课程文化也由此受到越来越多幼儿园的重视和关注。但就课程文化内核而言，贯彻到课程发展中时，往往表现出以下问题：一方面，深入的课程理论研究不够本土化。课程理念依然过多地依仗国外的课程理论与模式，扎根于当地的本土文化或中国传统文化而生发出的课程理念却鲜有体现；另一方面，有些园所的园本课程文化虽有开发但未深入落实，未扎根于自身园所的文化处境，模仿其他流行的课程模式或课程体系，而非扎根创生。这种通过演绎得出的课程文化理念，导致文化流于文本形式，缺失自觉性与理性的课程建设。这对于园本课程建构而言，虽然理论是新颖的、深奥的，但课程文化也同时面临着被架空、最终课程表现为无用的危险；再一方面，幼儿园的课程文化随着时代的发展进行不断更新变化，变化过程中未抓住文化的根脉，未能较好传承其本质的文化精髓，而是随波逐流，导致课程文化逐渐失去了本真的模样，课程文化的传承性、延续性及创生性未能较好地体现。

二、新时代对幼儿园课程文化建设的要求

(一)习近平教育思想对幼儿园课程文化的要求

教育从娃娃抓起。少年儿童是祖国的希望，民族的未来。党的十八大以来，习近平总书记关于教育的重要论述形成了系统完整的新时代中国特色社会主义教育理论体系。习总书记说："要加强对基础教育的支持力度，办好学前教育。"①他始终心系少年儿童的成长成才，对少年儿童工作给予全方位指导。

① 新华网. 新时代新作为新篇章·奔向美好生活 | 幼有所育，托起幸福童年. [OL]. (2022-10-1) [2023-7-5]. https://baijiahao.baidu.com/s? id=1745452313156690813&wfr=spider&for=pc.

他指出幼有所育，让每一名少年儿童都能伴随时代的脚步茁壮成长，是全党全社会共同的心愿。我们认为习近平教育思想对幼儿园课程文化的启示有：

第一，明确教育目标。课程文化要体现立德树人的根本任务及教育使命，要关注幼儿园课程建设的目的是为培养德智体美劳全面发展的社会主义建设者和接班人，这是实现中华民族伟大复兴的基础支撑。要遵循教育规律和人才成长规律，努力构建德智体美劳全面培养的教育体系，为党育人，为国育才，使素质教育具体化。幼儿园课程文化的最终目的是为终身教育奠定基础。

第二，建立文化自信。要深刻理解扎根中国大地办教育的坚定自信，中国五千多年的文明，具有独特的历史和文化，是我们坚定教育自信的底气。幼儿园的课程文化要以中华传统文化为根基，深触五千年文化的博大精深。要将传统文化的思想理念、传统美德以及人文精神融入课程的建构中，通过显性的课程与隐性的理念并行前进，汲取中华文化宝库中的精粹，以唤醒、激发、浸润等方式，让儿童在文化中感知、体验，以此为基础使其成为文化开掘的受益人。

第三，树立现代教育理念。实现教育现代化，创新理念是改革的开始。素质教育是教育的核心，课程文化的重心要从偏重智育向德智体美劳全面发展转变，努力构建德智体美劳全面培养的教育体系，在教育过程中倡导启发式、探究式、讨论式、参与式的模式，把道德品行融入课程体系中，培养幼儿爱劳动、爱运动的良好的习惯，为儿童的终身发展奠定良好的基础。课程文化要体现出现代教育理念的核心思想。同时，面对文化多样性，幼儿园课程要以循环辩证的思维摆正与多元文化协同发展的观念。因为只有摆正位置的借鉴学习，课程才会不断深入发展，而非仅仅跟风式地对西方课程模式进行机械地模仿与照搬。

（二）未来时代对幼儿园课程文化的要求

联合国《2030年可持续发展议程》从全球层面承认了文化以及文化多样性对解决可持续发展挑战的重要性，文化在促进世界发展方面的地位与作用日益凸显并备受关注。① 谢弗在《文化引导未来》中指出，和经济、政治、技术

① 张帅. 中国教育报.幼儿园课程发展需文化引领[OL].(2022-4-18).[2023-7-5].https://baijiahao.baidu.com/s? id=1730429769018178158&wfr=spider&for=pc.

和宗教一样，文化也是一个强大的力量。世界的每一个角落都受到它的影响，而且是很深刻的影响。我们必须认识到文化对于幼儿园课程建设的重大的影响作用。只有文化发展了，才有课程的发展，未来的幼儿园课程取决于未来的课程文化。① 幼儿园课程建设是个动态发展的过程，无论如何动态发展，文化的引领却是核心不变的要素，它总是以潜移默化的方式影响着课程理念、课程行为，进而影响着课程方向。未来的幼儿园课程，文化引领将是实现幼儿园课程可持续发展的重要的方向。未来时代对幼儿园课程文化的要求大致体现在以下几个方面：

1. 打造传统文化新形象

课程作为文化传递的载体，具有传承文化的功用。由于课程文化具备知识属性的特点，因此文化既不是在原来的基础上完全继承"原文化"，也不是把别的文化拿来照搬全抄成"他文化"。从课程文化的发展使命角度看，即使课程文化要打破原有的固定课程模式，依然要以传统文化为根脉和基础，传递更加具有深层次且有意义和价值的传统文化能量，并更多地传输给儿童文化精神的内涵。这就需要幼儿园根据幼儿的年龄特点及发展规律建构适宜的传统文化课程，使幼儿浸润在传统文化之中，受教育和熏陶，不断获得终身幸福的力量。以传统文化作为课程文化的根基，打造传统文化新形象需要关注两个方面：一是正确处理好当前课程文化与传统文化之间的关系，在原有课程文化生发过程中融入传统文化，生成的传统文化课程要结合幼儿的年龄特点，贴近幼儿的生活经验，浅显易懂；二是处理好传统文化课程与幼儿学习方式和特点之间的关系，注重隐性课程中传统文化的浸染。充分利用隐性课程中的文化趋向性力量，将传统文化的元素与理念落实在环创、游戏、盥洗等活动中，以间接的、耳濡目染的方式对儿童的文化观念意识施加影响。只有这样，传统文化才会以新的姿态出现在儿童的视野中，并以更深层次的内涵影响儿童的精神世界，改变儿童的行为方式。

2. 理性驾驭多元课程文化

当今社会包罗万象的多元文化趋势对课程文化具有一定的冲击。面对多

---

① 虞永平. 文化引领幼儿园课程的未来[J]. 教育导刊.（2008年12月下半月）：4-6.

元课程文化产生的矛盾冲突，需要我们理性对待，打破固有文化思推，拓宽内在格局。首先，幼儿园的课程文化需加大对传统文化的传播力度，坚定文化自信，重视传统文化的价值引领、增强人们的文化自信，以此理性对待多元文化的冲击；其次，在课程文化的学习过程中，幼儿园应设置合理的学习情境，用幼儿易于接受的方式使其获得文化的自觉与认同，激发对民族文化的热爱之情；再次，理性应对多元文化的张力，幼儿园课程的内容才会以丰富多彩的姿态呈现在儿童面前，以开放的胸怀承接文化多样性所带来的文化底蕴的价值和观念。这就需要教师必须拥有客观的文化理念。为此，教师应秉承着终身学习的理念提升自己，通过理性地吸收借鉴多种文化来拓宽眼界，从而为儿童的发展提供更宽广的格局。

3. 创新园本课程文化生态体系

顺应时代潮流，打造园本课程文化生态体系，体现课程文化整体性、有机性与开放性已然成为未来课程文化发展的一种趋势。前文中提到，文化从来不是简单的“移植”与“嫁接”，而是要扎根本土文化、借鉴外来文化，在不同文化的交流碰撞中赋予自身文化新的意义，实现文化的相互理解与理性超越。基于不同时代的文化烙印、不同地域的文化基因，每所幼儿园生成的课程文化也有所差异，文化创新不是要幼儿园一味地“求新”“求异”，而在于找到适合本园课程发展的道路，这种适宜性内在地体现了园所的课程特色。如何获取适合本园所的课程文化建构，在避免故步自封的前提下又免去迷失现代的潮流中，这就需要幼儿园的园本课程文化生态建设掌握好“度”。

一方面，园本课程强调系统的有机发展，即需传递具有时代意义和群体意识的文化。也就是在园本课程发展中，充分挖掘和利用好课程资源，以本土教育文化资源与儿童生活经验相互作用的教育环境为根基，通过对多元文化的不断阐释，建构属于自身的文化，并产生一种文化创生机制，以此在不同文化的融合下提升园本课程文化的建构理念，有效凸显幼儿园课程的地域文化特性。除此之外，园本课程的建构还需要依据地域特色，使儿童通过对地域文化的学习，促进文化认同感，从而为广博的中华文化的学习打下坚实的基础。在此，要明确课程资源意识的三个关键点：一是课程资源的利用意识，幼儿园要能够将园所周边及贴近幼儿生活的自然资源、人力资源、物力资源、网络资源等加以充分利用，只有当资源被运用于各类活动，与幼儿产生交互作用时，才能活化课程资源。二是课程资源的关联意识，这种关联既表现为不同资源之间的相互联系，更表现为课程资源意识与幼儿发展意识的结合。三是课程资源的创生意识，幼儿园课程建设者要认识到，真正服务于幼儿发展的课程资源，往往需要根据幼儿的兴趣和活动中出现的新问题进行动态调整和意义生发。

另一方面，从幼儿的生活经验出发，开展多元化的文化对话。园本课程文化需要接纳不同个体的文化相互交流和沟通，即强调开放性。尊重文化多样性，既要激活传统文化在幼儿园课程中的当代价值，又要挖掘外来文化在幼儿园课程中的本土意义，在彼此间的互动、理解中促成多方的协调发展。每个儿童都承载着独特的文化属性进入课堂，需要在课程中汇聚、整合为共同的文化精神；通过共同文化的发展，使有限个体文化融入群体共有的无限可能的新文化中，充分展现个体的文化差异与特性。只有立足于生活世界、贴近幼儿现实的举措才能实现幼儿园课程文化在原有基础上的创新与超越，才能有效引领幼儿园课程的持续发展。

未来时代，儿童将作为课程文化中文化互动的一个因子，幼儿园的课程文化也都将以儿童自身的文化情境为基础设定。每个园所将在传承文化的基础上，从历史、现实、未来三方面追寻幼儿园课程文化发展境脉，并不断生发、创新，传承不守旧，创新不忘本。

（三）珞珈山背景下的幼儿园课程呈现状态

武汉大学作为百年高校，历史悠久，文化底蕴深厚。四所幼儿园虽然所处的地理位置不同，地域特点及环境优势也不同，教育资源也各有差异，但幼儿园都处于校内居民住宅区，所处社区资源丰富，家长群体大多具有高知、高学历、高要求等特点。幼儿园都历经了六十到八十余载的沧桑变化。在发展和变迁中，各园的园址、园舍、园貌日新月异，但始终不变的是为珞珈山、为祖国育人才的教育初心。自 2000 年合校以来，在总园的带领下，幼儿园始终传承着“自强、弘毅、求是、拓新”的珞珈精神，围绕同一个办园理念“享珞珈之灵秀　育书香之稚子”，为同一个教育使命而奋斗，坚持立德树人，培根铸魂，启智增慧。近年来，四所分园以课题研究为依托，在课程建设方面持续改革和创新，呈现出不同的课程文化和园所特色，体现出“各美其美、美美与共”的文化内涵。具体表现在：

1. 课程文化合而不同，课程特色各美其美

一分园地处文理学部主校区，依偎在珞珈山脚下，占地八千多平方米。结合园所的教育资源及现实发展情况，以“适美”二字为园所文化的核心要素。“适”即适儿童天性，适珞珈灵性；美则是“育美”——以美养德，以美弘智，以美健体，以美怡情，“美育”——育美德，养美德，尚美品。幼儿园以“顺天性、养习性、展个性”为课程理念，建构“适性发展、美润童心”的园本课程体系，形成了“适美”课程文化，培养“健康、尚品、美行、善思”的珞珈儿童。

二分园地处工学部相对悠静的东湖之畔，占地近九千平，园内植被丰富，绿化面积高，园舍错落有致，生态环境极好。结合地理优势及早年红色历史，幼儿园以中华传统“和合文化”作为文化的本源，以武大精髓“珞珈文化”作为文化的本土，以园所内涵“生态文化”作为文化的本质，以园所传承“红色文化”作为文化的本色。围绕办园理念，以“生态 和谐 启智”为课程理念，建构了生态园本课程体系，形成了“生态教育 书香启智”的课程文化，培养爱生命、亲自然、乐探究、会阅读、善表达的珞珈稚子。

三分园地处信息学部家属区，占地近五千平方米。园内充分利用环境优势，将操场、楼顶、平台等合理规划，充分利用，打造了室内外游戏运动一体化的运动场和游戏场。以生长教育(生命、生活、生存)为课程哲学思想，以“浸润珞珈 四健合一”为课程理念，建构“四健”课程体系及课程文化，即健体、健智、健德、健美打造了“健康生长 阳光运动”的课程特色，以培养尊重生命、珍视生活、适应生存的“四健”好儿童。

四分园地处医学部家属区。占地三千多平方米，园舍规模不大，环境小巧雅致，社区资源丰富、便捷。家长多为武汉大学中南医院教职工。结合园所的特点和优势，幼儿园以“珍视生活 追随游戏 成就儿童”为课程理念，建构“健身健心 悦享童年”的课程文化及园本课程体系，打造“健康 书香”的课程特色，培养新时代好儿童。

2. 课程文化自觉自为，凝聚价值彰显内涵

四所分园在课程文化的传承与创生上均能不断彰显园所课程文化的价值取向及文化内涵。具有几个明显的特点：

一是都能围绕办园理念，结合园所优势和资源特点，从实际出发，回归儿童，突显本土文化，形成园所具有特色的课程文化。

二是均能以文化自觉，凝聚课程价值。一方面体现都能在寻根溯源中明确幼儿园课程的文化定位。幼儿园课程不是真空的存在。另一方面体现在均具有高瞻远瞩的文化眼界，能通过课程文化意识的觉醒，在思想层面达成共有的目标与课程价值取向，从而凝聚幼儿园课程文化发展的向心力。

三是均能以文化自为，推动课程行为。文化的引领不是纸上谈兵，需要在实际行动中落实，将“看不见”的课程文化信念转变为“看得见”的课程文化行为。四所园均通过丰富的课程活动来不断深化课程文化和内涵，不断彰显园所的文化特色，打造了“珞珈”品牌。

厚重历史承载珞珈期待。尽管各园的课程文化呈现出良好的态势，但依然存在以下几个问题：

一是课程资源意识还可进一步明确。首先是课程资源的利用意识。要能够将园所周边及贴近幼儿生活的自然资源、人力资源、物力资源、网络资源等加以充分利用，只有当资源被运用于各类活动，与幼儿产生交互作用时，才能活化课程资源。目前各分园还有一些课程资源并未挖掘和充分利用。如一分园还可发挥幼儿园旁“老干部活动中心”的资源优势，不断开展“一老一小”的课程活动，以丰富“适美”文化的内涵；二分园可充分利用旁临水生物研究所的资源，开展“水生物”的生态活动，来丰厚“生态”课程的文化体系。其次是课程资源的关联意识。各分园在课程资源的关联意识上或多或少存在不同资源之间相互联系的严谨性欠缺和连续性不够的问题，也存在课程资源意识与幼儿发展意识结合不够科学等问题。再次是课程资源的创生意识。在幼儿园课程建设过程中，往往容易以园所管理者和老师为主体，忽视了课程资源真正应服务于儿童发展的意义，忽视幼儿兴趣、生活经验与课程资源之间的关系，忽视对幼儿兴趣和活动中出现的新问题进行动态调整和意义生发。

二是课程文化核心内涵的关联系还不够。课程文化建设已成为四所分园自觉和主动的行为，在行动中通过课程改革和建设来不断完善，但课程文化与园所文化内涵之间的关系还不够。我们还需思考以下几个问题来不断完善文化建设：一问“文化的根从哪里来”，二问“文化的定位在哪里”，三问“文化的核心是什么”，四问“文化的底色是什么”。因此有些分园的课程文化的根脉还需要进一步从传统文化中寻根溯源，从本土文化中提炼运用，从本园文化中总结完善，将珞珈文化与园所文化有机结合，形成具有“珞珈”特色的课程文化底蕴。

我们体会到，未来的课程取决于未来的课程文化，积极向上、努力进取、和谐共生的幼儿园课程文化是未来幼儿园课程不断发展的关键所在。只有努力协调课程建设中各种因素之间的关系，面向未来的眼光，用开放、高远的视野，用在行动中思考和发展的举措，努力建设和谐共生、不断进取的幼儿园课程文化，才能促使幼儿园课程真正有效地促进每一个幼儿在原有基础上的和谐、全面发展。

第二节 幼儿园课程文化的建设实践

武汉大学幼儿园四所分园围绕"享珞珈之灵秀 育书香之稚子"的办园理念，基于本园的园所文化，并利用独特的珞珈资源与文化，打造具有珞珈文化特色的课程建设。我们对武汉大学幼儿园的课程建设，始终在国家教育方针政策的引领下，追随课程改革的步伐，针对课程建设各个时期遇到的问题，不断学习、思考、实践，落实儿童立场，和孩子一起建构适宜的园本课程。武汉大学幼儿园四所分园的园本课程各具特色，百花齐放，如一分园以"顺天性、养习性、展个性"为课程理念，建构"适性发展、美润童心"的园本课程体系；二分园以"生态 和谐 启智"为课程理念，建构了生态园本课程体系；三分园以"浸润珞珈 四健合一"为课程理念，建构"四健"课程体系；四分园幼儿园以"珍视生活 追随游戏 成就儿童"为课程理念，建构"健身健心 悦享童年"的园本课程体系，四所园汇集园所文化的生命力，建构具有珞珈特色的课程文化，本篇以武汉大学幼儿园二分园课程文化建设为例，阐述幼儿园课程文化建设的样态与实践。

一、课程背景溯源

武汉大学幼儿园二分园置身于美丽的珞珈山下，"珞珈"作为武大的代名词早已被世人所知晓。作为武大幼教人，我们从武大的八字校训、人文精神、根脉传承、自由和谐氛围等方面对珞珈进行解读。基于对珞珈文化的思考，我们幼儿园的课程文化基点一是传承珞珈文化，弘扬武大精神；二是浸润珞珈文化，提升人文素养；三是践行珞珈文化，打造生态品牌。形成以人为本、充满积极能量的园所文化。基于园所文化的理念，在课程文化建设中，我们坚持"全面、全程、全员、全方位"的生态理念，努力建构让每个孩子享受生态环境、生态教育、生态成长和生态服务的生态园所文化，为每个孩子身心健康的成长与生活奠定良好的基础。将生态理念浸润于课程文化之中，通过开展丰富多彩的课程活动，为孩子营造良好的文化氛围，以幼儿发展和幼儿园的持续发展为方向愿景，师幼共同构建我们的园本课程，努力打造“生态教育 书香启智”的课程文化体系。

二、课程理念

幼儿园的办园理念是由武大总园统一提练的“享珞珈之灵秀 育书香之稚子”，旨在享有并利用独特的珞珈资源与文化，尊重幼儿天性，营造良好的环境，培育爱学、乐学的儿童，激发善问、善思的能力及敢想敢做的精神。办园理念的诠释，凸显了珞珈文化与校园文化相互融合的必然性，体现了回归“生态”是园所课程的必然也是应然的选择。在“生态”教育观的指导下，我们打造了“生态教育 书香启智”的园所特色。基于园所文化的背景，我们将课程理念定位为“生态 启智 和谐”，也是我们园本课程建设根植于心的核心理念。

生态

生态——体现的是一种理念，强调全面、全程、全员、全方位。在课程里生态有两个方面的含义。一方面是指环境的生态。环境是开放的、真实的、自然的、丰富的，它体现了课程的环境观和资源观；另一方面是方法的生态，也是课程的灵魂。是指课程是自主的、探索的、研究的、发现的，对幼儿发展具有可持续性的。强调课程中注重游戏化、生活化、经验化、整体化、过程化、情境化，体现了课程的进程观。

课程不仅关注课堂等有形教育，更会关注自然环境、人文环境、社区、教育者行为等无形教育，注重有形教育与无形教育之间、温室环境与自然环境之间、对儿童生命的照顾与让儿童自己克服困难和挫折之间、被动吸收知识与发展创造性思维之间的多重联系。鼓励幼儿走自然、用身体去想、用脑袋去做。

启智

启智——树立正确的儿童观、教育观、游戏观和课程观，遵循儿童身心发展的规律和学习特点，注重启发、激趣，使儿童能获得新经验，能面临问题和挑战，能动员多种感官，能进行经验的积累和重组。从而乐于表达、善于思考，启迪智慧。

和谐

和谐——第一，关注幼儿自然天性，关注幼儿的全面发展。关注幼儿的自然天性应该是教育顺应天性，也就是理解儿童，赋权儿童。第二，关注身心和谐健康。和谐健康有以下三方面，即孩子与自然的和谐，与他人的和谐，与自我的和谐。与自然的和谐，在大自然然中获得生命的滋养和力量，达到人与自然和谐共生的关系。与他人和谐，会关心、会关爱、会共情，成为心中有爱的人。与自我和谐，就是认识自我、接纳自我，成为全面和谐发展的人。第三，关注资源融合共享。树立幼儿园、家庭、社区三位一体的教育观，发挥优质资源共融共享，让教育活动更加丰富、多元、灵动。

三、课程结构

（一）课程目标

幼儿园课程目标是教育者对幼儿在一定时期内获得发展的预期，即课程想要培养幼儿的具体样态。课程目标的设定起着非常重要的导向作用，它既对教育行为起导向作用，又是检查教育效果的标准。

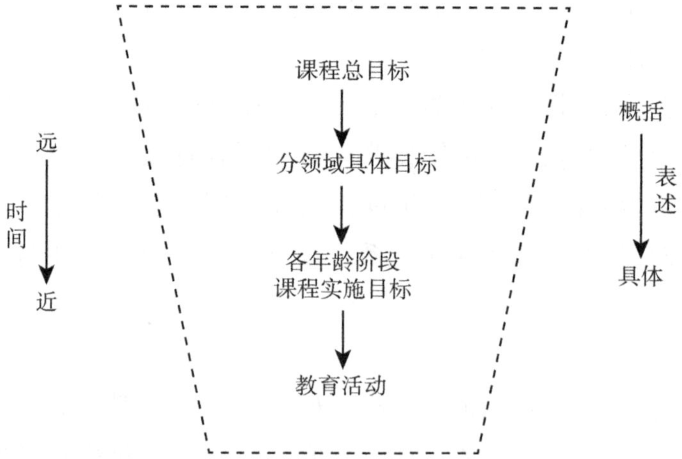

我们依据《幼儿园教育指导纲要》和《指南》，并结合幼儿的年龄特点和园所实际发展情况，形成了以培养“爱生命、亲自然、乐探究、会阅读、善表现”的幼儿为主旨的课程目标。

课程目标具有不同层次，在目标纵向落地的过程中，我们构建了“总目标—分目标—学年目标—学期目标—月目标—周目标—活动目标”的目标体系，注重幼儿的年龄特点和目标的层层分解，使其具体、细化，将目标转化为教育行为，落实到幼儿的发展上。

（二）课程内容

《纲要》提出课程内容的选择原则“既适合幼儿的现有水平，又有一定的挑战性；既符合幼儿的现实需要，又有利于其长远发展；既贴近幼儿的生活又是幼儿感兴趣的事物和问题，有助于拓展幼儿的经验和视野”。课程内容是课程目标达成的主要载体。课程目标解决的是幼儿发展达到何种效果和程度的问题，课程内容则解决的是通过学习什么内容、获得什么经验才能达成目标的问题。课程内容的科学性、适宜性直接影响着课程的质量。

关于课程内容的选择，我们查阅并吸纳了一些学前教育专家的观点。袁爱玲教授提出：“从儿童立场出发，以兴趣作为选择和取舍幼儿园课程内容的标准是满足幼儿爱学、乐学这两个条件的最佳维度。”虞永平教授认为：“最有价值的学习内容，是符合幼儿的需要和兴趣的，是指向幼儿的全面、和谐发展的，是能有效促进幼儿的发展，是经过适合幼儿身心的教学法加工能有效地为幼儿所掌握的，是能直接以儿童感兴趣的方式呈现的。”其中共同的观点在于，课程内容应该源于幼儿的“生活”，符合幼儿的需要”“兴趣”和“天性”，以及课程内容的全面性、适切性和发展性等。

基于这样的认识，我们在课程内容的安排上，注重均衡性和综合性，从全面发展的角度满足幼儿的整体需要。课程的内容是基于生活，基于幼儿的已有经验，并以“健康、语言、社会、科学、艺术”五大领域为基础，通过学习活动、生活活动、游戏活动、户外活动四大模块，贯穿幼儿的一日生活，从幼儿的兴趣与问题出发，贯彻自然的课程、自由的课程、生活化的课程、和谐的课程思想，结合丰富多彩的课程形式为幼儿创造一种体验式的活动环境，在良好的交流互动中满足其情感、知识与能力需求，促进其和谐发展，让课程真正成为儿童内在思维和外在行动的转化和促进过程。所以课程内容的选择一定要注重内容的生活性、趣味性、综合性、过程性。

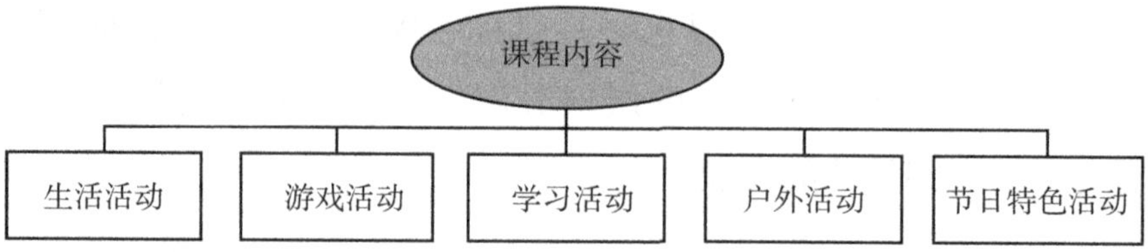

生活活动：指以生活为基本内容的活动，渗透在一日生活各环节中，如生活自理活动、服务他人活动、安全和自我保护活动等，旨在引导幼儿在真实生活情境中形成良好的生活卫生习惯和独立生活能力，掌握劳动技能，形成为集体服务、尊重他人劳动的情感，使幼儿在共同生活中能够愉快、健康地成长。

游戏活动：指幼儿自发、自主、自由的活动，如室内外自主游戏、功能室游戏等，旨在发展幼儿想象力、创造力和交往合作能力，促进情感和个性的健康发展。

学习活动：指教师有目的、有计划组织的，能够引发幼儿主动探索、促进幼儿深度学习的活动，如主题探究活动、亲自然活动，科学探究活动等，旨在探究具体事物和解决实际问题中，萌发探究兴趣，体验探究过程，发展初步的探究能力，形成良好的学习品质、态度、能力。

户外活动：指以运动锻炼为基本形式的活动，如体育活动、体育游戏、操节活动等，旨在通过锻炼幼儿身体，促进幼儿的身体发展，增强幼儿的体质，发展幼儿基本动作能力，使其动作灵敏、协调，姿势正确。培养幼儿良好的体育品质和乐观开朗的性格。

节日特色活动：以幼儿的生活背景为基础，结合大自然的春种、夏长、秋收、冬藏，以园内特定的“四季七节”节日活动作为课程载体，拓展幼儿应了解和掌握的主要目标和关键经验，注重各学科领域的综合渗透，以满足幼儿对周围生活认知和自我经验积累的需要，促进幼儿情感、态度、知识、能力、技能的协调发展。

(三)课程实施

1. 课程制度文化

完善了课程管理制度，课程管理目标的实现依赖于特定管理制度的约束和保障，因此园所以“生态教育观”为导向，统整幼儿园各项工作，加强保教结合，不断完善课程管理制度，为课程目标的实现提供必要保证。如课程领导制度、教师专题研修制度、课程审议制度、课程资源开发和利用制度等，不仅从教师专业发展、课程运行等角度完善梳理，还从促进园所全方位发展的角度不断用正激励的目标，唤醒教师的课程意识，帮助和鼓励教师不断地对课程进行反思性实践，为课程的有效实施提供保障。

2. 课程物质文化

(1)地理优势：武汉大学幼儿园二分园位于武汉大学校内，座落在碧波荡漾的东湖之畔，倚靠流风甚美的珞珈山麓，旁临中科院水生物研究所，拥有着得天独厚的地理优势。

(2)资源优势：

自然资源：除了武汉大学四所校区所具有广袤丰富的的生态自然环境外，幼儿园自身占地八千多平，园内植物近百种，整体绿化面积高达70%，春有花、夏有荫、秋有果、冬有青。园内绿树如茵，花草芬芳，为幼儿亲近自然、走进生态环境提供了优质的资源。

人文资源：武汉大学乃百年名校，有着雄厚的学术氛围与人文气息，而幼儿园的家长群体，多为高知，有着开阔的视野及较高的文化水平的武大人，还有各院系的学生、外国学者及社区艺人等，为幼儿园课程的开展提供了丰富的资源。

本土资源	节日名称	资源提供
幼儿园种植园地、武汉大学生命科学学院、武汉大学园林中心……	亲近自然种植节	种植知识经验、种植花卉、材料等

续表

本土资源	节日名称	资源提供
武汉大学樱花大道、樱园、卓尔体育大道、计算机学院周边……	珞樱缤纷樱花节	社会实践
武汉大学体育部、9·12 等操场、卓尔体育馆、宋卿体育馆……	悦动生活体育节	体能、动作技能指导；运动场地提供
武汉大学文学院、武汉大学历史学院……	书香启智读书节	优秀经典文化传播；专业指导
幼儿园小桔林、武汉大学园林中心……	珞珈金秋采摘节	桔树护理
武汉大学电气工程学院、武汉大学化学与分子科学学院、武汉大学物理学院、武汉大学动力与机械学院、武汉大学水利水电学院、武汉大学信息学院、武汉大学计算机学院、武汉大学环境与资源学院等、历史馆、大学生创业中心……	快乐寻宝科技节	科学专业知识、实验操作、科学现象探究；科学器、设备支持
武汉大学艺术系、武汉大学新闻与传媒学院、武汉大学国际学院、武汉大学电视台、万林艺术博物馆……	赏美创享艺术节	设备支持、技术指导、展播平台

3. 课程行为文化

将地域资源和园所文化与课程建设有效融合。因地制宜，充分挖掘和利用各种教育资源，体现园本特色，具有“珞珈”的印记。

将课程建设与教师常规工作有机整合。使环境创设、研训工作、家园开放、课题研究等多维度的工作得以统筹安排，研究的方向更明确，研究的实效更扎实，有效帮助教师减轻工作压力，提升整体架构课程的能力，使研究更加深入。

将园本课程与幼儿一日活动自然结合。课程实施不是单一的集体教学活动，而是融入一日活动之中，与游戏、生活、运动相生相长。重视幼儿的体验与发现，使园本课程回归自然、回归生活，回归儿童，让每一个孩子都能浸润在节日里成长，在原有的基础上拔“节”生长。

（四）课程评价

1. 园所课程审议

一是满足各类人员民主参与的需要；二是满足深入了解幼儿发展的需要；三是满足教师专业成长的需要。在课程实施方案撰写后，课程实施前，园方就要组织课程审议，讨论该方案的可行性及改进措施，之后便以阶段形式定期开展实施过程中的课程审议。参与人员除了教师以外，还可邀请家长、专家。课程审议的组织过程中要经历问题分享、聚焦冲突分析问题、形成策略达成共识三个步骤。

在课程开发中，除了以上关注课程价值平衡的园方教研组审评以外，还有关注幼儿兴趣与需要的班级审议、关注课程价值的年级组审议。课程审议要通过班级课程审议—年级组课程审议—园方教研组审议这一立体式审议体系完成具体评价工作，充分发挥各个主体的主观能动性确保评价结果的可靠性。在评价过程中，班级审议是基础，是对幼儿发展趋势的预测和分析，然后相关结论由年级组审议。只要通过年级组审议，就无需再经过园方教研组审议即可确定班级活动的实施。当年级组教师面对无法解决的课程难题时，可由骨干教师组成的教研组审议团队进行审议，也可请专家参与审议，使课程问题在更深层面得到有效解决。

2. 幼儿发展评估

对幼儿的评价方式比较多样，如主题活动档案、综合性成长档案、幼儿活动评估表、教师观察分析记录、家长参与的评价等，既关注了终结性评价，也关注了形成性评价。

3. 家长反馈分析

家长在课程的实施中承担着多种角色，他们是教师的合作者、幼儿活动的指导者、课程的审议者和评价者。家长评价的主要形式有家长委员会沟通、家访、主题活动中的亲子调查表、家长会中的反馈、活动开放日的问卷调查、座谈交流等形式。通过家长在调查、座谈中反馈的信息进行分析，找出课程实施过程中值得肯定的地方和需要改进的地方，并以此来分析课程的价值与家长的期望值之间的距离。

四、课程案例

节日活动

中班：珞叶

(一)思维导图

- 珞叶
  - 1.征集意见
    - 问题收集
      - 树叶为什么会落下
      - 叶子为什么是绿色的
      - 叶子上为什么会有小洞
      - 你想怎么过节
    - 资源挖掘
      - 联系家长，组织家长护卫队
      - 父母带领孩子寻找武汉大学的叶子（收集叶子、完成调查表）
  - 2.师生共商
    - 幼儿
      - 思考在哪过节？怎么过节
      - 知道落叶树和常青树的区别
      - 了解叶子的不同形态和用途
    - 家长
      - 与幼儿一起在武汉大学寻找叶子，完成调查表
      - 与幼儿一起制作叶脉书签
    - 教师
      - 与幼儿共同探讨树叶的奥秘
      - 组织开展节日活动
  - 3.集体筹备
    - 集体学习
      - 幼儿园叶子大搜索
      - 常青树，落叶树
      - 看见叶脉
      - 树叶本领大
      - 好玩的落叶
    - 个别化学习
      - 美工区：叶子贴画
      - 种植区：认养植物
      - 益智区：叶子对比形状
      - 角色区：茶叶Bar
    - 环境支持
      - 主题墙：将活动轨迹制作展板
      - 特色环境：“我收集的叶子”“寻找树叶”“我会泡茶”“一起品茶”“叶子的秘密”板块
  - 4.开心过节：师生庆祝、珞叶party

（二）背景与来源

武汉大学校内大树相拥，一年四季都能见到落叶，尤其在秋天，于是教师便带着孩子们来一场“踏青之旅”。武汉大学的行政楼前，榕树、银杏叶子纷纷开始掉落。满地的落叶是孩子们玩耍嬉戏的道具。他们有时候站在树叶上踩着，沙沙响；有时候用叶子当扇子，扇风玩耍。抓住孩子们的兴趣点，教师和孩子们商量一起研究叶子。听说研究叶子，孩子们的问题可多了：“叶子为什么会落下来？”“树叶可以用来做什么？”“为什么有不一样的树叶？”“树叶是茶叶吗？”“武汉大学有些什么树？”……倾听孩子们讨论的同时记录下他们感兴趣的问题，就这样“珞叶”的主题伴随着孩子们不断闪现的想法和问题应运而生。主题确立以后，为了更好地接触、了解和发现叶子，把孩子和老师的想法以主题通讯的方式告诉家长，让家长成为本次研究的新伙伴。鼓励孩子与家长一起在武汉大学校内收集落叶，通过各种媒介收集各种关于叶子的资料和讯息。这些信息包括叶子的图书、操作卡片、音响资料和各种图片。

（三）计划与内容

<table>
<tr><td rowspan="2">节日主题</td><td rowspan="2">课程目标</td><td colspan="4">课程内容</td></tr>
<tr><td>学习活动</td><td>区域活动</td><td>生活活动</td><td>户外运动</td></tr>
<tr><td>珞叶</td><td>1. 亲近自然，喜欢探究
2. 具有初步的探究能力
3. 在探究中认识周围的事物和现象</td><td>活动1：幼儿园叶子大搜索
活动2：常青树、落叶树
活动3：看见叶脉
活动4：树叶本领大
活动5：好玩的落叶</td><td>美工区：叶子贴画
种植区：认养植物
益智区：叶子对比形状
角色区：茶叶 bar</td><td>1. 引导幼儿多喝水
2. 提醒幼儿户外活动后要洗手注意个人卫生</td><td>集体游戏：抛抛乐</td></tr>
<tr><td>家园互动</td><td colspan="5">1. 利用周末的时间，孩子们和爸爸妈妈一起完成了关于叶子的亲子调查表
2. 家长和幼儿一起制作亲子叶脉书签</td></tr>
<tr><td>社会实践</td><td colspan="5">寻找幼儿园及生活周边的不同叶子</td></tr>
</table>

续表

<table>
<tr><th rowspan="2">节日主题</th><th rowspan="2">课程目标</th><th colspan="5">课程内容</th></tr>
<tr><th colspan="2">学习活动</th><th>区域活动</th><th>生活活动</th><th>户外运动</th></tr>
<tr><td rowspan="3">环境支持</td><td>墙面</td><td colspan="5">将活动轨迹制作成展板，分为“我收集的叶子”“寻找树叶”“我会泡茶”“一起来品茶”“叶子的秘密”板块</td></tr>
<tr><td rowspan="2">区域活动及游戏材料</td><td>美工区</td><td>种植区</td><td>益智区</td><td>益智区</td><td>角色区</td></tr>
<tr><td>名称：叶子印画
材料：各种形状的叶子、胶水、剪刀、辅助装饰品（纽扣、绒球、亮片……</td><td>活动：认养植物
材料：设置多个植物角，每盆植物标注好名称和照看人，工具区放置好喷壶、储水器、抹布</td><td>活动：叶子对比形状
材料：托盘内放置好尺子、纸、笔，纸袋里平整摆放好各种大小、长短的叶子</td><td>活动：叶子吸收水分
材料：透明玻璃容器里面装有带颜色的水、两片大大的白菜叶</td><td>活动：茶叶bar
材料：茶叶、水、茶具、沏茶步骤图</td></tr>
</table>

（四）探索与表达

1. 学习活动

活动一：幼儿园叶子大搜索（重点领域：社会）

活动目标：

（1）喜欢参与寻找叶子的活动。

（2）尝试用统计的方法将幼儿园里的叶子进行简单的分类。

（3）运用观察、拍照、采集标本、记录等方式开展探索与发现。

活动准备：

（1）知识经验准备：熟悉幼儿园场地，有分工记录的经验。

（2）物质材料准备：记录本、笔、相机、标本袋。

（3）活动环境准备：幼儿园户外场地。

活动过程：

（1）老师和幼儿一起沿着花园、操场、正门的路线采集看到的叶子。

(2)幼儿在记录本上记录下看到的叶子形状。

(3)对于特殊形状的叶子，教师和幼儿一起重点观察，也可以展开讨论。

(4)有些落叶幼儿可以用标本袋采集好，带回教室。

(5)户外观察结束后，教师和幼儿一起讨论如何分类，然后按照幼儿期望的分类方式将看到的叶子进行统计和记录。

活动延伸：

请爸爸妈妈带领小朋友在武汉大学寻找落叶，并共同协作完成调查表，在调查表上孩子们以绘画的方式记录下自己搜索的叶子形状、颜色和收集地点。

图1　小橘林里找落叶

图2　观察不同的叶子形状

活动二：常绿树，落叶树(重点领域：科学)

活动目标：

(1)愿意参与科学实验，体验探究的乐趣。

(2)了解树有常绿树和落叶树，观察、比较它们的不同。

(3)知道几种常绿树和落叶树，能说出它们的名称。

活动准备：

(1)知识经验准备：前期和爸爸妈妈在武汉大学校内寻找落叶，完成落叶调查表。

(2)物质材料准备：收集各种各样的落叶，常青树、落叶树视频。

(3)活动环境准备：幼儿园户外场地，室内幼儿围坐成半圆形。

活动过程：

（1）说说树朋友的变化。

①最近我们都在观察树朋友，说说你的观察吧。

②教师小结。

（2）议一议两类树的不同。

①刚才有的孩子说树朋友落叶了，那你们的树朋友是不是都落叶了呢？

②你能找出落叶树和常绿树相同的和不同的地方吗？交替是什么意思？

③找找两类树叶的不同特征。

这些树叶你们都认识吗？这三片落叶树和三片常绿树到底有什么不同呢？

（3）交流梳理落叶树和常绿树不同特征。

（4）小结：如果看到树叶比较薄、暗、脆的树叶可能是落叶树；比较厚、亮、韧的树叶可能就是常绿树。

活动延伸：

你对树朋友还有什么想了解的？你还有什么问题吗？

图3 调查表

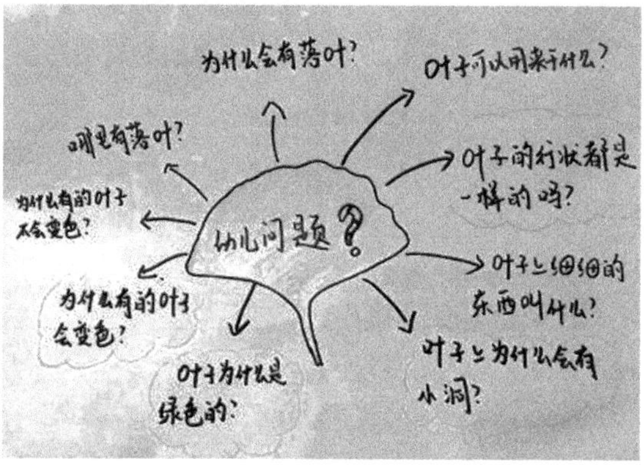

图4 收集幼儿对珞叶的问题

活动三：看见叶脉（重点领域：艺术）

活动目标：

（1）喜欢参与树叶拓印活动。

（2）通过拓印活动了解叶脉的形状。

(3)在拓印活动中感受植物的美。

活动准备：

(1)知识经验准备：有拓印经验。

(2)物质材料准备：大片且叶脉清晰的叶子、颜料、勾线笔、底板纸。

(3)活动环境准备：室内幼儿围坐成半圆形、画桌摆放在板凳后方。

活动过程：

(1)感知体验。

①教师引导幼儿观察叶子上的纹路，了解叶子的叶脉。

②讨论叶脉的形状像什么。

(2)表达创造。

①教师介绍拓印工具，鼓励幼儿拓印叶脉的形状。

②鼓励幼儿在拓印的叶脉上添加想象。

(3)欣赏评价。

①分享儿童拓印的作品。

②互评，你最喜欢哪一副作品。

图 5　幼儿作品

活动四：树叶本领大(重点领域：科学)

活动目标：

(1)对茶叶有兴趣，体验沏茶的成功快乐感。

(2)了解茶叶的制作过程，知道不同茶叶的外形特点。

(3)能与同伴交流茶叶的不同和沏茶的过程。

活动准备：

(1)知识经验准备：认识茶叶，生活中见过亲朋好友喝茶。

(2)物质材料准备：不同容器装好的茶叶、茶具、视频资料、热水(温度在50°C左右)

(3)活动环境准备：幼儿围坐成半圆。

活动过程：

(1)视频导入，激发兴趣。

①教师和儿童一起观看视频中茶叶的制作过程。

②儿童分享茶叶的制作过程。

(2)探索茶叶的外形特征。

①教师请幼儿用闻、触摸、观察、品尝的方法体验各种茶叶的不同。

②分享交流自己的发现。

(3)了解茶具，尝试沏茶。

①介绍茶具，示范沏茶的方法。

②幼儿自己演示沏茶的方法。

③教师介绍沏茶的安全事宜。

活动延伸：

(1)在角色区创建茶吧，供孩子们操作、游戏。

(2)和父母共同了解哪些是食草动物，并完成调查表。

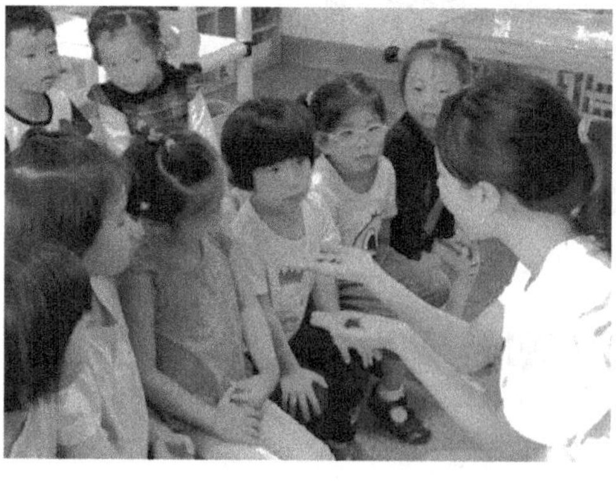

图6　认识茶叶

图7　食草动物大调查

活动五：好玩落叶（重点领域：健康）

活动目标：

（1）自觉遵守游戏规则，享受活动的乐趣。

（2）探索报纸的多种玩法，了解废旧报纸的用途。

（3）在活动中感受帮助别人带来的快乐。

活动准备：

（1）知识经验准备：生活中见过落叶。

（2）物质材料准备：落叶若干、地垫与幼儿人数相符。

（3）活动环境准备：武汉大学行政楼前场地。

活动过程：

（1）激发幼儿探索的兴趣。

①师：小朋友们早上好！今天老师请来了一个朋友来和我们做游戏，看看是什么？

②落叶宝宝想和我们做游戏。

（2）探索落叶的玩法，感受玩落叶的乐趣。

①幼儿自由探索落叶的游戏。

师：今天，落叶宝宝想和我们一起玩游戏！试一试你会怎样玩落叶呢？

②将游戏进行讲解示范，幼儿尝试着玩。

师：你是怎么玩的？和我们分享下你的玩法吧。

（3）玩游戏，感受活动的乐趣。

①游戏一：压路机

师：刚才我收到农场主的一封信，信中说他家的小猪跑丢了，想请小朋友们到农场来想办法，帮忙找到小猪，把他们赶回农场，但是，通往农场的路坑坑洼洼，我们来帮农场主铺铺路，让它变得更平整，好不好？我们该用什么来铺路呢？

探索用落叶铺路的方法，请幼儿自由选择，分别用走、跳、滚的方法通过落叶路，到达农场。

②游戏二：赶小猪

师：小朋友修的路真有趣！农场主很开心！可是农场里满地的落叶，我们帮农场主清扫下吧。

师：引导幼儿拿正方形地垫将落叶扇到一处。

活动延伸：

师：糟糕，下雨了，小朋友们让我们一起戴着落叶宝宝们回家吧！

图 8　幼儿感受落叶

图 9　幼儿游戏

2. 区域活动

美工区——叶子印画

材料准备：

各种形状的叶子、胶水、剪刀、辅助装饰品(纽扣、绒球……)。

重点指导：

幼儿自主选择叶子拼画，可以修剪叶子形状，也可以用辅助材料装饰，用胶水固定在展示板上。

图 10　幼儿艺术创作

"珞叶节"活动场地投票									
老图书馆		樱楼		老宅舍		万林	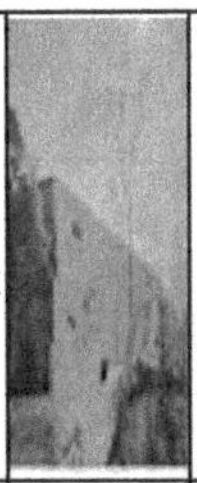	行政楼	
投票人数：	7人		3人		18人		2人		3人

图 11　开心过节统计表

植物区——认养植物

材料准备：

设置多个植物角，每盆植物标注好名称和照看人，工具区放置好喷壶、储水器、抹布。

重点指导：

(1)培养幼儿爱护植物，了解照看护植物的方法。

(2)了解自己认养植物的特殊性做好环境的清洁和整理。

图 12　认养标签

图 13　每日观察看护

益智区——叶子对比形状

材料准备：

托盘内放置好尺子、纸、笔，纸袋里平整摆放好各种大小、长短的叶子。

重点指导：

利用尺子和笔等生活中常见物品通过做标识、测量、比对的方式比较叶子的大小和长短。

图 14　用常见物体测量树叶大小

益智区——叶子吸收水分

材料准备：

透明玻璃容器里面装有带颜色的水、两片大大的白菜叶

重点指导：

(1)通过实验和观察发现叶子吸收水分的现象。

(2)掌握一定科学实验的方法。

图 15　实验观察

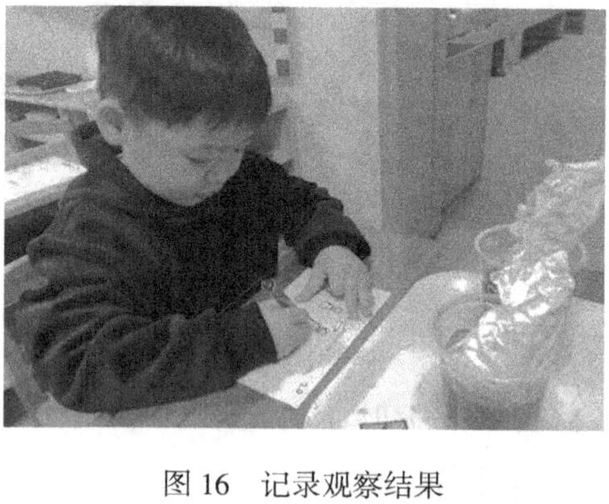

图 16　记录观察结果

角色区——茶叶 bar

材料准备：

茶叶、水、茶具、沏茶步骤图。

重点指导：

幼儿自由体验泡茶和品尝的过程。

图 17　尝试泡茶

3. 生活活动

养成良好的盥洗习惯，知道用正确的方法洗手。

重点指导：提醒幼儿外出寻找落叶后能按照七步洗手法将手洗干净。

4. 户外活动

集体游戏：抛抛乐

(1)引导幼儿扮演老鼠去收果子，进入游戏角色。

(2)游戏规则：不能直接把果子放入篮筐，要求将果子抛起后用篮筐接住。

(3)幼儿自由练习。

(4)捡果子比赛：果子散落在地，音乐开始幼儿开始捡果子入篮筐；音乐停，捡果子即止，数量多者胜。

(5)互相抛果子比赛：幼儿两人一组，将自己的果子抛向另一个人的篮筐中，投中目标多者获胜。

5. 实践活动

实践活动 1——寻找幼儿园的叶子

活动流程：

(1)与幼儿共同商讨确立在幼儿园寻找叶子，出发前向幼儿提出规则。

(2)幼儿自由分组，找寻叶子的身影。

(3)和同伴们进行分享交流，通过交流发现园内种植的白菜叶也是叶子。

实践活动 2——美味的叶子

(1)幼儿将采摘的白菜叶送至幼儿园食堂。

(2)幼儿分批和食堂师傅们一起进行操作：清洗白菜叶子、观看食堂师傅们切菜炒菜。

(3)幼儿品尝做熟的白菜。

实践活动 3——寻找武汉大学的落叶

(1)与幼儿共同商议在武汉大学寻找叶子的具体位置。通过商议确立了在武汉大学老图书馆、樱顶、老斋舍、万林艺术博物馆、武汉大学行政楼进行寻找。

(2)与家长志愿者集合，介绍本次社会实践的线路，提醒家长志愿者及幼儿活动中注意安全。

(3)到达目的地，请幼儿分组寻找落叶。

(4)提醒幼儿可将寻找到的落叶收集起来，带回班上进行艺术创作。

(5)全体集合，前往下一个目的地。

(6)活动结束，幼儿回园进行分享交流，将此次外出社会实践用画笔记录下来，并将收集到的落叶投放至美工区进行艺术创作。

五、环境与支持

(一)环境创设

1. 区角环境：班级色调以绿黄为主，符合落叶掉落时的颜色，区角环境与班级主色调一致。区角环境中处处体现落叶的元素，如美工区孩子们收集的落叶作为绘画材料、角色区投放沏茶步骤图巩固沏茶步骤、表演区孩子们制作的落叶服装供孩子们表演游戏等。

2. 特色板块：将活动轨迹制作成展板，分为“我收集的叶子”“寻找树叶”“我会泡茶”“一起来品茶”“叶子的秘密”板块。

图 18　特色板块

(二) 家园互动

1. 鼓励孩子与家长一起在武汉大学内收集落叶，通过各种媒介收集各种关于叶子的资料和讯息。这些信息包括叶子的图书、操作卡片、音响资料、各种图片。

2. 鼓励幼儿与家长一起在武汉大学寻找不同的落叶。

六、回顾与反思

《幼儿园教育指导纲要》中的科学领域提出了以下目标：“对周围的事物、现象感兴趣，有好奇心和求知欲；能运用各种感官，动手动脑，探究问题；能用适当的方式表达、交流探索的过程和结果等。”可见领域的价值取向不再是注重静态知识的传递，而是注重保持孩子们永久的好奇心和求知欲望，强调幼儿运用各种感官积极地观察、操作和实验，对探索的结果进行推理、得出结论。“珞叶”系列主题活动的开展我认为有以下亮点：

1. 熟悉的材料

生活中常见的叶子成了孩子们探寻的主角，“叶子是由什么组成的？叶子可以吃吗？”在活动中，通过为幼儿提供各种各样的叶子让幼儿去感知、去探索，从而发现叶子的秘密，因为它是孩子们在生活中随处可见的，自然而然成了孩子们最愿意探寻的目标。活动中，多媒体的运用使科学活动增色不少，借助现代教育媒体拓展幼儿思维，通过图片、视频的展示，孩子们从另一个角度了解了各种各样的叶子，他们对整个活动充满了兴趣。

2. 真实的体验

实物的亮相打破了以往的图片展示，给了孩子们更直接的经验。在平日里孩子们都拾过各种叶子，也都会有相关的经验和体验，活动中孩子们通过用手、胳膊等动作表现各种叶子，感受各种叶子的生长过程，在看、闻、摸中感知叶子的多样性。在最后的环节和延伸活动中，通过为幼儿准备各种辅助材料，让幼儿在看一看、想一想中发现这些叶子的作用和变化，因为他们是直接参与者，所以能获得最真实的体验。

（案例作者：武汉大学幼儿园二分园　侯婷婷）

游戏活动案例

中班 网红“棉花糖巴士”

我们幼儿园的草坪空地上有一台专门为幼儿设计制作的“儿童巴士”，它总能引发幼儿无限想象，每天都创生着各种各样的游戏。孩子们喜欢在巴士里自由生发主题、自主决定同伴、自发选择材料尽情地玩耍。一天，奇奇带了一本《彩虹棉花糖》的绘本故事与小朋友分享。这是一本蕴含着“数概念”的绘本，主要讲述了一群魔法师施展魔法，变出了不同造型的棉花糖，被小动物们拿走的故事。琳琳说：“我昨天在楚河汉街上看见了一辆棉花糖车，可漂亮了。”滔滔说：“我也看到了，我还买了一个小鸭子棉花糖，甜甜的。”茂茂说：“我想像魔法师一样，变出五颜六色的棉花糖。”婳婳说：“我们幼儿园的巴士上有棉花糖吗?”瑞瑞说：“那我们把幼儿园的巴士变成棉花糖巴士好吗。”因此“棉花糖”成了孩子们讨论的热点话题，孩子们对棉花糖车、棉花糖的外形及味道产生了极大的兴趣。于是，他们有了“棉花糖巴士”的游戏计划，一场关于“棉花糖巴士”的游戏在孩子们的兴趣中拉开帷幕……

图1 幼儿园儿童巴士

图2 楚河汉街棉花糖车

活动一：“棉花糖巴士”开业啦

1. 变“棉花糖”

巴士上没有棉花糖，于是婳婳提出可以用软绵绵的东西做，“只要是软绵绵的东西上插上一根棍子就可以变成棉花糖了”。只见琳琳扯了长长的卫生纸揉成一团，亦亦用皱纹纸捏成一团，凝凝用超轻黏土捏了起来，奇奇撕了大块棉花插上棍子，依依将卡纸揉成一团。终于，在大家的齐心协力下，各式各样的棉花糖终于“新鲜出炉”了！

2. 树叶钱币

“棉花糖巴士”开业了，经过一段时间的经营，孩子们就遇到了许多问题。

佳佳：买棉花糖需要用到钱，没有钱怎么办？

图 3 自制棉花糖

图 4 树叶钱币

瑞瑞：我们找几片树叶当钱？

大家一起去找树叶来买“棉花糖”，反复几次后。

晨晨：树叶太多了，棉花糖一会儿就卖完了。

师：为什么卖得快？一片树叶买一个棉花糖，还可以怎么卖？

晨晨：楚河汉街上的棉花糖有贵的，有不贵的，我们的棉花糖也应该卖的不一样。

浩浩：大号棉花糖最贵，中号棉花糖第二贵，小号棉花糖钱最少。

师：最贵有多贵？怎样用树叶区分价格呢？

琳琳：那就一片树叶当 1 块钱，2 片树叶当 2 块钱，3 片树叶可以当 3 块钱……

晨晨：大号棉花糖可以卖 5 块钱，中号棉花糖卖 3 块钱，小号棉花糖卖那就 1 块钱吧！

经过幼儿的热烈讨论，他们的想法得到了其他小朋友的认同，孩子们又开心地玩起了游戏……

教师思考：

在《3—6 岁儿童学习与发展指南》“初步感知生活中数学的有用和有趣”目标中指出“4—5 岁幼儿感知和体会有些事物可以用数来描述，对环境中各种数字的含义有进一步探究的兴趣”。当游戏经过一段时间后，孩子们意识到：买东西需要钱，没有钱怎么去买东西？引发了孩子们的讨论，幼儿之间的交流，提出了用树叶替代钱的办法，解决了游戏中的“买卖”问题。幼儿通过迁移生活中已有经验，发现“不同棉花糖价格应该不一样”的问题，通过讨论将棉花糖的价格确定为大号5块，中号3块，小号1块。在游戏中不断探索数字的含义，充分感知到了生活中数学的有用有趣。

活动二：“棉花糖巴士”升级了

1. 设计广告宣传牌

棉花糖店终于开起来了，本以为会大卖，没想到生意惨淡，除老板和几个店员以外，几乎无人问津。大家都满脸疑惑。

教师支持：

为什么在生活中有的店生意那么好，他们怎么做的？难道有什么秘诀？你们与爸爸妈妈一起观察一下生意火爆的店，看看你们能不能找到秘密？

带着老师的问题，幼儿与父母周末一起观察了生活中生意火爆的店，并找到了秘密：特别的店名和醒目的宣传广告牌可以引起顾客的注意，温馨的店内环境可以让顾客感觉舒适，热情的服务及赠送礼品可以让顾客更满意。通过生活中观察到的现象，积累了幼儿相关游戏经验。

图5 设计的广告牌、名字

图6 装饰巴士小视频

琳琳：百果园水果店经常做活动，还有宣传的广告牌子。

齐齐：海底捞的服务员不断给我添酸梅汤，还送了我一个玩具，让我非常开心。

优优：我家楼下的奶茶店人特别多，奶茶店叫“茶颜悦色”，上面写着它的名字，旁边还有一个“美女姐姐”的大广告。我们也应该起一个名字，设计一个广告牌。

滔滔：我们巴士叫什么名字呢？

茂茂：以前我们在巴士上做饭，所以叫巴士餐车。我们卖的是棉花糖，那就叫棉花糖餐车？

琳琳：今天不卖饭，所以不能叫餐车。

滔滔：那就叫棉花糖车。

依依：叫棉花糖巴士是不是好听一些？

经过大家的协商，决定将名字定为：“棉花糖巴士”，并请老师打印了出来，小朋友还设计了“广告牌”；除此之外，还绘制了一些漂亮的棉花糖图案、制作一些装饰物进行美化。

“棉花糖巴士”上有的在叫卖，有的在做棉花糖，有的在收银……生意终于好了起来。

图7　叫卖

图8　买卖

2. 增加品种和外卖服务

随着游戏的继续开展，顾客们不再满足于棉花糖，随着天气的渐热，顾客提出了新的需求——冰淇淋棉花糖。几个店员便又开拓了新的业务——制作冰淇淋棉花糖。没想到，商品种类和顾客的增加直接导致了商店人手的紧张。站在窗口的顾客不停大声催促：“老板，我的冰淇淋棉花糖呢?”“老板，快点好吗?”大家出现了焦急的等待。

游戏分享交流时孩子们纷纷表示：店里人手不够，大热天顾客排队太难受。

师：你们有什么办法可以解决这个问题呢?

依依：在手机上买?

齐齐：让快递员送外卖?

琳琳：送冰激凌棉花糖外卖会化的。

滔滔：可以用保温袋，里面放冰块，端午节我们家买的粽子就是这样的包装。

齐齐：那我们明天就用这个方法送快递。

教师支持：

我们联合家长，帮助幼儿了解外卖配送员的工作流程、职业语言等，我们也为孩子们准备了“骑行车”“外送帽”“奈雪、喜茶等品牌保温袋”等装备。有了外卖配送员的加入，孩子们的游戏兴趣越发高涨，游戏也如火如荼地进行着。

图 9　送外卖

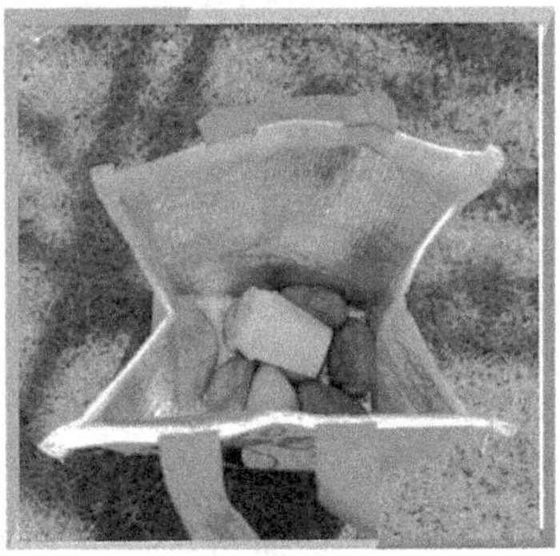

图 10　保温袋、冰块

教师思考：

《3—6 岁儿童学习与发展指南》中指出：“幼儿的社会性主要是在日常生活和游戏中通过观察和模仿潜移默化地发展起来的。”通过与父母一起观察生活中生意火爆的网红店，寻找到了如何让生意红火的方法。幼儿模仿网红店起名字、设计标识、增加品种解决了前期卖棉花糖生意惨淡的问题；提出了冰淇淋棉花糖中需放置冰块，游戏情景再现了幼儿的现实生活。通过利用家长资源、关注生活情景、材料支持等方式，从情感和策略层面给予支持从而解决幼儿面临的困难。

3. 设计外卖订单

依依：你的外卖到了。

奇奇：这是我的吗？可是我没有点外卖呀？

依依：这是谁的外卖，去问问老板？

滔滔：这是齐齐的冰淇淋棉花糖。

依依：不是的，我问过了齐齐，这不是他的外卖。

说完依依找了一辆骑行车，将外卖到处送。有的小朋友不接收，有的小朋友“胡乱”接受。幼儿的游戏中出现了外卖员乱送快递的现象。

图 11　12 号订单

视频 3　送外卖小视频

教师支持：

为什么会出现快递不知道送给谁的情况？外卖员到底应该怎样送外卖？我们一起通过绘本《动物园的外卖》一起了解一下吧！

通过绘本的学习，大家知道了外卖员的工作流程、内容，知道了他们是怎样把外卖送到大家手中的。

依依：可是大家都来下单，我记不清是谁下的单？

滔滔：那就给个卡，上面做记号。

凝凝：我妈妈经常在美团上面点外卖。外卖送来后，上面都会有一张订单，上面写着妈妈的名字和东西的名称。

依依：订单怎么写？可我们不会写名字呀？

奇奇：我们画出来，写我们的学号。

师：老板怎样才能知道你们下单了呢?

佳佳：我们自己送过去。

滔滔：自己送过去，那还叫外卖吗?

齐齐：我在银泰创意城吃饭的时候，有一个机器人，它会说话，会介绍菜单还会送东西。我们让机器人送订单。

大家纷纷称赞这是一个好主意。

教师思考：

对于外卖，孩子们并不陌生，经常接触，但他们接触到的往往就是"父母在手机上点""外卖员送到家"两个情景。而"订单"如何从商家到外卖员再到顾客，这其中的流程对于他们而言，了解较浅显，经验不足导致前期游戏水平不高。通过绘本的学习，大家熟悉了外卖员的工作流程和内容，通过生活中见到的高科技产品"机器人"解决了问题，促使幼儿角色越来越多，游戏越来越有趣。

4. 叮咚！您有一份外卖

(1)送订单 ing

宁宁穿着机器人服装，手里拿着一个框子，框子里装着菜单、笔和纸，只要看见人就会用机器人的声音问："你要点外卖吗？欢迎点单。"

(2)点外卖 ing

凝凝：我要点一个棉花糖。

机器人：请画好你的订单，画好放入筐子里。

也有小顾客直接找到机器人，填写外卖单，大家画好后，机器人将外卖单送往"棉花糖巴士"处。

(3)制作打包 ing

画完后他们将订单送往了"棉花糖车"，棉花糖车的生意一下子火爆起来。如果巴士上有符合订单要求的棉花糖，他们则直接打包，再贴上订单；有的订单上还出现了其他食品，他们则现场根据绘制的图片重新制作，制作好了后再打包。打包和专属订制突然让巴士上的人忙碌起来。

(4)送外 ing

骑手们戴上"建构区"的帽子，骑上"骑行车"的车子，开始送外卖了。

图 12 机器人送订单

图 13 制作订单棉花糖

齐齐：看上面的学号就可以知道是谁定的订单了。

泽泽：哇！我是外卖员，我去送外卖啰！好开心呀！

(5)收外卖 ing

齐齐：芙芙你是 14 号吗？你看看这是不是你的订单？

芙芙：哇！真的是我画的订单诶！给你五星好评！

活动三：网红“棉花糖巴士”

泽泽：汐汐姐姐是我的邻居，她是大三班的小朋友，我想送一个棉花糖给她，给她一个惊喜。

亦亦：大三班在哪里呀？

泽泽：就在我们班楼上，上三楼，第一个教室就是的啦。

亦亦：你知道在哪里，可外卖员不一定知道呀，万一他迷路了怎么办？

泽泽：要是有导航就好了。

奇奇：导航是需要手机的，我们又没有手机。

泽泽：那也可以用地图来画骑行导航呀。

我们一起走遍了幼儿园所有班级，孩子们开始绘制地图，并在相对班级写上了收件人的学号。

外卖配送员收到地图后，按照地图的指示找到对应的班级、对应的学号，找到了收件人。收到棉花糖的小朋友特别令人羡慕，外卖配送员也纷纷表示：“原来送外卖这么辛苦，当外卖配送员真不容易！”慢慢地，幼儿园里所有的小朋友都知道幼儿园开了一个“网红棉花糖巴士”，还经常过来“打卡”。随着外卖订单越来越多，巴士上卖的商品越来越丰富，孩子们玩起了“送快递”的游戏。送快递和送外卖的流程会是一样吗？棉花糖巴士变成“快递巴士”孩子们又会怎样玩呢？未完待续……

图 14　给中三班送外卖

图 15　看着导航送外卖

视频 4　网红“棉花糖巴士”

教师思考：

当孩子们化身小小快递员，按照地址准确地将“孩子们的心意”送到好朋友手里。对孩子来说，这是一个有趣的快乐体验游戏，也是一份友爱的表达。对于老师来说，这是关注孩子当下生活经验，把握孩子能力发展的好契机。通过寻找不同班级的地理位置、同伴交流沟通、填写快递单等环节，孩子们的合作交往、方位认知、问题解决、运动协调等各方面的能力在这个游戏中都得到了全面的发展。

七、教师小结

（一）生活是生发游戏的源泉

游戏是孩子生活的一部分，生活经验更是幼儿游戏的源泉。幼儿在选择游戏活动的内容时，会联系自己的所看所听，结合自己的生活经验，将游戏主题内容扩展到社会生活中。如：通过在楚汉汉街上看到的“棉花糖车”引发了幼儿园“棉花糖巴士”的游戏主题；生活中观察到棉花糖是软软的，引发了用“卫生纸、皱纹纸、棉花”等制作棉花糖的游戏材料；观察生活中的“网红店”引发出“给巴士设计广告牌和名字、装饰巴士、推销棉花糖”等游戏行为；在游戏中体验粗浅的生活经验，并升华经验，对生活经验进行加工，用于解决实际问题。孩子们通过对现实生活的模仿，再现社会中的人际交往，练习社会交往的技能，不知不觉中就提升了人际智能。真正做到了游戏来源于生活，而又高于生活。

（二）经验是持续游戏的动力

角色游戏是幼儿对现实生活的反映，幼儿的经验越浅显，幼儿的游戏越容易中断，甚至“戛然而止”；幼儿的经验越丰富，游戏内容就越充实、新颖，游戏的水平也就越高，持续的时间也会越长，才能促使游戏更好地发展。

幼儿问题	教师支持	幼儿生活经验	幼儿的解决办法	关键能力发展
棉花糖生意惨淡，怎么办?	引导幼儿与父母观察现实生活中“生意火爆”的网红店	“火爆网红店”店内装饰美观、店名特别、利用广告牌宣传	确定店名“棉花糖巴士”、设计广告牌、装饰棉花糖巴士，吸引了顾客	经验迁移能力 多样化表征能力

续表

幼儿问题	教师支持	幼儿生活经验	幼儿的解决办法	关键能力发展
增加新品种"制作冰激凌棉花糖"面临人手不够，怎么办？	1. 利用家长资源，帮助幼儿了解外卖配送的工作流程、职业语言等 2. 为孩子准备骑行车、外送帽等工作装备	1. 手机下单，由外卖员送外卖 2. 将易化的冰激凌棉花糖放入有冰块的保温袋里	1. 增加"送外卖"的游戏内容 2. 幼儿新增用石头替代"冰块"、用"保温袋"保温的玩法	经验迁移能力 角色模仿能力
订单出现混乱现象，怎么办？	引导幼儿讨论下单的流程	"美团"点外卖经验，了解到订单上需有名字和物品名称	生成"自制订单"的玩法	自主思考能力 前书写表征能力 问题解决能力
"棉花糖"巴士收不到订单外卖，怎么办？	利用家长资源收集"幼儿园科技节"自制机器人服饰	了解银泰创意城中有机器人可以送餐	生成"机器人"角色，解决了送菜单、送订单的问题	经验迁移能力 角色模仿能力 问题解决能力
外卖员不清楚全园班级具体位置，怎么办？	1. 带领幼儿了解各班地理位置 2. 提供"外卖导航"地图	观察生活中，外卖员利用"骑行导航"指路	生成"全园送外卖"和使用"外卖导航"找订单上的玩法 全园幼儿可参与游戏中	空间感知能力 合作能力

(三) 支持是深度游戏的鹰架

著名心理学家维果斯基在儿童"最近发展区"理论中将"支架教学"的概念定义为："成人在与儿童互动的过程中，会将其所处社会所重视的智能传递给儿童。"在幼儿游戏的过程中，教师首先是一名观察者，用心观察幼儿在游戏中的"生长点"；其次教师是一名倾听者，充分利用"游戏分享"倾听幼儿的想法与需求；最后教师是一名支持者，通过课程、材料等的支持，使游戏与课程形成互为促进、互为生长的关系，有效促进幼儿经验的游戏链呈螺旋式提升，幼儿游戏水平也呈直线式上升。

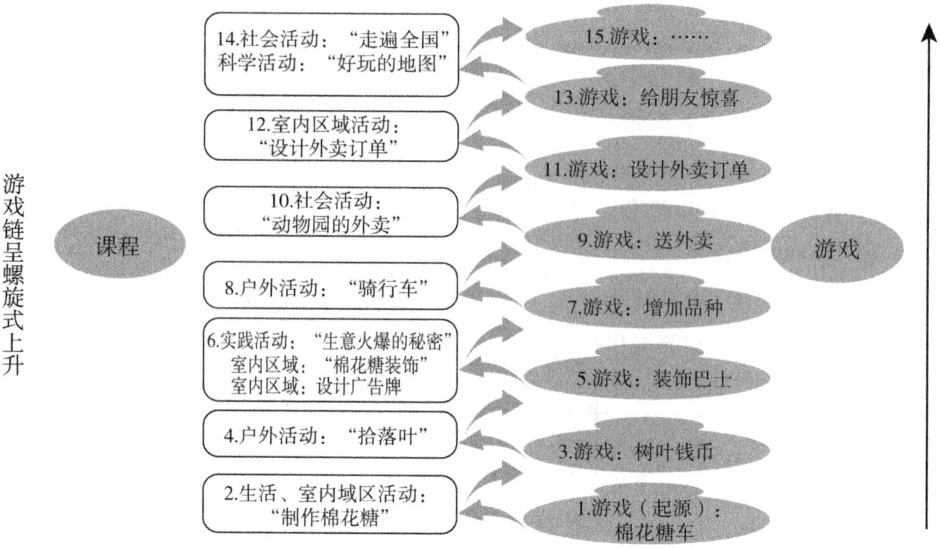

图 16　游戏链

通过观察，欣喜地发现幼儿是有能力的学习者和建构者，他们已具备一些经验和知识来支持自己的假设，形成合理、有效的行动方案，并且有能力对行动方案进行检验与调整，促使幼儿健康、语言、社会、科学、艺术的全

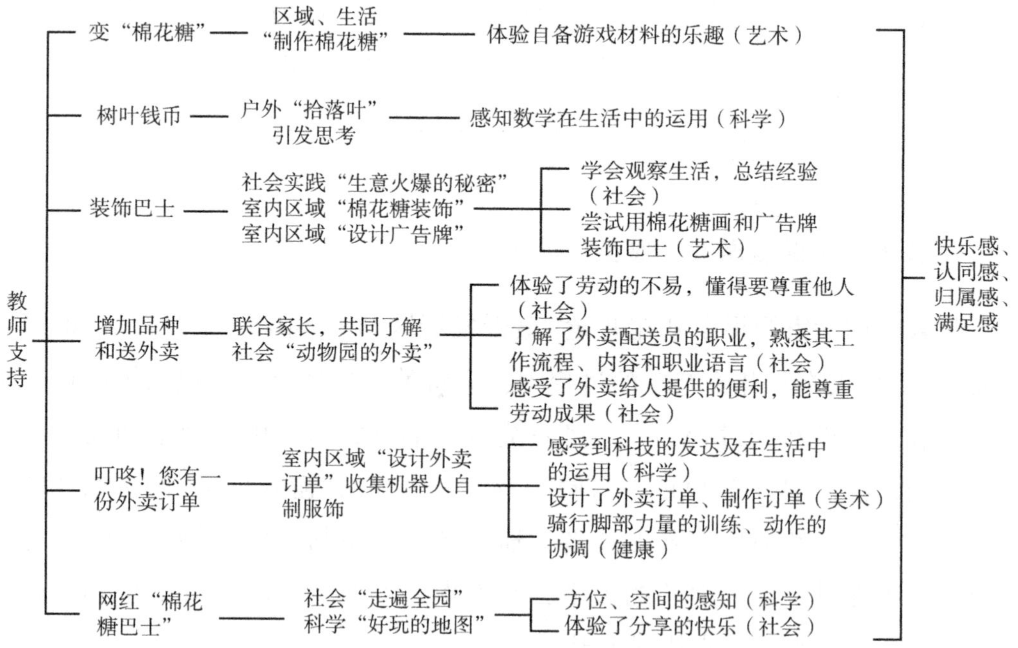

图 17　教师支持思维导图

面发展，在本游戏中社会领域的发展体现得尤为突出。在《指南》社会领域目标“关心尊重他人”的教育建议中提出：“利用生活机会和角色游戏，使幼儿懂得尊重工作人员的劳动，珍惜劳动成果。”在送外卖的游戏中幼儿不仅体会到了劳动的快乐，更是体验到了劳动的不易，从而懂得尊重工作人员的劳动。随着一次次游戏的玩耍及相关问题的探索与解决，让幼儿充分得到快乐感、认同感归属感与满足感。

游戏就儿童的学习，教师要打开心灵去观察，放下自己的主观臆断，带着好奇和尊重去发现和欣赏儿童在游戏中的表现。从表面的观察逐渐向有深度的观察递进，发现更多儿童背后的意义，发现儿童的能力。整个过程教师选择了放手与退后，追随幼儿的脚步进行持续观察、关注他们会怎么思考、怎么调整，又会怎么解决，在适当的时候通过组织大家分享游戏故事、交流游戏计划等方式给予支持，让幼儿在游戏中释放天性，让幼儿快乐的情绪尽情地释放！

（案例作者：武汉大学幼儿园二分园　程晓丽）

第三节 幼儿园课程文化促进办园品质的提升

幼儿园课程与文化之间是统一的。幼儿园课程作为一种文化存在，它有自己的品位、理想、追求及关怀旨趣、逻辑与依据。幼儿作为主体，决定了幼儿园课程文化应以幼儿的个体生命价值为指向，它是幼儿园课程文化之根本。

文化是外显于形，根植于心的产物。我们探索将办园理念与武大精神、珞珈文化紧密结合，将幼儿园方方面面的工作与节日课程巧妙融合、有效整合，以不断彰显健康和谐的园所内涵。做到了三点：将地域资源和园所文化与课程建设有效融合。因地制宜，充分挖掘和利用各种教育资源，体现园本特色，具有“珞珈”的印记。将课程建设与教师常规工作有机整合。使环境创设、研训工作、家园开放、课题研究等多维度的工作得以统筹安排，研究的方向更明确，研究的实效更扎实，有效帮助教师减轻工作压力，提升整体架构课程的能力，使研究更加深入。将节日课程与幼儿一日活动自然结合。课程实施不是单一的集体教学活动，而是融入一日活动之中，与游戏、生活、运动相生相长。重视幼儿的体验与发现，使节日课程回归自然、回归生活，回归儿童，让每一个孩子都能浸润在节日里成长，在原有的基础上拔“节”生长。

课程文化的建构过程不仅促进了师幼的成长，也促进了办园水平的提升：

1. 园所文化特色更加彰显。在课题的推动下，已形成园本课程特色，园所环境文化也尤为彰显，大环境显生态，小环境显特色。班班有风格，处处有文化。行为文化更是根植于教职工的内心，以幼儿为本，和合文化的园风园貌逐步外显于行。几年来，共接待省市区外的环境观摩、课程学习共计千余人次。

2. 教师专业水平显著提升。生态节日活动课程的开展，让教师转变了教育观、课程观、儿童观，对课程设计有了一定的认识和了解，环创能力及课程实施能力有了大幅度的提升。多名课题组成员参与了湖北省幼专的教材编写工作，参与了湖北省“好课堂”优质活动评比获二等奖、市区语言领域、科学领域、卓越杯评比等均获二、三等奖。参加全国教师技能比赛，相关论文、教育笔记、教案等人均获奖率达95%以上。

3. 家长认可度逐年上升。结合亲子活动开展，生态节日活动课程让家长看见了幼儿园的文化理念、课程理念，感受到课程形式的多样。园所的发展也由原来的7个班逐步扩大到如今的9个班，幼儿人数由200以内逐渐增长到280余名，大班幼儿流失率在5%以内。

4. 幼儿成长态势喜人。通过几年的研究，幼儿已展现出喜欢大自然、关爱生命、热爱阅读、乐于探究、勇于创造等状态，对身边的风土人情和文化有一定的了解，与同伴和谐相处，自我管理能力得到一定的提升。多次在全园性的绘画比赛中获奖率达98%以上，2019年参加武汉市的经典诵读3名幼儿进入决赛获得较好的成绩。来园检查和执教的专家、老师都会评价：思维活跃、大方自信，有高等学府幼儿的状态。

一、课程文化的价值体现在教师的自省式成长

幼儿园课程文化通过课程审议方式帮助教师形成学习共同体，转变课程观念促进教师专业成长。如从评方案向评过程转变，从评结果向重过程转变，从重文本向评实践转变，从评预设向评生成转变。使课程得到有效落实，教师课程设计及组织能力得到了极大的提高。

例如：运用“班级四步骤”推进园本节日课程“春——珞樱缤纷樱花节”，这样做让师幼共同成长：

1. 收集意见——各班教师根据幼儿的年龄特点，收集幼儿的想法、问题，如：樱花节可以怎么过？在樱花节你们想做什么？以此来确定班级樱花节的内容。如大班确定外出写生、与游人约定；中班确定做环保、做宣传；小班确定赏樱花、给花树浇水等。

2. 师生共商——大家共同讨论：去哪里？怎么去？有谁可以在节日里给我们提供帮助？……以此来确定节日活动每个班的具体活动内容、实施步骤

及人员分工。如小一班张悦涵的妈妈在行政楼工作，可以帮我们联系最佳的外出时间；中三班李则宇的爸爸是保卫部负责樱花大道安全工作的，可以引导我们安全出行……

3. 集体筹备——各班级通过丰富的活动进行筹备：观赏园内的樱花树，先初步地了解樱花的外形特征，并制作了宣传展板，了解了外出的出行规则及赏樱的要求，知道了与陌生人打交道的方法等。

4. 开心过节——社会实践当天，师生共同走进樱花大道，赏樱花、做环保，与游人约定文明赏樱。回来后，各班级又深入地开展了樱花活动：画樱花、唱樱花、说樱花、跳樱花舞、做樱花饼等，通过多种形式来进一步了解樱花。

“班级执行四步骤”教师指导策略重视“过节”前幼儿经验的大量积累，包括知识经验、情感体验、能力提升等。只有幼儿的储备丰厚了，“过节”当下才能真正做到“我的节日我作主”。

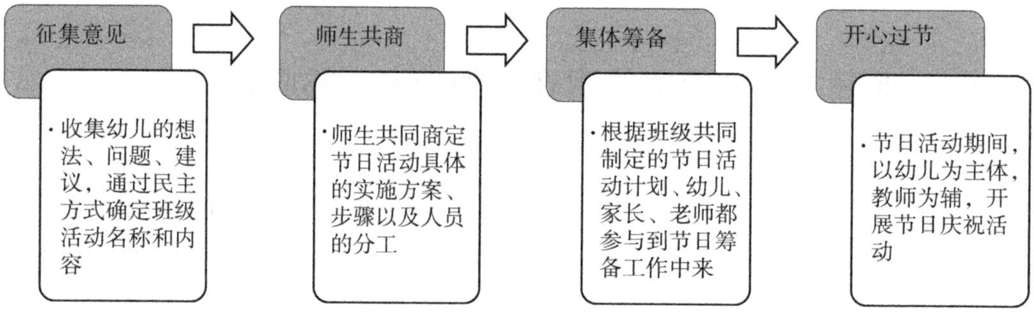

教师在“科学乐淘淘”的活动反思中说道：

“《幼儿园科学领域教育精要》一书中指出：幼儿园科学教育对幼儿的全面发展具有重要的意义，能够满足幼儿的好奇心，帮助幼儿获得探究技能和科学知识，从而促进幼儿的全面发展。由此看来，幼儿园开展科学主题探究系列活动是十分有必要的。在本次科学主题活动“科学乐淘淘”中，我引导幼儿与他们共同经历了五个环节，分别是：分析背景—收集资料—自主探索—社会实践—回顾反思与收集。通过这样的5个环节，层层递进，由浅入深地一步一步引导幼儿获取科学探究的知识技能，积累科学经验。

在活动开展的每个环节中有优势也有不足，比如：在分析背景与收集资料环节表现为思路清晰，作为教师我对整个主题有思考有计划，又支持幼儿的想法，引导幼儿积极思考参与材料收集、探讨等活动。在回顾反思与收集环节兼顾了家长、幼儿、教师三方的回顾与反思，并收集了幼儿在整个活动过程中的表征作品，整理成册。以上两个环节是我本次主题系列活动中的优势环节。稍显劣势的环节体现在幼儿的自主探索环节，可能组织幼儿进行集体活动的次数更多，忽略了幼儿的自发性探究行为；另外，社会实践参观科技馆也是一个非常好的点子，如果能挖掘更多科技馆中的教育价值来推动活动的进程就更好了。”

由此可见，课程文化中教师形成教育自省和自我成长的能力，由个体扩至全体，由教师带动非教师，让课程文化的价值认同在教育行为中随处可见，落地开花。

二、课程文化的价值体现在家园共育的同步共融

家长也是幼儿园课程文化的感受者、参与者、评价者。作为家园教育的共同体，课程的实施，课程背后的内涵理解，只有亲历才能理解，才能共生共长。例如：大二班依托了武汉大学岩土实验室的家长资源，开展了“疯狂石头节”，玩转珞珈山的石头。师生共同收集了有关石头的问题，并进行分工筹备。筹备过程中，通过多种形式的学习、实践、展示、表达等，了解了与石头相关的知识经验，体验了与石头的相关游戏。庆祝节日当天班级还举办了石头制品展，与爸爸妈妈共同参观了武汉大学岩土实验室，寻找到有关石头答案的秘密。家长感受了幼儿的学习与成长，认同了生活化的学习方式是促进幼儿发展的重要理念，从而让课程文化的影响延伸至家庭。再如，家长在参加了 2019 年“珞珈金秋采摘节”亲子体验节日活动后，通过问卷分析得到：

第 1 题　您的孩子所在的班级是：　　　　[单选题]

选项	小计	比例
大一班	25	11.31%
大二班	24	10.86%
大三班	23	10.41%
中一班	35	15.84%
中二班	28	12.67%
小一班	20	9.05%
小二班	17	7.69%
小三班	24	10.86%
小四班	25	11.31%
本题有效填写人次	221	

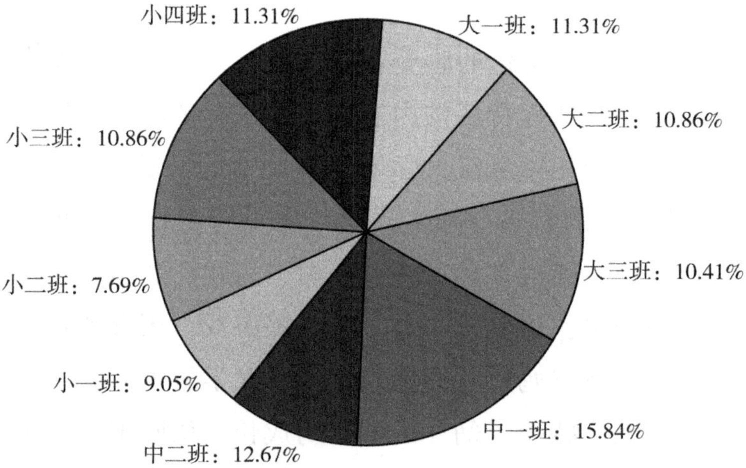

分析：本次家长问卷调查采用“问卷星”对全园九个班，共 261 名幼儿家长进行调查，回收问卷 221 份，回收率为 84.7%。表明家长的课程参与度很高。

第 2 题　参加本次"珞珈金秋采摘节"开放活动是孩子的：　　[单选题]

选项	小计	比例
父母	174	78.73%
祖辈	46	20.81%
其他	1	0.45%
本题有效填写人次	221	

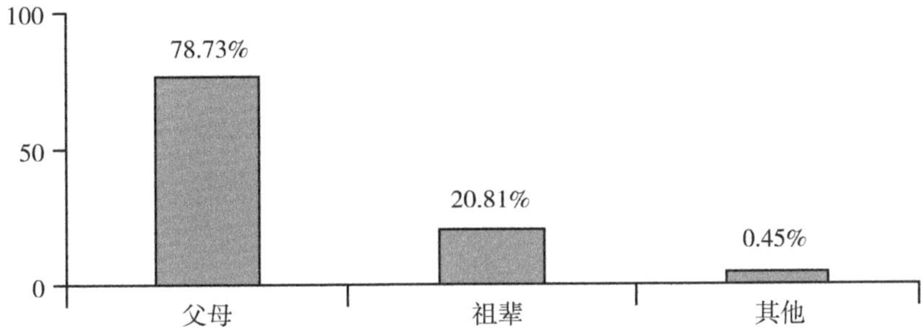

分析：从数据显示来看，参与本次活动的大部分是孩子的父母，这说明父母参与开放活动的积极性很高，也说明现如今的父母能够重视孩子的幼儿园教育。

第 3 题　您对今天开放活动的评价是：　　[单选题]

选项	小计	比例
非常满意	207	93.67%
较满意	13	5.88%
一般	1	0.45%
本题有效填写人次	221	

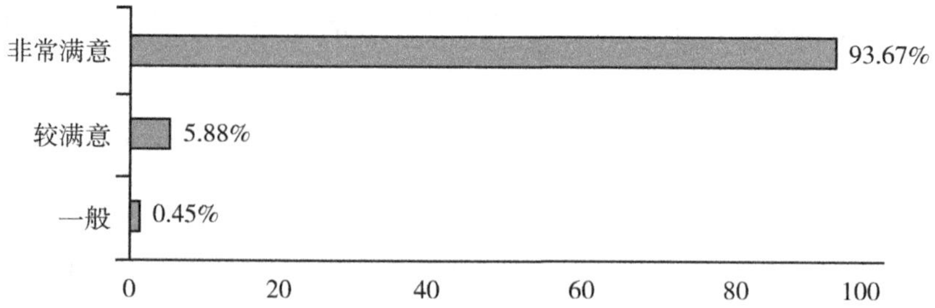

分析：对于开放活动的评价，家长都很满意，满意率为 99.55%，只有一个家长持一般的评价。

第 4 题　您觉得开放活动的频率：　　　　［单选题］

选项	小计	比例
每学期 2 次	115	52.04%
每学期 1 次	46	20.81%
每月 1 次	34	15.38%
随时开放	26	11.76%
本题有效填写人次	221	

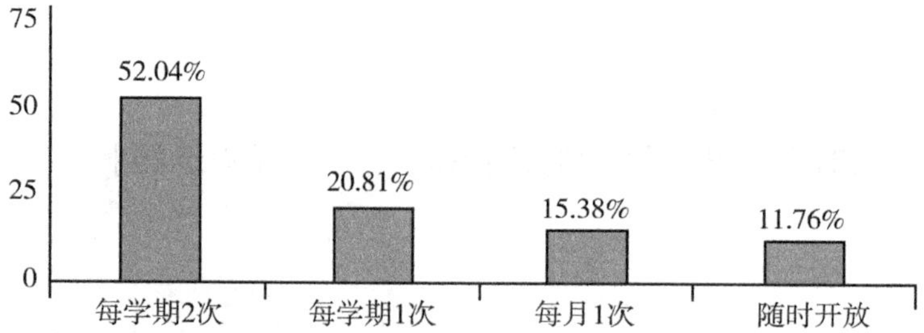

分析：从数据显示可以看出，家长对开放活动的频次需求还是有很大不同的，这与家长的职业有着密不可分的关系，我园大部分家长为学校教职工，平时有课请假很难，所以对开放活动的频次需求不高，但有一小部分家长为第三代，这一部分家长由于工作性质的关系，希望开放活动能够随时进行。今后，我们也会综合考虑，将开放活动的形式不断丰富，以满足不同需求的

家长群体。

第 5 题　您最想看到的活动内容是：　　　[排序题]

选项	平均综合得分
教育教学活动	2.09
亲子活动	1.92
一日常规各环节	1.91
操节及表演活动	1.73

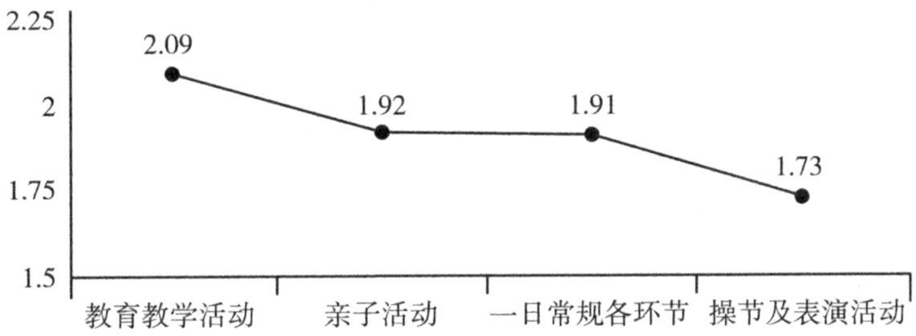

分析：通过调查显示发现，家长关心幼儿在园的一日生活，这说明一日生活皆可课程的理念还是被大部分家长认可的。这说明，大部分家长具有先进的教育观念，对幼儿教育的特点有一定的了解。

第 6 题　您对班级教学活动的评价是：　　　[单选题]

选项	小计	比例
非常满意	203	91.86%
较满意	18	8.14%
一般	0	0%
不满意	0	0%
本题有效填写人次	221	

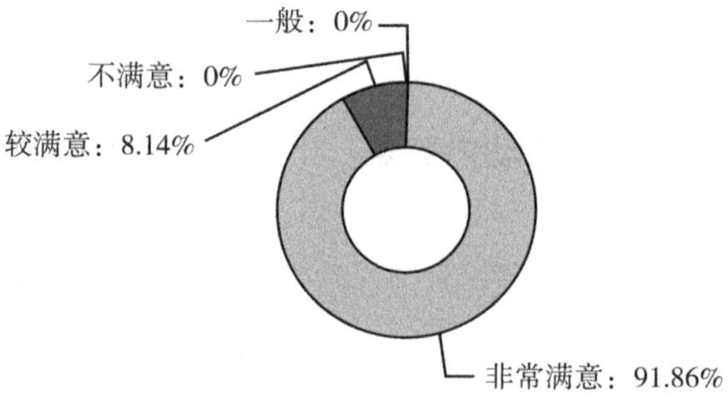

分析：从结果显示可以看出，家长对班级教师的专业能力表示认可，全部家长对教学活动持满意态度。

第 7 题　在教学活动过程中，您看到了：　　　［多选题］

选项	小计	比例
教学内容符合幼儿的年龄特点，满足幼儿发展需要	204	92.31%
教学形式体现集体、小组、个别	122	55.2%
教师语言规范，富有感染力	168	76.02%
活动过程中老师对孩子有鼓励语言、正面教育和积极引导	169	76.47%
班级教师分工合作、组织有序、配合默契	157	71.04%
注重幼儿学习习惯的培养	152	68.78%
本题有效填写人次	221	

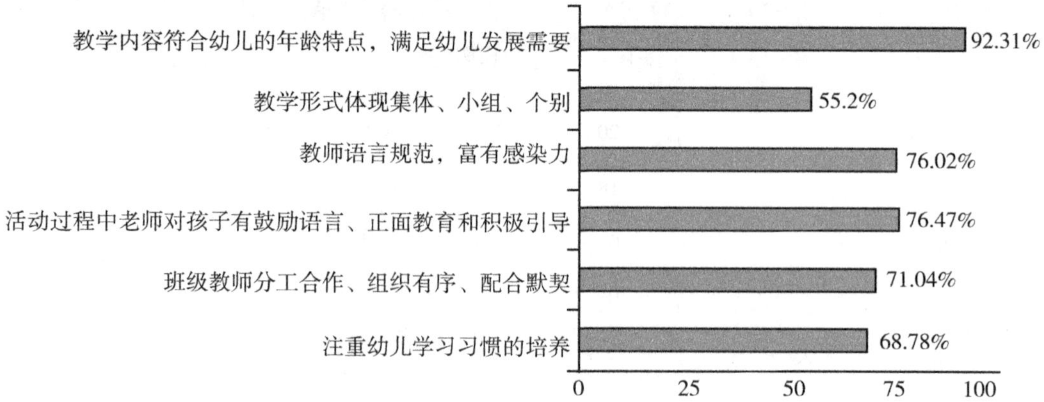

分析：从评价中可以看出，92%的家长对教学内容的选材非常认可，认为内容有趣有发展；教学形式比较多样，关注幼儿学习品质的培养，既注重全体的引导也关注个体的鼓励，让家长感受到了教师是在用心施教、精心育人。但同时，我们也从数据分析中看到，教学形式的多样化还需进一步增强，55%的满意率让我们反思该部分的提升空间还有很大。

第 8 题　您对教师的关注重点是：　　　　[排序题]

选项	平均综合得分
教师的教育教学方法、水平和技巧	2.28
教师对自己孩子的态度	1.81
教师对孩子的生活照顾	1.12

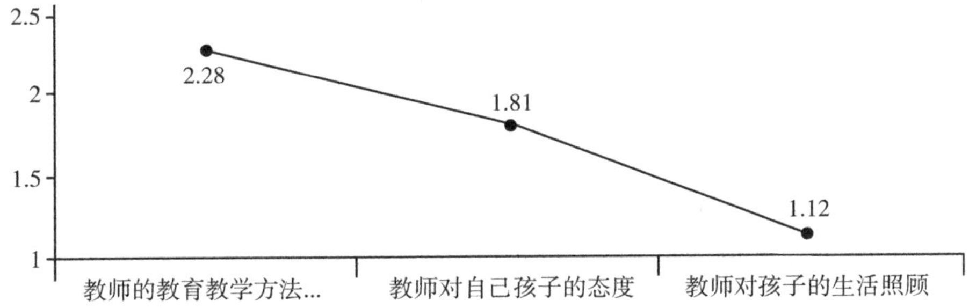

分析：在活动过程中，家长关注的点很全面，对教师的专业水平和认可。近年来，我园针对不同层次的老师设有专门的梯队培养计划，各种途径的学习让每个人在自己的专业领域上都得到了最大幅度的提升。

第 9 题　您对孩子的关注重点是：　　　　[多选题]

选项	小计	比例
在活动中的表现	165	74.66%
在集体中处于什么水平	141	63.8%
是否能和小朋友玩到一起	178	80.54%
在家及在园是否表现一致	124	56.11%
本题有效填写人次	221	

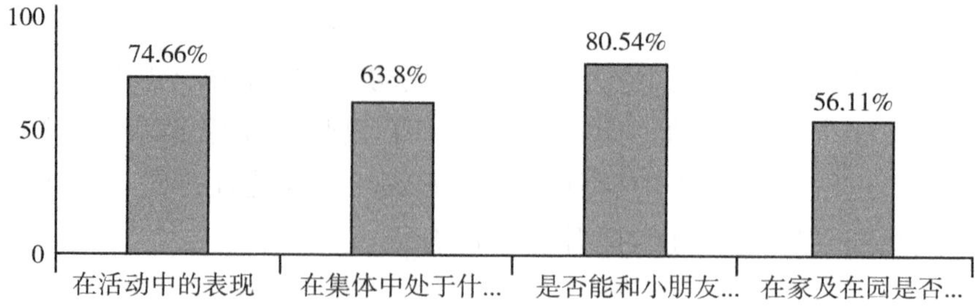

分析：从结果显示出，家长在活动中能够关注孩子的全面发展，通过开放活动，能够看到孩子不同经验的获得和发展。

第 10 题　您的整体感受和想对我们说的话：

分析：通过家长反馈我们了解到家长对幼儿园整体评价持满意态度，特别是对教师专业水平给予了较高的评价。其中，也不乏对我们工作提出的建议，我园也会采取相应的措施：

1. 打造户外生态区域游戏。本学期，将依托园所独有的生态环境，打造户外生态环境，让户外成为孩子们的乐园。

2. 在家园沟通方面，除了现有的沟通平台，我们将充分利用互联网工具，做到分小组、对个别的“面对面”式沟通，向家长宣传幼儿园的各项工作和幼儿在园的学习生活情况。

再如：家长在“咏诗词 传经典”的幼儿读书节观摩活动中评价：将古诗和音乐、舞蹈相结合，让孩子们更好地理解古诗词的意思，潜移默化中受到中国传统文化的熏陶，也加强了孩子们对语言的鉴赏能力和对美的感受能力，孩子们在舞台上尽情展示自己，增强他们的自信。希望学校每年多多组织这样的活动，将古诗词和表演相结合，多多增强对中国传统文化的了解和认识。

从家长的评价与感受中可看到，幼儿园课程文化的价值已经得到家长的认同与响应，从关注知识学习到注重能力培养，家园共育的同步共融得以更加彰显。

总之，逐渐形成课程文化自觉的幼儿园，在自我生长和发展愿景中，园所文化表现为一种自觉践行和主动追求的理性态度，课程文化逐步实现由他律向自律的转变，幼儿园对课程文化的转型、取舍、选择和改造有了自主能力，更好地适应新的环境、新的时代，办园行为也收获更多的社会认可。武汉大学幼儿园形成了系列课程成果得以向社会推广运用，优质的园所文化特色逐步向高水平名园发展与推进。

附：幼儿园课程文化建设模式图

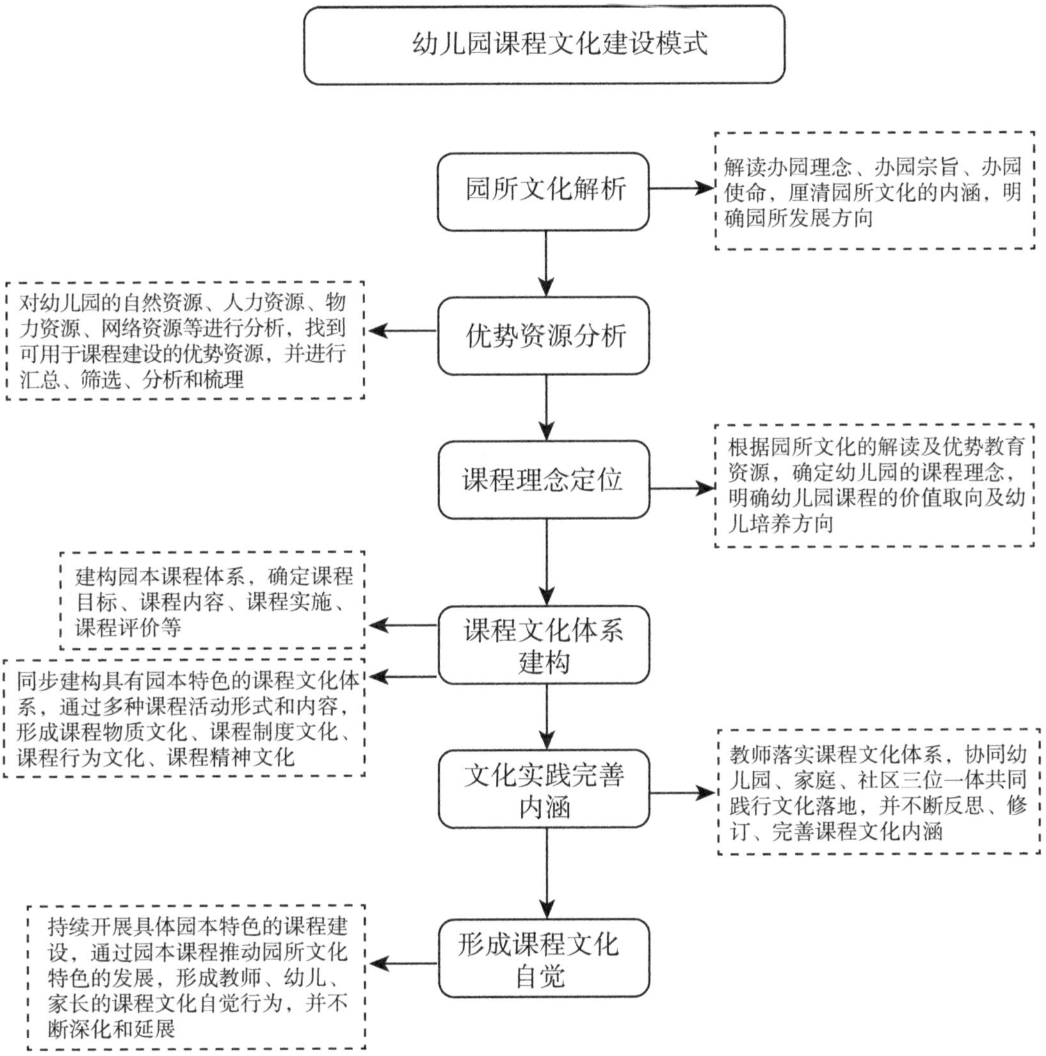

第六章

园所文化建设的成效

第一节　幼儿发展

从2018年至今，幼儿园组织孩子们每年参加“成长的足迹”国际创意联赛，分获特等奖和一等奖、参加“童年童画·上海国际幼儿创意绘画大赛”获特金奖、金奖，参与人数及获奖等级逐年提升；参加武昌区“两代人的童年——大美武汉我的家、小手妙笔颂中华”幼儿绘画比赛中，4名幼儿获得“百强选手”称号并获“优秀组织奖”；2019年参加武汉市经典诵读活动，3名幼儿获优胜奖；2020年2名幼儿参与中澳国际绘画，作品被选送澳大利亚参展并由昆士兰州立图书馆收藏；2023年1名幼儿的家庭代表武昌区幼儿园参加了湖北省教育厅的书香嘉年华展演活动；5名幼儿获武昌区蒲公英小镇阅读小明星，2个班级获得书香班级称号。2023年邀请幼儿参与幼儿园膳食会议，让幼儿参与幼儿园的伙食管理。

第二节　教职工发展

教职工是幼儿园最宝贵的财富。心理学家米哈里用“flow”形容一种状态，这个词被译为“心流”“意识流”，或者“沉浸”。这是一种将个人心力完全投注到某种活动上的感觉。当“flow”产生时，人会有高度的兴奋和充实感。当教职工在工作中能够产生心流的时候，信仰也就自然而然地出现了。这十多年以来，幼儿园很多教职工最大的收获莫过于在工作中逐渐意识到，一个人的身心修为、思想、情感、内心世界的建立与成长是何等的重要，在这里，他们不仅找到了工作的意义和源泉，也看到了生命的意义所在。

一、每一个人都能够发挥作用

在这里，每个人都拥有一片天地。德鲁克认为，员工发展必然成为自我发展，员工的工作安排也必然成为自我安排，员工自己必须对此负责，否则，知识型员工就不可能在漫长的职业生涯中保持成效和高生产率，并且不断成长。我们园所组织了文化方面的征文活动，请全园所有的教职工站在自己的工作岗位来看园所文化，在这些文字之中，我们看到了璀璨的思想火花。

幼儿园文化之我见

韩　静　武汉大学幼儿园一分园　教师

习近平总书记在党的十九大报告中明确指出：“文化是一个国家、一个民族的灵魂。文化兴国运兴，文化强民族强。没有高度的文化自信，没有文化的繁荣兴盛，就没有中华民族伟大复兴。”武汉大学幼儿园一分园隶属武汉大学，是一所有着悠久历史的幼儿园。她就像一座童话中的城堡，静静地伫立在珞珈山脚下。幼儿园有着良好的物质与人文资源：博物馆、科技馆、实验室、医院、超市应有尽有……基于此，下面是本人对幼儿园文化的一点拙见与思考：

一、环境文化建设

环境文化建设决定着幼儿园的园风园貌，我园的办园理念“享珞珈之灵秀 育书香之稚子”是让孩子在健康、快乐的环境中学习成长，感受美的氛围、接受美的熏陶、得到美的升华。环境是重要的教育资源，应通过环境的创设和利用，有效地促进幼儿的发展。自古以来，我们都注重环境对学习的影响。一个优美、舒适的环境对于幼儿的健康成长有着至关重要的作用。

我园打造“玩美”幼儿园，我们知道人的本能是追求真善美。“美”，是我们一贯以来倡导的教育目标，是我们培养全面和谐发展的未来社会人的追求。近年来，我园一直秉持着以幼儿为本、教师为助推的原则，构建一所幼儿喜欢、家长满意、教师成长的童梦乐园。怎样能够让幼儿园不仅体现美，还能凸显我园园所文化，如何竭尽所能地为幼儿创设最优越的游戏场地是园长们一直追寻和坚持的目标。我们将以往的园所前、中、后以及天台都进行了较大规模的改造，特别是今年作为“安吉游戏实验园”，幼儿园投入了大量安吉游戏材料，还在教研方面也做了相同的教科研要求和培训，力求从园所环境开始，深入落实安吉游戏精神，从而引导教师真正体味安吉游戏背后的理念，让孩子们在幼儿园得到更为全面、充分的发展。

二、制度文化建设

幼儿园制度文化是指幼儿园的园纪园规、行为约束等，既是幼儿园管理的重要手段，也是幼儿园管理思想和管理风格的重要体现。要坚持“以人为本”的制度文化建设，始终为幼儿和教师的身心健康发展提供制度保障，使他们都能快乐地生活和成长。坚持“以人为本”的理念，根据每个教师不同的风格和发展要求，制定相关的规章制度。要充分体现人与科学相融的管理思想，让规章制度成为大家都自觉遵守的制度，注重激发教师的主体意识，提高教师的自控能力。

我园的教科研力度是也是促进教师成长和园所积极向上发展的重要表现。推门听课、预约课、每师一课是针对教师个人能力提升的手段之一。教研、培训做讲座、外请专家等更是为每一位老师提供的成长平台。在学习中让老师们的专业能力得到了不断的提升，并且学会观察、学会分析、学会反思，从而达到互相取长补短、共同进步的效果。

三、精神文化建设

精神文化建设是校园文化建设的重中之重，精神文化是抽象的，它像一只无形的手，引领着每一个人前进。幼儿园精神文化是指幼儿园的历史传统和被大多数人认同的文化观念、价值观念、生活观念等，它是一所幼儿园本质的、个性的、精神风貌的集中反映。

1. 营造积极向上的精神文化。在生活节奏逐渐加快、物质逐渐充盈的今天，人们更追求高尚的精神生活。幼儿园为老师们的业余生活也考虑了很多，每月的工会活动是老师们特别期待和喜欢的，它不仅让大家从紧张繁忙的工作节奏中能够放松和收获快乐，更是在每一次的活动中体现了团队精神和积极向上的精神文化。

2. 培养良好的团队精神团队。不管在哪个工作岗位，团队精神无疑是最重要的。俗话说“人心齐，泰山移”，尽管我们在不同的岗位，有着不同的任务，但只要我们的目标相同，大家的所有行动，都是为了同一个目标，团队里的每一个人为了实现目标而做到精诚团结，这样的话不管什么困难都不会难倒我们。

3. 加强精神文化的学习。1986 年 9 月 28 日中央提出加强精神文明建设。精神文明建设主要表现为思想道德建设、教育科学文化建设，为物质文明的发展提供思想保证、精神动力和智力支持。加强精神文化的学习，不仅能强化教师对幼儿园文化建设的理解，更能让人深刻体会到精神文化对幼儿园的发展有着至关重要的意义。

幼儿园文化建设不只是为了树立形象，更重要的是要打造幼儿园的文化影响力，提升幼儿园的竞争力。我们要将幼儿园的办园理念认真贯彻到教育工作中来，营造“书香润童心，文化育稚子”的氛围，使幼儿和教师由行为的规范和调整，发展到意识的改变，通过意识的改变来达到实质上的改变，慢慢地养成习惯，并逐渐转化为无意识的自觉与自然的一种行为，最终凝聚成一种文化的力量。

我与幼儿园文化

郭　丽　武汉大学幼儿园一分园　保育师

转眼间，来武汉大学幼儿园一分园一个学期了，这段时间的工作，让我感受到我们幼儿园的文化是非常完善的，比我想象中的好太多太多。

刚开始来到陌生的环境，我还是很担心怕自己不太适应！但其实我的担心是多余的——我在一分园中充分感受到领导以人为本的思想，关心人、尊重人、信任人、善于发挥人的潜能、激发人的创新精神，使老师们在执行制度、遵守纪律的同时，享有自尊，实现自我价值，从而为幼儿园营造了一种积极进取、团结向上的工作氛围，温馨安全的情感氛围，而我在一分园也真真实实感受到了同事间的相互帮助、团结有爱。

工作环境如此温馨友爱，园所文化如此丰富完善，我想这不是一天两天促成的。来一分园才工作半年的我，还需认真学习园所文化，不断提高自己，更好地去慢慢领悟园所文化的内涵。要认真去领悟“培养尚品、美行、健康、善思的珞珈稚子”这句话的份量、内涵。

很多时候我们不得不感叹时代的进步，虽然之前在别的幼儿园当过7年多保育老师，但我从没有写过观察笔记、读书笔记、教学反思等。现在有了记录、反思，从每一天的工作中都可以直接感知到自己的优点，同时也可以看出自己的不足，让我比以前更了解孩子，更能走进孩子内心。知不足才可以有改进，才会带来进步，带来成就感！来到一分园，我也在园长和同事们的帮助下，开始学习怎样去写这些资料，怎样去做好我应该做的每一件事。从另一个角度看，无论是教师还是保育，我们都需要努力进取，不断学习，才能跟上时代的步伐。就像曹园长说的做人要有爱心、做事要有慧心、还要有恒心；有了爱心，就能与同事搞好人际关系，相互促进工作更好地完成；有了慧心，在遇到困难时，想办法解决困难，相信办法总比困难多；有恒心，要坚持、持之以恒做好应该做的事。

在一分园工作是幸福的，我会好好珍惜在这里的每一天，也会不断虚心请教，认真领悟幼儿园文化，不断完善自己。

幼儿园办园理念在我工作中的落实

鄢梦媛 武汉大学幼儿园二分园 教师

幼儿园文化是新时期对幼儿园改革提出的新任务，是幼儿园寻求长期良性发展的必需品，更是突显幼儿园特色的最有效途径。而对于幼儿园来说，办园理念就是一个幼儿园的明信片，是一所幼儿园信仰和灵魂的所在。

一直以来我们武大二分园，坚持以《幼儿园教育指导纲要(试行)》、《3—6岁儿童学习与发展指南》为依据，围绕着“办武汉大学教职工满意的幼儿园”的办园宗旨，将办园理念“享珞珈之灵秀，育书香之稚子”与武大精神、珞珈文化紧密结合、巧妙融合、有效整合，以不断彰显健康和谐的园所内涵。在工作中，我是如何将理念融入工作中的呢？现我从以下三个方面来分享我的所得：

一、实习期间所见

初入二园实习时，映入眼帘的就是对面白色房子上的这样一句话——“享珞珈之灵秀，育书香之稚子”，当时看到园所环境充满原生态，让人心情愉悦放松；看到带教老师个个和蔼可亲，带孩领子们参与活动时全身心投入其中，师幼互动也是热闹非凡，尤其是孩子们的语言表达丰富多彩，整个活动氛围积极活跃；转眼看到楼梯间，每一层各具特色的主题廊道环境，处处流露师生之间的互动和孩子们参与其中的轨迹，多功能室中各种有趣的幼儿作品展，以及许多走进自然、传承中华传统习俗的绘本馆；还有在协助领班老师开展幼儿园大型开放日活动时，孩子、家长、老师都“玩在其中”，自己也忍不住嘴角上扬，不禁感叹这就是二园的孩子长大的方式：走进自然，在快乐玩耍中收获知识！真是太好玩啦！

二、工作初期所做

当我经过实习考核加入二园这个大家庭，也常在大大小小的会议中，多次听园长跟我们提到要记住二园的理念：“享珞珈之灵秀，育书香之稚子”，希望我们这些“新鲜血液”传承这句话的意义和责任。起初我只觉得字面意思大概是：拥有珞珈山这个人杰地灵的地缘优势，我们要将书香氛围潜移默化地影响感染到孩子们的心里，也没太明白这句话的真正含义。直到在班长的带领下参与班级环境布局创设，跟随园所步伐了解、学习特色课程理念：生态、启智、和谐，才渐渐有了更深入的理解。

1. 将办园理念：生态、启智、和谐，牢记心中。

(1)工作期间，我亲身参与教研活动，将幼儿的生命、安全、健康放在首位；注重幼儿的习惯养成、传统文化的传承；开展特色活动“生态瞭望塔”和“悦读乐分享”，留给孩子更多走进自然科学、探究环保自然的空间，拓宽认知，学会关爱、敬畏生命；了解传统民间优秀故事典范和精神。

(2)通过认真了解班长拟定的课程计划后，积极和班长探讨、及时请教班长为我答疑解惑后，统一教育内容和目标，一起开展集体教学。在教学活动中，通过常规教学内容和园所特色课程活动的开展，学会放手，给予孩子更多亲身探索的机会。同时也将每一阶段幼儿所需达成的学习内容融入一日生活中，结合班级和班级孩子的特点，融合园所“生态教育 书香启智”的办园特色，打造班级环境，邀请孩子一同参与，在彰显孩子所需技能技巧的同时也巩固了孩子所学本领。

2. 特色课程建设：我探究 我专研

通过教研和聆听前辈们的交流讨论，我对我园特色课程类型有了更深入的了解，对于自然种植节、珞樱缤纷樱花节、悦动生活体育节、金典启智读书节、珞珈金秋采摘节、快乐寻宝科技节、赏美传统艺术节这七个节日的形式有了进一步理解。它们是根据珞珈山秀美的环境以及原生态的地理优势而设计的，期望达到让幼儿回归自然生态、回归真实生活、回归儿童主体、回归“文化生态”的目标。

3. 教师队伍：青苗组的拔节成长历程

在这个大家庭中，我虽是新人，但幼儿园给予新教师成长的平台也非常的仁爱宽容，有结对传帮带、学习平台促成长、研训促提升，给人一种安全感。身为工作小白的我会获得一位“师傅”！有经验丰富的老师做我的师傅，教我如何执教，如何掌握一日活动中琐碎且重要的工作技巧和注意事项；工作中有园长和大教研组的骨干老师为我们出谋划策指引方向；年级组有伙伴们陪我并肩作战！在这强大的“护航”中，作为新老师的我如同“青苗”也能快速地吸取养分不断成长。

三、工作中所获

如今我已在二园有四个年头，身为二园的一份子，始终是一件值得我骄傲的事。虽然成长有阵痛，但在阵痛过后，我依旧以我的园所为荣，因为我喜爱且认同我的园所理念，每当看到、念到“享珞珈之灵秀，育书香之稚子”时，我的心里是说不出的愉悦和温暖，逐渐这句话成了二园每个教师的责任和信仰。

我与幼儿园文化

黄　芹　武汉大学幼儿园三分园　教师

武汉大学幼儿园，坐落在人杰地灵的武汉大学校园内，坐拥珞珈山，环绕东湖水，养山之仁厚，享水之大度，在珞珈文化的浸润之下，在漫长的历史进程中，沉淀下独特的园本文化。它以有形的物质形态和无形的观念形态存在于幼儿园的环境之中，存在于富有特色的各类活动中，存在于人与人的交往中。

1993年，幼师毕业的我被分配到武汉大学幼儿园。初入职场，举目无亲，工作上的难题和生活中的困顿扑面而来。幸运的是我遇到一群有爱的同事，在我一筹莫展不知所措的时候给我无私的帮助和无尽的温暖。时至今日我还清楚地记得冬日里她们教我生火炉、酷暑中她们教我缝垫絮的场景。更不用说日常教学中的耳提面命，接待活动中的倾力相助。而在生活上她们也给了我无微不至的关照，周末时常有同事邀我去她家里打牙祭，生病了她们会三五结伴去探望，适逢喜事她们一定会凑份子买了礼物送来祝福，让我这个职场菜鸟深深感受到集体的温暖，增强了对幼儿园的归属感。

这种手把手的传帮带和饱含人情味的交往，是“真诚友善、无私奉献”这一优良传统的体现，它拉近了人与人之间的距离，加深了人与人之间的感情，也增强了集体的凝聚力。

多年来，我秉持这一优良传统，甘做人梯。同时，我也欣喜地看到，一代代武大幼教人，享珞珈之灵秀，求真求善求美，心存感恩，惠及他人。我看到幼儿园管理者以自己的人格魅力，使整个幼儿园团队思想统一、管理认同、情感融洽、行动默契。这个团队人心凝聚、积极进取，人人都表现出高度的组织性、纪律性和全局意识，团结协作，和合共生。

我看到年长的保育员和新手保育员师徒结对，一对一开展带教帮扶活动。

师傅们身体力行，亲身示范，手把手教会徒弟整理内务、配制消毒水、规范擦桌子、正确护理幼儿、应急处理突发的清理任务……在全面提高徒弟业务能力的同时，师傅们还从生活上给予徒弟们关爱和指导，帮徒弟们解决困难，排解苦恼。师徒间互敬互爱，教学相长，共同成长。

我看到教师们为了出色地完成迎检活动、开放活动、交流活动，自愿加班加点。午休时间操场上围坐成圈，骨干教师们研讨方案，气氛热烈且欢愉；华灯初上，教室里灯火通明，不愿下班回家的老师们还在整理活动区、完善玩教具；更有老师周六周日三五结伴到幼儿园完善细节、精进工作。

我看到为了帮助同事成功考编，全园上下总动员，大家根据各自所长，给考编的姐妹提供帮助。有人帮着磨教案，有人帮忙做教具，电脑高手负责背景视频，艺术达人负责服化和舞美……实在是插不上手的，也要跑跑腿打打杂，尽上自己的一份力。每个人都想成为对他人有益的人，能给他人带来美好和幸福。

……

而我，在幼儿园文化的数十年的浸润下，“真诚友善、无私奉献”的文化精神早已融入血液里，自然流露在日常的言行举止之中。作为幼儿园为数不多的老同志，我更是珍惜如今这种真诚友善、和谐进取的工作氛围。我们食堂班组成员都是心存善意、真诚待人，大家亲如家人。工作中也是抢着干活，无私付出，从不斤斤计较。而我，也在他们忙不过来的时候，放下正在输机的出入库数据，帮忙开餐、包包子馄饨、处理一些表格文档之类的电脑工作。

而面对老师们报上来的“奇奇怪怪”的物资的采购需求，我从不嫌麻烦，或是自己利用下班时间到文具店、礼品店、超市去淘，或是委托合作供货商按老师们提供的购物链接到网上购买。想他人之所想，急他人之所急，想方设法解决问题，努力给老师们做好后勤保障。

“珞珈苍苍，东湖汤汤。山川壮丽，泱泱兮养天地之气；澄岚秀润，昂昂兮结青云之志。”新时代的武大幼教人，浸润在独有的珞珈文化下，必将养天地之气，结青云之志，把办行业内“具有国际视野、国内知名、省内标杆”的幼儿园作为共同梦想和幸福所盼，真诚友善、无私奉献，让和谐进取、幸福快乐的文化精神落地生花。

二、每一个人都走上自我发展之路

每个人都有积极向上的价值取向，如果能敏锐地理解他们表达的思想，并按照他们的本来面目接纳他们，就会发现，他们会朝着积极的、建设性的、自我实现的、成熟成长的方向发展。个体越是被充分理解和接纳，就越容易朝着积极的、面向未来的方向改变。一个幼儿园，系统庞杂，如果仅仅靠管理者监督，靠制度约束，是无法在细节上出品质的，只有在这个系统里的每一个人都能够实现自我管理、自我发展，目标才能够实现。此处选取了几篇2020—2022年老师们的教育感悟与读者分享，在这些最真实的情感里，满溢的是老师们对理想的期待、对未来生活的美好向往。

告别“小心翼翼”的2022

金虹谧子　武汉大学幼儿园一分园　教师

刚刚过去的2022年，它影响了每一个身处其中的小伙伴。于我而言，我的工作与生活都在2022年这场变化的漩涡中度过。但，经历过2020年，跨过了2021年，所以2022年的我才能更有信心与勇气，在这场巨大变化中努力稳住，小心翼翼前行。

2022年我想用“小心翼翼”一词形容，在新冠肺炎疫情的压力下，我们试着努力突破，但又时常被迫行动。回望幼儿园的工作，上半年的我们在断断续续的停课与复课之间循环，线下与线上不停转换。即使大环境如此的不便利，我们依然不放弃，依然奋勇直前，因为我们的心中有着幼教人的信念。我的一年是这样度过的。

2月在家中花了一个星期的时间，认真制作了教师个人专业成长档案，从内容到设计，最后小心翼翼插页成册，在整理过程中也窥探了自己近3年来的努力与变化，很高兴自己一直在成长着。

3月我与孩子们一起开启班级“冬奥会”之旅，讨论冬奥会吉祥物，讨论喜欢的项目、喜欢的运动员，模仿其中的运动项目玩游戏。那段日子，“运动”与“爱国”在大四班孩子们的心中荡漾。

4月的日子格外忙碌，幼儿园大型活动读书节的顺利开展离不开我们年级组小伙伴们的共同准备。对每师一课的冲刺留下了魔性的“木瓜恰恰恰”，更是对自己把控艺术领域的一次大挑战，很高兴自己的努力有了好的结果！

5—6月因为疫情的反复，耽误了孩子们艺术节舞蹈的排练进度，由于孩子们对敦煌、说书的背景不了解，排练过程一度陷入瓶颈期。所以我和班级老师改变策略，以启发引导为主，用视频与解说的方式带领幼儿了解敦煌舞蹈的特点以及了解说书人这个职业。功夫不负有心人，我们在大班的毕业汇演上完美的演出得到一致好评。但我觉得这个准备过程重于结果，我从心底里高兴我的孩子们认识了敦煌，在练习舞蹈的过程中学会了“坚持”。

7月的玩水日，我和孩子们一起释放压力，沉浸在水世界中。至此，上半年用好几个工作“前三甲”的奖状为自己画上了一个完美的句号。

2022下半年比上半年更加艰难。算上幼儿入园时间只有2周左右，其他时间我们都被迫居家办公。我们开展了将近5轮的线上见面会，在视频通话中和小朋友讲故事、玩游戏、折纸、跳舞、聊天等。这种线上互动的经验也随之增长。从第一场互动时的紧张，到现在的游刃有余，我在视频对话中能让每个孩子都开心地互动。其间，我非常荣幸地组织了一次幼儿园的教师线上教研活动，很顺利！我始终相信每件事情都认真做，最后的结果一定是好的！

下半年，虽然疫情严重。但武汉市学前教育的脚步未曾停歇，武汉市第四轮学前教育保教实验走进一个又一个园所。我也认真聆听了他们的每场直播。今年的热点话题停留在“幼小衔接”上，很多园所用自己的行动在做好幼小衔接，对我有很大的启发，例如：有的幼儿园与小学教师进行联动、研讨，这是一种新型的教研模式！

在居家期间，我也经历了“二十大”的召开，二十大的召开让我对自己的民族和国家更加坚定并自信，作为一名基层的幼儿教师，我想我一定会继续坚持自己的职业道路，不忘初心，做一名有思想、有追求、有道德的幼儿教师！

2023年初始，疫情已过，一切逐步在恢复秩序，这三年的疫情让我们参悟了许多道理。健康的身体，强大的心理素质，及时关注身边实事，关心身边的人比什么都重要。无论在人生的哪个阶段，都不能放弃自己，认真学习提升自己，努力生活愉悦自己，愿自己一直带着饱满的热情迎接未来！

隔空“心”相遇 爱在“云”沟通

——当我在视频里看见孩子第一眼时

黎 娜 武汉大学幼儿园二分园 教师

一场疫情，打乱了我们原有的生活方式；

一场疫情，推迟了我们原定见面的时间；

一场疫情，扰乱了我们原有的相处模式；

但是，隔离疫情，不隔离爱，

在这特殊的时期，

我们架起了空中的桥梁，开启了名为“爱”的线上之旅……

一、想你所想，行动在前

为了更好地了解孩子们在家里的生活状态，增进老师和孩子之间的情感沟通，让孩子们和老师隔空传递温暖和陪伴。我们前期做了大量的准备工作，讨论互动方案，制作美篇，调研家长线上互动时间，根据孩子年龄特点制作美篇、视频，并且不断优化、调整方案，一起和年级组商量有效开展线上互动的形式。所以为了重温这份美好的小时光，我们愿意付出努力和汗水，提前做好每一次的准备。因为我们很想念和孩子在一起的时光，想再次看见孩子脸上洋溢的笑容。

二、忧你所忧，“爱”的连线

在互动前我们还很担心，孩子们会不会不记得我们，或者为不想上幼儿园而烦恼。可是我们依旧很期待和孩子们见面，想听听他们的声音，听听他们在家的各种感受。抱着这样的期待我们和孩子们开始了“爱的连线”，许久未见的大朋友、小朋友，还有未曾见面的新朋友，大家比我们想象中的更想和我们交流，大家一起开心地聊着“宅”家时光，有的小朋友见到我们兴奋地分享着自己喜欢的物品，有的大朋友和我们吐槽“神兽”的调皮，有的小朋友看到我们情绪还比较“摇摆”。大家十分珍惜线上见面的时光，从孩子们那一声声“怎么这么快就结束了?”“还想再听故事”“老师我很想你”中，感受到“爱”的连接，感受到我们的“心”是紧紧联系在一起的。

三、爱你所爱，线上互动

每次和大朋友、小朋友线上交谈是非常愉悦的时光，因为每当我们传递给他们满满的爱和关心时，他们会回馈更多的感动给我们。特别是他们每次积极参与、积极配合评价、积极互动时，线上互动便不再是一个简单的互动，而是涵盖了更多美好。

虽然疫情给我们带来了很多不便，很多不能见面的遗憾，改变了很多相处的模式。但我内心还是很感谢这次暂停键，因为我们没有因为变化而动摇内心，相反我们有更多时间去观察反思自己的不足，希望在“爱”的路上我们一直守护孩子们幸福的笑容，以饱满而充实的状态一起期待归期。

我的居家成长日记

陶洪美　武汉大学幼儿园三分园　保健医生

有些事情是人类无法阻止和左右的，疫情三年，人类和病毒也对抗了三年。

仿佛又回到了2020年，宅家的日子新鲜了三天，感觉没有想象中美好，面对网课抓狂，为一日三餐操心，还有繁琐的防疫工作，没有周末，没有午休，没有规律的作息。复学已然是一种奢望，不能再这样下去，心态得重新调整，尝试着去克服一个个难关吧！

从来没想过作为一名幼儿园的保健医生的岗位是如此重要又如此艰难。每天面对各种会议，各种政策的解读，要做到上通下达，而且面对的还是一场持久战，难免疲乏。从刚开始的迷茫到现在能顺利完成领导交代的各项任务，除了我自身的努力，更离不开领导对我工作的认可和帮助，帮我顺利地渡过了工作的焦虑期。我现在更加明白了这个岗位的重要性，做好防疫物资的储备管理，梳理排查，补齐短板，加强重点环节管控，持续改进优化，做实做细疫情防控各项措施，确保能打赢这场持久战。

在生活上，从最简单的开始，跟着网上或视频学习，解锁各种美食技能。刚开始手上布满各种小伤，现在不用照着菜谱都能做出一些简单的菜肴，我觉得这也算是一种进步吧。每天看着孩子和老公吃得津津有味，幸福原来如此简单！

其实最难的一点就是如何做一个好妈妈和“好老师”。疫情三年来，孩子网课的频率是越来越高。当居家学习、在线上课成为大多数孩子的学习常态，这不仅仅是对老师和学生的挑战，更是对我们家长的挑战。面对着精力充沛的孩子，怎么在家与他和平共处成了我目前最大的难题。每天监督学习就开始鸡飞狗跳，常常让我情绪崩溃。没办法，只有游走于各大 App 上狂灌心灵鸡汤，总结如下：

1. 首先作为家长我们必须摆正心态，时代已经把教育的重任放在家长身上了，唯有认真面对。

2. 俗话说身教胜过言教，最好的教育是榜样示范，我们必须以身作则，孩子在不知不觉中才能受到潜移默化的影响。比如说在孩子学习的时候，身为家长也不妨读读书，看看报，做点同样需要付出时间和精力来提升自我的事。如此，孩子内心会更加宁静，一些小的走动，诸如上厕所喝水的频率也会下降。

3. 疫情之下，难免会有焦虑、担心、害怕等消极情绪，而我们需要做的便是坦然面对，正视它们，接纳，不回避、不抗拒。换个角度，此疫何尝不是和睦亲子关系的契机？何尝不是学会和自己相处的契机？

我们放松，孩子便会放松；我们焦虑，孩子也会焦虑；我们宽松的心情、平和的态度，是陪伴孩子战胜疫情的一剂良药。我们得学会跟自己和解，明白自家孩子不过也是个“普娃”，停止内卷，平和地去和孩子相处。就像我们在家长群里妈妈们的玩笑话：把他当作隔壁家的孩子或者亲戚家的孩子，也就不会过度焦虑了。这个过程很痛苦很漫长，但我已经在努力的路上了……

通过疫情我最大的感悟是更加明白了生命的可贵，人生无常，除了生死都是小事。在面对任何事情的时候我们都必须学会从正面去看待。在面对工作中的问题时学会积极地去处理；在面对生活的不如意时更应该持积极乐观的态度，减少负面情绪，停止内耗。我们要常怀感恩之心，当你感受岁月静好的同时，别忘了那些为我们负重前行的人！我们要做的是摆正心态，安心宅家，我相信自由就在前方！

当我看到教研活动通知的时候

段愿有　武汉大学幼儿园四分园　教师

“园本教研活动通知：本周四下午3点开展教研，主题是……”、“姐妹们，我们周二下午三点开展‘积木区的娃娃车’案例分析活动……”虽然这段时间居家办公，改变了工作形式，但不变的是我们坚持学习的步伐，一直在开展线上教研活动。

每次，当我看到教研活动通知的时候，会很期待，期待在教研活动中学习新的知识，期待与同事一起探讨教育中的问题，期待在教研活动中表达自己的想法，期待园长针对教研活动给予专业的引领……丰富多彩的教研活动成为我居家工作中重要的一部分，充实着我的思想和生活。然而，三年前的我，可不是这样的。

三年前，面对教研活动，我会感到很焦虑。那时，当我看到教研活动通知时，我就会很忐忑，总是害怕在教研活动中要发言。还记得，刚来到幼儿园第一次参加教研活动时，教研组长严哲老师带领我们探讨一个美术活动“元青花四爱图梅瓶”，围绕这个活动主题分析元青花四爱图梅瓶的结构。严老师问：“你们觉得这个瓶子整体来看分为几部分？”我低头看着教案，一直没有说话，直到严老师点名问到我，我才小声地说：“三部分吧！”

对于语言表达能力不强以及心理素质不够好的我来说，当众发言是非常害怕和紧张的。但其实，我心里非常渴望能克服恐惧，大胆表达自己的想法。

后来，随着参加教研活动次数越来越多，加上邓园长经常鼓励我们发言，告诉我们：“不要怕说错，暴露问题就是在成长。”我慢慢地尝试参与发言，表达自己的想法，偶尔还会借助教研机会与有经验的老师说自己的困惑，向他们请教不懂的地方。在一次次的尝试中，我感觉教研活动在帮助我成长，同时也期待着在成长中有新的突破。

再后来，2020年下半年的一次园本教研活动让我感触很深，当时我是中二班配班教师，让我代表中班组分享《运动会引发的思考》。接到这个通知时，我很着急，从来没有在所有老师面前上台分享过。随即我根据组员商量的内容写好初稿，发给邓园长，邓园长不仅给出宝贵建议，还耐心地讲解思路，讲解结束后，看到我的眼神里透露出似懂非懂和些许胆怯时，鼓励我说："你可以再去与组员商量讨论，有不懂的，随时可以再来问我，我相信你一定可以的。"面对分享任务，我与组员针对细节多次展开激烈的讨论，直至定稿；并在家里反复揣摩演练，力求尽善尽美。还记得分享的前一天晚上，我担忧得翻来覆去睡不着，既怕分享表现不好影响我们组的水平，又怕紧张过度讲述不清晰……终于到第二天，怀着焦虑又激动的心情，在园长的鼓励下、在组员的期待中，我圆满地完成了分享。结束后，如释重负的同时，也发现当众发言其实并没有那么可怕。

接下来的工作中，我逐渐不那么害怕发言了，为了历练自己，更快地提升自身的业务能力，在教研分组讨论时，我主动申请担任中心发言人。并且，在2021年下半年，在领导的信任和同伴支持下，我担任了配班组教研组长一职，带领老师们围绕"积木建构游戏"开展一系列的教研活动。最开始组织活动的时候，我会紧张得手心冒汗，发言时还会脸红，但我相信只要我做好充分的知识储备，在学习历练的过程中，一定能慢慢克服自己内心的恐惧。渐渐地，我不再怯场，组织活动游刃有余，能很好地把握教研的节奏，适时地抛出问题引发教师的思考；精练的总结提炼，能够帮助同伴们提升经验。我非常珍惜这样的锻炼机会，在这个过程中我收获成长了很多，不仅学习到了更多建构游戏的相关知识，也锻炼了组织协调能力，更重要的是在各个教研活动中我都能大胆地表达，自信从容地面对。

转眼，我已经工作三年半了，渐渐从一个"小透明"变成了一个"小骨干"。教研活动让我成长，每次当我看到教研活动通知时，想到自己在教研活动中的转变，都会露出会心的微笑。虽然现在面对教研活动，我还只是做到了"敢讲"，接下来，我还要做到"能讲"和"会讲"。但从害怕发言，到慢慢尝试发言，再到敢于发言，我的心态和语言表达能力都在飞速成长。

一路走来，非常感谢我们的幼儿园，感谢幼儿园的园长、领导和我的小伙伴们，是你们的指导和帮助，让我敢于向困难发起挑战，也坚定了我要成为一名优秀幼儿园教师的信念。

三、每一个人都能成为非凡的自己

德鲁克曾经说过，组织的目的是要让平凡的人能够做出不凡的事。组织是发挥成员长处，同时让他们的弱点变得无关紧要的一种手段。没有哪个组织能够依赖于天才，因为天才总是罕见的。任何组织都不能找到足够多的“优秀人才”“全能人才”“六边形战士”。一个组织，唯一能够做的就是让组织内的每一个人都能够发挥出自己更多的潜能，让每一个平凡的人都成为非凡的自己，这才是组织的魅力所在。

幼儿园办园理念在我工作中的落实

邓芳静　武汉大学幼儿园四分园　副园长

“享珞珈之灵秀，育书香之稚子”是武汉大学幼儿园的办园理念，体现着幼儿园传承和践行珞珈文化，将珞珈文化与园所文化、育人目标相结合的办园方向。作为分管教育教学工作的副园长，在工作中，我一直以武汉大学幼儿园办园理念与其中的文化内涵来指导教育实践，结合我园的地理特点、家长资源、社区资源等，将幼儿园的办园理念与我园教育教学和教师队伍建设紧密结合，彰显幼儿园办园理念与本园教育教学工作的适切性。

一、燃教师之智，为办园理念落地助力

幼儿园办园理念要圆满顺利推进，要不断创新发展，单靠行政人员的力量是不足以完成的，而且教师是幼儿园办园理念的落实者。她们思维活跃，对新生事物敏感。因此我们积极调动教师在办园理念落实中的参与度与主人翁意识，在幼儿园各项活动的筹备、组织和实施等环节中，我们都会组织教师出谋划策，让教师确定活动内容、形式、注意事项等；让教师根据工作需要和自己的特长，自报承担的任务，让全体教师都参与活动。由于教师参与整个活动的策划过程，因此教师们对活动的流程、注意事项、孩子应具备的前期经验能力等了如指掌，并能根据活动需要，组织孩子和家长开展一系列有针对性的指导，保证了活动圆满顺利地举行。例如"爸爸妈妈故事屋"活动中，活动前，老师们一方面会在班级群内发起宣传，鼓励家长积极报名，讲故事家长选定后，教师会指导家长挑选故事、向家长提出讲好故事的建议和方法，另一方面会组织幼儿了解故事屋当天的故事名称，激发幼儿听故事的愿望，提前让幼儿选好想听的故事，还会对幼儿听故事时的行为习惯开展有针对性的教育活动。"故事屋"活动当天，有的老师负责故事帐篷的组织协调，有的教师负责收集过程中的精彩瞬间，活动虽然是分年龄段、分时段进行，而且有十二个故事帐篷，但从幼儿选择帐篷听故事到各年龄段的过渡都安静、自然、有序。参与讲故事的家长们，对活动中孩子们和教师表现出的良好素养都赞叹不已，纷纷表示明年还想参与活动。

幼儿园的工作林林总总，繁琐多样。考虑到如何优质地完成各项工作，又不增加教师的负担，我非常重视将武昌区教育局的学期工作计划、教科研工作计划、武大幼儿园的办园理念、我园的三年发展规划等各类精神和要求进行分析归纳，提取工作核心，再确定本学期的办园理念目标和具体措施，将办园理念与园本课题建设、教师队伍成长、家长工作等进行整体规划，互相融合形成一体。要做到既有短期目标，又有长远考虑。在完成各项工作、形成园所特色、促进教师专业成长的同时，避免教师做无用功，避免教师的无所适从感。在活动内容上注重保持五大领域的动态平衡，既满足孩子不同的学习需要，又保证他们的全面发展。

二、借科研之力，为办园理念深化护航

在促进园所内涵发展和特色凝练中，我们坚持以科研兴园的原则，将"十三五"湖北省规划课题的申报工作和幼儿园办园理念的深化紧密结合。基于对幼儿园前期课题研究与办园理念深化情况的审视，以及对幼儿园未来发展的思考，在课题组教师共同研究商讨下，我们将目光聚焦到中小学开展的"研学"旅行活动中，确定了依托幼儿园周边丰富的社区资源，以及我园家长群体特有的高知背景，开展幼儿园社区"游学"课程开发研究。"幼儿园'社区'游学课程的开发研究"课题顺利通过了湖北省教育教学规划2018年度课题的立项与开题。从课题开题到现在的一年时间里，我们组织教师利用课题组活动，挖掘湖北省图书馆、湖北省博物馆、武汉大学的教育资源和文化价值，设计并实施了四个社区“游学”相关主题活动案例。并通过家长问卷，利用SPSS统计软件对课题的实施效果进行了科学统计和分析，不断改进和完善课题的实施，让幼儿园的特色打造之路走得更稳，更远，更适宜幼儿发展。

三、牵家长之手，为办园理念增光添彩

随着幼教改革的不断深入，对“家长参与”的广度、深度提出了更高的要求。我园家长参与幼儿园办园的方方面面：在幼儿园的微信公众号里，家长和孩子们一起打造了“悦享故事屋”；家长们成立了“爸爸妈妈故事团”，为孩子们带来好听的故事；家长们通过扫码填写问卷星，与我们交流他们对幼儿各项工作的建议与意见……因为有家长们的参与，幼儿园的办园理念呈现出了勃勃生机，家长也因参与办园而增进了对幼儿园的了解和信任。

幼儿园内涵、特色的发展，离不开幼儿和家长的参与。在每次活动后进行的反思与总结中，我发现，活动前期幼儿、家长及教师三方经验、能力准备越充分，活动的过程就越顺利，活动效果就越好。我园教师已经形成了在每一个活动前都会细致思考的习惯：我要开展什么活动？应让幼儿具备哪些与活动相匹配的前期经验和能力？为了保证活动效果，我要指导家长做好哪方面的能力准备？为了活动的顺利进行，我和班级教师要如何分工合作？……特别是家长工作方面，家长能感受到园方和班级对活动的重视程度，教师的有效指导也有力提升了家长的参与愿望、参与水平。由于孩子们也具备了良好的前期经验、能力准备，活动中的表现也是精彩纷呈，家长对幼儿园特色活动的评价和保教工作满意度很高。教师们“一日生活皆课程”的教育观也得到体现与落实。

以理念促特色，以特色促发展之路还很长，我将以“吾心信其可行，则移山填海之难，终有成功之日”为信念，坚定、创新地将武汉大学幼儿园的办园理念落实在工作中，与武汉大学幼儿园共成长！

“有事就@我”

程晓丽　武汉大学幼儿园二分园　教师

“老张”是武大二分园的老师给张甜园长的“爱称”。其实老张仅39岁，是武大幼儿园最年轻的园长，一名非常优秀的党员同志。

“张园长，求助！”是我跟老张说过最多的一句话。今年我从一名带班教师转岗为保教干事，在新岗位上遇到了太多令我焦头烂额的困难。“这个课题如何下手?”“这个教师培训中应该注意什么?”“怎样能将文章写得有深度?”……无论多晚，老张只要看见信息，都会耐心解答，帮我提炼与梳理。通过反复沟通，在她的影响下，我的思路越来越清晰。问题的解决总会花费大量时间，有时甚至到了凌晨。自己心里觉得过意不去，可老张总是说：“没事儿！有事就@我。”

教研中做“专业引领”时我会有些小紧张，会议记录只记活动的流程和主要内容，写的文章内涵不够……这些问题我都会“@老张”。“闪亮小标题”“句句在点”是她专业引领的最大特点。她将好方法分享给我：收集“好文”“美文”并归类整理；会议记录翔实，快速提炼梳理每个人的发言；提前根据会议内容准备发言稿……从她身上我学习到：每一次的绽放需要无数次的付出与努力。

居家办公这两个月中，我负责的公众号文章《静心寻“知”，书香伴行》和《朗朗书声弦不断，代代薪火永相传》，在老张的一次次推翻、修改与完善下，分别在11月8日和11月18日发布。经过一次次锤炼，我的文采也得以提升，更重要的是在她的思想洗礼下，我也学着如何抓住一个活动的精髓与精神，这些都加速了我成长的步伐。

从老张身上我看到了一个共产党员的敬业、乐业、勤业和精业，充分发挥了先锋模范作用，用她的行为举止影响着我这个“预备党员”，向她学习！致敬！

我与幼儿园文化

卢其芝　武汉大学幼儿园四分园　保健医生

武汉大学幼儿园创建于1936年，隶属于具有“世界最美校园”美誉之称的高等名校——武汉大学，是一所具有80多年悠久历史的示范幼儿园。环抱苍苍珞珈山，倚傍悠悠东湖水，尽享珞珈天地人和的独特资源。

丰厚的历史是幼儿园发展的宝贵财富，武大幼儿园一路致力于充分发掘历史文化与人文底蕴的基础上，也在紧跟时代步伐，为适应学前教育发展的新要求，不断求索开拓，于传承中思变，在坚守中创新。卫生保健作为后勤保障的重要部分，一直坚持“儿童为本”的立场，贯彻“预防为主、保教结合”的方针，践行“享珞珈之灵秀，育书香之稚子”的办园理念，以全面促进幼儿健康发展为目标。

一、保健康，护童心，育幼儿成长

无论是经验丰富的老将，还是资历尚浅的新秀，身居四所分园的保健岗位上，我们7名保健医生都有同样的感受。和幼儿相伴的每一天，是热闹的、纯真的、充实的，也是欢喜的。在这里，有每天晨检时热情迎接入园孩子的温柔笑脸和亲切问候，有每餐食物里周全考虑孩子所需营养的精心设计和用心搭配，有每周卫生检查中深入查看校园角落的认真负责和细致指导，有每月伙委会上公开面向家长关于膳食问题的及时反馈和沟通交流，有每季度幼儿体检时亲身给予各班孩子的仔细测量和定期评价，有每学期健教活动中广泛开展师幼科学防病的专业培训和知识宣传，也有抗疫3年以来，落实每项防疫要求的严谨态度和踏实作风，还有年复一年里，我们兢兢业业全力守护儿童身心健康成长的本真初心和执著坚持。

二、勤学习，善思考，促个人成长

小时候常把“学习是永无止境”当作一句机械的背诵语，工作中我才充分体会到它的含义。新时期的儿童保健正向着多元、复杂、专业的方向发展，这就要求我们在实践工作中要常积累、细钻研，以适应时代要求和儿童需要。沐浴在武大四园的明媚阳光里，与睿智博学的领导和积极奋进的同事们为伴，我也深受感召，步履不停。学习，不局限在强化专业知识和岗位技能，不止步于更新策略技巧和保教观念，也不仅仅是向下向内扎根走实的细化和深化，更要有不断向上向外拓展破局的勇气和眼界。在繁琐重复的保健工作中，我也一路在精进的道路上前行着、成长着。

三、提能效，求创新，伴园所成长

幼儿园要实现持续提升内涵，需要每一个角色的全情参与和付出。保健医虽然没有实践在幼儿教育的一线，却担负着守护幼儿健康的重要使命。我深知，要成为一名更优秀的保健医生，不能固守于仅用现有的能力来开展育儿保健，必须将提质增效作为面向未来的发展所需，力求不断探索和创新，让均衡的膳食营养更突显亮点特色，让定期的健康监测更突出个案关怀，让织密的疾病防线更组织高效有序，让多样的培训宣教更落地健康行为，逐步提升保育护理的服务质量和卫生保健的专业水平，从而构建科学的保育教育体系，共同促进园所文化的蓬勃发展，奠定为党育人、为国育才的保障基石。

文化是幼儿园深层次、高质量发展的内动力，是引领幼儿园向前行进的指南针，体现着一所幼儿园独特的底蕴、品质和灵魂。幼儿园的文化氛围体现在哪里呢？它呈现在完整明晰的制度章程里，彰显在四季的特色课程和浓郁的书香环境中，融会在各个岗位的行为自觉和团结奋进下，浸润在小朋友们幸福的童年时光中，洋溢在家长们接连的赞许声和满意的笑脸上，镌刻在我们每一个武大幼教人的骄傲自豪里。

“于奶奶的药，我们已经寄到养老院了”

讲述人：邓惠颖　总园园长；强　伟　总园办公室主任；
魏　菁　总园行政人员；李　婧　总园行政人员

于奶奶，名叫于青岑，今年已经94岁高龄。2021年，幼儿园党支部开展了在职党员与退休老党员结对帮扶的活动，于奶奶便成了我们总园党小组的帮扶对象。常兰如老师，是于奶奶的女儿，她虽年近七十而且体弱多病，却一直坚持照顾着生活不能自理的老母亲。

结对后不久，有一天常老师告诉我们，她要去外地的孩子家住几个月。临走前，她把于奶奶的校园卡交给了我们，并留下一张纸条，上面密密麻麻写满了各种老人常用药的药名。“这段时间，我不在武汉，所以我把我妈送到蔡甸区养老院去了。你们能不能帮忙，每个月去校医院给我妈开一些常用药？”常老师小心翼翼地，试探着问我们。“我能！”“我可以！”“我没问题！”“有我们在，常老师放心吧！”大家都欣然答应。虽寥寥数语，却是我们每一位党员的郑重承诺。从那一刻起，每月帮于奶奶拿药，就成了我们大家分内的事。不管工作有多忙，身体有多累，我们都不会忘记“于奶奶的药”。大家没有多余的话语，只有忙碌的身影。

2022年春节前夕，因养老院属于疫情防控的严管区域，我们无法前往给老人送药。为了不影响老人按时服药，能在养老院过个健康平安年，我们顾不上休息，尽心尽力为常老师排忧解难。“常老师，于奶奶的药，还有幼儿园支部的春节慰问品，我们已经发顺丰快递安全寄到了养老院，你放心吧。”“真是不好意思，还让你们出快递费。你们比我这个女儿考虑得还要周全，还要细心。有你们真好！”常老师发自内心深处的感动，如冬日阳光般温暖着我们。向善为民，大爱同行，而每一次的全力以赴，都是我们共产党员义无反顾的责任与担当！

“于奶奶的直补转诊单，我们已经拿到了。”

2022 年 11 月，武汉市疫情形势严峻。为切实维护全校师生健康和校园安全，武汉大学严格实行校门封控管理。“我妈在中南医院已经住了 3 个月，医院催着要办周转。我住在校外，现在学校封控不让进，能不能麻烦你们帮我妈在校医院开张直补转诊单?”11 月 2 日，一大早刚扫码进校，我们就收到了常老师的求助信息。“常老师，先别急。我们现在就去校医院问问。”放下手头的工作，我们匆匆赶往校医院，辗转找到医务办，诚恳地说明了我们的来意。“党员真不容易！退休职工的转诊单还要你们亲自来办理。”医务人员很理解，热情地接待了我们。“常老师放心吧，于奶奶的转诊单我们已经拿到了。”“太好了！辛苦你们了，谢谢!”常老师发来的短信，很简洁，但真诚而感动。

一个月后，常老师再次打来电话。“不好意思，又要麻烦你们了。我还是进不了学校，你们能再去帮我妈拿张转诊单吗?”“我们都住在校外，但为了于奶奶，我们一定想方法去拿，你放心啊。”12 月 2 日，大家不约而同提交并通过了进校申请。“常老师，转诊单拿到了。你家住哪儿？我们给你送过去。”从校医院出来，我们即刻拨通了常老师的电话。“我住在南湖，我去找你们拿吧，不能再麻烦你们了，谢谢谢谢!”和往常一样，常老师总是用最简朴的语言表达着她最由衷的感谢。“别客气！外面特别冷，还是我们给你送过去。”“那好吧，辛苦你们了！”听得出来，常老师此刻在笑，特别地开心。

常老师发来了位置定位，20 分钟后我们到达见面地点，常老师从小区里面一路小跑迎过来，紧紧地握住了我们的手。“我说把挂号费转给你们，你们总是不要，我真是过意不去。现在到处疫情封控，幸亏有你们帮我，太感谢了!”常老师高兴地接过转诊单，激动地伸出双臂，给了我们一个大大的拥抱。在寒冷的冬日里，这个爱的拥抱，温暖而有力！

第三节　家长发展

武汉大学幼儿园通过媒体宣传，如幼儿园微信公众号、《湖北日报》、长江云、武汉大学新闻网等自媒体平台对幼儿园各项活动进行积极宣传，不断增强家长对幼儿园的信心；利用园报园刊，让家长对幼儿园的各项工作更加了解，让幼儿园的各项工作更加直观化、透明化；通过召开班级家长会、家长代表大会、招募家长义工等形式，让家长参与幼儿园的各项管理工作，为幼儿园的发展共商共研；适当开放，设置园长接待日、每周五家长轮流观摩日、家长代表陪餐日等，让家长走进园所、班级，近距离观察和沟通，拉近彼此的距离，以家园共同体新模式为框架，构建以儿童为中心的学校、家庭、社会的教育共同体；不断吸纳家长参与管理，参与师德教育及安全教育的研讨，参与课程助教、安全值守，并通过家长学校、开学第一课、“星级家长”评选等活动，不断提升家长对幼儿园工作的参与度和满意度，打造家园共研平台，帮助家长了解幼儿园课程，更新家长的教育观念，促进家园深度沟通；充分利用家长资源，开展幼儿课程，如邀请测绘遥感学院博士爸爸为孩子们讲解火箭飞上天，邀请园林科的家长带领孩子们进行种植活动，还通过邀请家长参加幼儿园四健课程活动、参加“书香文化季”的“领读者”、“爸爸妈妈故事屋”等活动，充分利用家长资源，开展教师健康知识专业培训，不断更新和强化家长的观念，以实际行动切实达到家园共育目标，形成合作共赢的良好局面。另外，召开家委会伙委会，聘请家长督学员等形式已经成为了幼儿园园务工作常态化管理的一部分，让家长参与幼儿园的各项管理工作，为幼儿园的发展献计献策。近五年，线上线下共开展家长学校活动100余次，家长开放活动近100余次，评选星级家长近千名，家长总体满意度达到了98%以上。

第四节 园所发展

武汉大学幼儿园是一所具有80多年历史的市级示范性幼儿园。幼儿园地处珞珈山南麓，浸润珞珈文化，传承珞珈基因。多年来，在后勤保障部的关心和支持下，在省、市、区各级教育部门的专业引领下，幼儿园全体教职员工以“培育幼儿、服务大学、奉献社会”为使命，践行“享珞珈之灵秀，育书香之稚子”的办园理念，落实服务大学、让家长满意的宗旨，形成了“蕴书香，润童心，育美行”的办园特色，以师德为先，以幼儿为本。教师队伍梯队建设促进专业素养大幅提升，保教质量显著提高，办园水平整体推进，学校教职工满意度节节攀升，不断实现办教职工满意的幼儿园，培育了一代又一代珞珈接班人。

一分园

一分园创建于1936年，最早是武汉大学几位教授夫人成立的互助式的托儿所。随着岁月流逝，武汉大学幼儿园逐渐发展壮大，形成幼稚园。中华人民共和国成立以后，正式更名为武汉大学幼儿园，设立在文理学部家属区李达院子内，后迁至家属区东中区，紧邻武汉大学附属中学初中部、武汉大学附属小学。2000年新的武汉大学成立，随之更名为武汉大学幼儿园一分园。迄今为止，87年历史，87载更替，一分园已发展成为办园规模最大、班级数量最多的一所分园。幼儿园在历任园长的带领下，在省、市、区各级教育部门的专业引领下，在主管单位武汉大学后勤保障部的关心和重视下，在幼儿园一分园全体教职员工的不懈努力下，幼儿园紧紧围绕“享珞珈之灵秀，育书香之稚子”办园理念，“以培育幼儿、服务大学、奉献社会”为使命，以“适美”二字为园所文化核心要素，蕴书香，润童心，育美行，队伍素养大幅提升，保教质量显著提高，办园水平整体推进，社会满意度节节攀升。2002 年被批准成为武汉市市级示范性幼儿园。先后获评“武汉市学前教育先进单位”“武汉市课程改革基地园”“武昌区课程改革综合基地园”“武汉市幼儿园三优评比优美环境二等奖”“湖北省餐饮服务食品安全示范单位”“湖北省爱国卫生先进单位”“武汉市 A 级食堂”“武昌区中小学十佳食堂”等数十项省市区级荣誉称号，年年被评为“武昌区目标管理绩效考核先进单位”。“十一五”省级重点规划课题“幼儿园体验式绘画教学的研究”，被评为武昌区优秀课题，课题成果参与了国家级基础教育成果的评选，科研成果《童心童画》在全国范围内应用，促使了幼儿园美术特色的形成；“十二五”省级规划课题“基于通感的幼儿园艺术整合的教学研究”的课题成果《我和音乐玩游戏》也在全国范围内应用，幼儿园的艺术特色更加彰显，我园张凡老师的艺术活动在区优质活动评比中荣获一等奖，并承担武汉市保教实验研究的展示，幼儿园多次在武昌区做艺术领域教学经验的交流；“十三五”市级课题“适性教育理念下园本课程建设的研究”全面梳理、研究幼儿园课程，使得幼儿园形成了完整科学、独具特色的“珞珈童梦”课程体系，中期检查评为优秀等级，依照武昌区科研工作的部署，进入结题阶段。课题成果之一《玩美幼儿园》已经正式出版。《珞珈童梦——适性教育的实践探索》一书已整理完毕，等待正式出版。教职工多次在省、市、区组织的各级各类比赛中获奖，幼儿荣获“成长足迹”绘画集体特等奖等。幼儿园的活动屡次被《湖北日报》、长江云、湖北电视台经济频道、武汉教育电视台等多家省市级媒体报道。

二分园

二分园成立于 1954 年，为武汉水利电力学院幼儿园；1988 年接待鞠萍姐姐来园参观；1993 年更名为武汉水利电力大学幼儿园；2000 年四校合并成立新的武汉大学，2001 年幼儿园又更名为武汉大学幼儿园二分园。69 载的薪火相传，坚守初心，记录着武汉大学幼儿园二分园步步前行的足迹及成长。未来的二园将在总园的带领下，在学校及各部门的关怀下，在社会的关注下，继续以培育儿童、服务大学、奉献社会为使命，传承武大八字校训，践行“享珞珈之灵秀，育书香之稚子”的办园理念，不断发展壮大，为学前教育的发展接续奋斗。2008 年批准成为武汉市市级示范性幼儿园。连续八年被评为武昌区教育工作绩效管理“优胜单位”“立功单位”；获得过“环境文化建设先进单位”“课改实验基地园”“卫生保健先进单位”“优秀家长学校”等荣誉称号，在武昌区幼儿园“三优”活动中被评为优秀团队一等奖、武汉市“优秀书香团队”，武昌区第二学期教育三年行动计划中被评为“先进集体”，2018 年度督导评估考核合格挂牌，参加“首届校园安全微电影评比活动”，“保命符还是催命符”荣获一等奖，2021 年获湖北省卫生先进单位、武汉市“创卫先进单位”；课题研究成果在武汉市进行了两次汇报交流；2022 年参加武昌区教师专业发展学校评估工作获专家组好评以及多次荣获当代杯教师职业技能大赛先进单位，2022 年湖北省学前教育研究会“十三五”重点课题“幼儿园生态节日活动课程建设研究”获湖北省一等奖、武昌区优秀成果奖，多次承担对外经验交流，接待省内外幼教同仁的观摩学习；荣获“成长足迹”绘画集体特等奖等。

三分园

1956 年武汉测量制图学院在武汉成立，同步开设附属幼儿园，这就是武汉大学幼儿园三分园的前身；1987 年获武汉市合格园称号，1990 年获武汉市示范园称号。历任十位园长，首位园长曾受到过周总理的接见。2000 年 8 月，随着四校合并，新的武汉大学成立后，原武汉测绘科技大学幼儿园更名为武汉大学幼儿园三分园，为高校办园，隶属于武汉大学后勤保障部。幼儿园基于实际，在经费有限的条件下，科学规划，分层布局，脚踏实地抓创建，立足高远促内涵。先后被授予“武汉市学前教育先进单位”“武汉市幼儿园三优评比优秀团队三等奖”“武昌区幼儿园教育课程改革实验综合发展基地园”“湖北省餐饮服务食品安全示范单位”“湖北省 A 级食堂”“湖北省爱国卫生先进单位”“武汉市卫生先进单位”“武汉市消毒合格单位”等荣誉，幼儿园连续多年被评为武昌区教育工作绩效管理“立功单位”“优胜单位”等荣誉称号。是华中师范大学、武汉城市职业学院等高校教育实习基地。近几年，三分园在湖北日报、长江云等融媒体多次报道幼儿园活动，并与社区联手开展系列活动，社会声誉好，多次收到家长的表扬信及赞许。

四分园

武汉大学幼儿园四分园创建于1955年，原名湖北医科大学幼儿园，2000年四校合并，新的武汉大学成立后，更名为武汉大学幼儿园四分园，为高校办园，隶属于武汉大学后勤保障部。幼儿园基于园所实际，在经费有限的条件下，强化队伍建设、优化办园环境、推动园所内涵发展。2008年被批准成为武汉市市级示范性幼儿园。历年来，幼儿园多次被评为武昌区教育工作绩效管理“立功单位”“优胜单位”，2021年度被湖北省爱国卫生运动委员会评为“卫生先进单位”，2019年度荣获全区星级平安单位，2018年度督导评估考核合格挂牌，2016年被武昌区教育局评为“消毒卫生合格单位”、2015年被武昌区教育局评为“示范家长学校”，2010年为评为“A级食堂”，在“全国幼儿创意美术大赛”多次荣获集体特等奖，在“当代杯”全国幼儿教师职业技能大赛”中多次荣获“先进单位”称号。社会声誉好，共收到锦旗二十余面。

为了打造与武汉大学品牌相匹配的一流幼儿园，提升为全校教职工高质量服务的办园目标，实现幼有所育、幼有优育，需要全校的共同关注，唯有推陈出新，改革创新，更好地体现人财物合一，才能实现学前教育的高品质发展。让我们团结一致，齐心协力，共同携手走向未来！

后 记

习近平总书记在党的十九大报告中指出："文化是一个国家、一个民族的灵魂。"纵观幼儿园的发展态势，"文化"已然成为一所幼儿园的核心竞争力。幼儿园办园质量依靠园所文化，园所文化通过办园理念影响幼儿身心健康发展和成长，园所文化更是构建和谐家园关系的重要途径，它是能够推动教师、幼儿和家长三方发展的重要因素。

在实践过程中，如何基于文化来重建制度？如何让制度与文化相辅相成、相得益彰？如何基于文化来思考课程？如何让幼儿园的课程与文化融入渗透、互为依托？如何让幼儿园的硬件环境、组织构建越来越突显文化的气息？又如何让走进这所幼儿园的人们能够深深体味其中特别蕴藏的文化意味……这些问题，一直是我们近二十年来不断探寻、不断实践、不断破解，又不断再重构的。在不断学习、不懈实践的基础上，"传承珞珈山的文化基因"这一个概念逐渐明确，办一所"有书香气的、有灵趣的、有思想的、开放的、美的、优秀的"幼儿园的思路也越来越清晰。

在这里，必然要提起一位对我园文化建设历程作出重大贡献的学者——本书前言的作者陈红梅博士。早在 2014 年，陈红梅博士就帮助我们凝练出了幼儿园办园理念的十二字方针"享珞珈之灵秀，育书香之稚子"，这十二个字也为我们打开了思维的窗，指引着近十年幼儿园的发展建设之路。在这十二字的引领下，武汉大学幼教人统一思想，增强价值认同，在环境文化中做到育人有痕，在团队文化方面探索匠心筑梦，在行为文化上深化办园理念在教育行为中的表征与凸显。从理想回到现实，我们要面临的是多方面的困难和挑战，但我们有信心、有准备、有恒心、有勇气、有毅力、有梦想，竭尽所能地加强学习、掌握政策、了解变化，及时与上级主管部门加强沟通、主动建言、科学规划，在实施理念的过程中做好调研、加强执行、修炼内功，在培育幼儿的实践中将优质服务、培育幼儿作为使命，实现了家园的有效沟通、双向奔赴，也推动了幼儿园的稳步发展，走出了武汉大学幼儿园持续上升的态势。

2022 年 10 月，在一次园务会议上，我提出了梳理一本关于我们本园文化建设实践作品的想法。当时只是有一点点萌芽，但这个提议得到了全体成员的一致赞同与支持。在紧张的工作之余，梳理书稿的事情一度被提起，又常常被放下。2023 年 3 月，一分园园长曹晓梅执笔规划了本书的撰写思路，用思维导图的形式，将我们十余年来围绕幼儿园文化建设的思与行进行了系统的架构，从文化溯源到具体案例，层次分明、内容全面。自此，园务组所有成员开启了撰写、梳理的历程。2023 年上半年，四所分园同时面临着武汉市示范园复查的任务，区、市教育局两轮检查的进程中，团队成员在紧张忙碌的工作之余，还要兼顾书稿的撰写、调整、修改的任务，可想而知，是多么艰难。不得不感慨我们团队的“娘子军”精神，她们敢打敢拼敢挑战，用智慧和担当完成了近二十万字的撰写。这本书，是团队团结一致、同心协力、步调统一、众志成城的结果，也是我们园所组织文化的重要体现。在此，感谢全体管理团队的成员们，她们一直扎根实践第一线，不仅引领全体教职工共同投入文化建设的行动之中，是具有学习力和思考力的先行者，同时也是本书的核心撰写成员。本书第一章由邓惠颖执笔，第二章由邓惠颖、魏莹、陈晶、许敬林执笔，第三章由王兰平、邓芳静、瞿丽、肖丽娟执笔，第四章由邓惠颖、曹晓梅、刘蓉、杨庆蕊执笔，第五章由张甜、陈怡、方丽文执笔，第六章由邓惠颖、强伟组稿执笔。在此一并对她们的辛勤付出表示感谢。

最后，感谢武汉大学出版社编辑团队的辛勤付出，特别是本书编辑郭静老师的细心指导与修改完善，让我们有机会分享第一线的实践经验和思考。

《周易·贲》中说：“观乎天文，以察时变；观乎人文，以化成天下。”通过本书的编著我们进一步厘清了文化在幼儿园建设中的落地、生根、发芽、生长历程。当然，本书仅代表武汉大学幼儿园在文化建设实践中的园本化经验，或者说，也仅仅为幼儿园同行们提供了一些文化建设的支持策略或方法。我们非常希望这些对文化建设的认识和实践经验，能够引发更多的幼儿教育同行们继续深入思考具有本园特色的文化实践路径，不断深化和拓展，实现我们共同的幼儿教育之梦。

幼儿园文化的理念与实践之路，也是一条永无止境的探寻之路。道阻且长，行则将至。正值武汉大学建校 130 周年之际，我们期待以这本书为起点，把我们的目光从小小的幼儿园投向更广袤的世界之中，更深一层思考和践行“办一所高质量的幼儿园、办一所与双一流高校相匹配的幼儿园”的目标。

邓惠颖

2023 年 7 月于珞珈山